이 땅에서 자라나는 후세들의 교육을 위하여
헌신하는 모든 사람들에게 이 책을 바칩니다

동방고전한글역주대전

대학·학기한글역주

도올 김용옥 지음

통나무

대학

목 차 | 『대학·학기한글역주』

『대학』의 바른 모습을 캐다(原大學之正) 19

제1장: 한유(韓愈)의 『대학』 발견 ················· 21
　『대학』은 고대유교의 총결, 근세유교의 출발점　21
　『대학』은 『예기』 주석가들 이외로는
　　　　　　　　　일반인이 몰랐던 문헌　23
　당나라 대문호 한유의 고문운동　24
　고문은 고도(古道)인 동시에 새로운 문명의 패러다임　26
　한유의 대표적 철학논문 「원도」　29
　한유의 삶의 문제의식　31
　정명(定名)과 허위(虛位)　32
　한유의 「원도」에서 『대학』이 최초로 언급됨　34
　도가의 무위보다 유가의 작위가 더
　　　　　　　　　인민에게 필요한 진리　37

예수의 나눔도 유학의 본질과 상통   38

한퇴지의 인용방식:
   『논어』는 경(經), 『대학』은 전(傳)   39

진사이의 주희비판:
   『대학』은 공맹의 혈맥에서 벗어난 후대작품   40

진사이와 우암   42

격물보다 성의가 『대학』의 주맥이다.
       주희의 보전 날조   43

「원도」속에 인용된 『대학』의 의미맥락   45

일본의 무교회주의자들과 「원도」 정신   47

화이지변(華夷之辨)과 도통론(道統論)   48

도통론이 불가피했던 현실, 맹자의 새로운 어필   52

한유야말로 맹자의 적통   53

한유의 「원성」과 성삼품설   53

한유의 성정론(性情論)   55

제2장: 이고(李翶)의 『대학』 해석 ················ 58

한유와 동시대 사상가인 이고의 「복성서」   58

이고와 종밀(宗密)   59

종밀과 지눌   61

유학의 위성(爲聖)과 불교의 성불(成佛)   61

이고의 성정론(性情論)   62

이고 성정론의 송학적 틀, 종밀의 일승현성교   63

정(情)에 대한 성(性)의 우위, 사단칠정론의 원형   64

복성(復性)과 성인유정론(聖人有情論)   66
주희도 정(情)을 긍정하였다   67
복성(復性)의 주정주의(主靜主義)적 성격   68
『주역』의 적연부동, 『중용』의 성(誠),
『대학』의 명명덕   69
이고에서 주희에 이르는 격물(格物) 해석의 오류   72
「복성서」의 담론이 소기한 것   74
송유의 사상적 틀은 이미 중당(中唐)에 성립   76

제3장: 사마광의 「치지재격물론致知在格物論」 역주 ⋯ 78
송(宋)왕조와 『대학』   78
사마광과 주희   79

제4장: 정현에서 주희까지 격물 해석의 변천 ⋯⋯⋯ 88
정현의 해석: 격格=래來   88
주희의 해석: 격格=지至   89
물(物)의 해석   91
소당연(所當然)과 소이연(所以然)   91
사마광의 물폐(物蔽)와 한어(扞禦)   92
사마광과 주희의 물(物) 해석의 차이   93
송나라 제왕에 대한 사마광의 바람   93
주희의 사대부중심의 문제의식: 궁리(窮理)의 요청   94

제5장: 주희의 격물론(格物論)과 치지론(致知論) ········ 97

치지(致知)의 다양한 해석 가능성 97

사마광의 치지(致知) 해석 98

주희의 문제의식:
      격물은 외적 공부, 치지는 내적 공부 98

격물은 개물적 사태, 치지는 일반화의 추론 100

격물과 치지의 변증법: 궁리의 프로세스(Process) 101

『대학장구』치지격물 주석에 대한 최종적 명해(明解) 103

명쾌한 주장은 있으나 순수한 창발은 없다 106

주희 격치론의 비극: 물리(物理)의 도덕화 106

제6장: 정주(程朱)의 경·전(經傳)체제 날조 ············ 108

정명도와 정이천의 "개정대학改定大學" 108

사자서(四子書)와 도통(道統) 109

『대학』만 제대로 알면 타 경전은 잡설 111

주희의 독서법: 독사서차제(讀四書次第) 111

선진문헌의 경(經)·전(傳) 사례 113

주희가 말하는 경 1개, 전 10개 114

주희의 전 재배치, 진확(陳確)의 비판 115

경·전으로 나누어야 할 하등의 이유 없다 116

이정(二程)의 재배치와 주희의 재배치 117

명도는 행(行) 중심, 이천은 지(知)·행(行)을 같이 강조,
                주희는 지(知) 중심 121

제7장: 왕양명의 고본대학론 ················ 123
왕양명의 "집주본대학" 부정: "고본대학" 천명   123
주희의 한계: 그 진취성을 보장해 줄 과학이 부재   124
예수의 그리스도화, 주희의 주자화   126
물리(物理)는 심리(心理)다: 지행합일의 변증법   126
치지(致知)는 객관적 탐구가 아니라
　　　　　　치양지(致良知)일 뿐이다   127
"격물格物"의 "격"은 "정正," 즉 "바르게 한다"이다   128
왕양명의 『대학』해석은 텍스트비평 아닌
　　　　　　주관적 철학의 발현   129
양명학은 결코 육상산 심학의 계승이 아니다   130

제8장: 왕양명 「대학고본서大學古本序」 역주 ········· 132
대학고본서 무인년(1518) 간행   132
왕양명의 생애에 있어서 대오(大悟)의 계기   133
『고본대학』을 출판할 때 양명이 처했던 삶의 상황   135
대학의 요체는 성의에 있다   136

제9장: 왕양명 「대학문大學問」 역주 ············ 140
대학문   141
서산 전덕홍에 관하여   143
대인지학(大人之學)   144

친민의 참뜻   147

왕기의 사무설(四無說)과 전덕홍의 온건한 입장   164

왕양명의 사구종지(四句宗旨)   166

양명 생애의 마지막 순간   166

제10장: 타케우찌의 『대학』 성립시기론 ················ 169

청유들과 나카 미찌타카의 견해   169

대학은 교육기관이라기보다는
　　큰 배움이라는 추상적 의제일 수도 있다   171

의고(疑古)에서 숭고(崇古)로 복귀하면 안된다   172

제11장: 『대학』과 순자학파 ································ 174

『대학』은 결코 사대부의 윤리강령이 아니다   174

횡 여우란의 선구적 『대학』 논의   175

공자의 호학정신이 순자의 지식에 관한
　　인식론적 성찰을 거치면 『대학』이 된다   176

교육기관으로서의 "대학"이라는 명칭은 고경에 없다   176

『대학』과 「학기」   177

『대학』은 맹·순의 학통을 종합   178

지선(至善)은 인간의 내면적 덕성이 아닌 사회적 관계   179

지(止)는 "그친다"는 뜻이 아니다   180

순자의 「수신」편에서 규정되고 있는 지(止)의 뜻   181

순자 「해폐」편의 지(止)론   183
순자 「해폐」편의 대청명 사상:
  허(虛)·일(壹)·정(靜)과 명덕(明德)   185
지저지족(止諸至足)과 성왕(聖王)론,
          그리고 지어지선(止於至善)   189
지어지선(止於至善)은 이상사회의 실현이다   190
지어지선(止於至善)과 평천하(平天下)   191
「해폐」편의 결론: 공개정치를 실천하는 이상군주   192
통일제국의 꿈, 맹자 왕도(王道)의 한계   193
순자의 예치(禮治)   194

제12장:『대학』과『여씨춘추』 ·············· 196
「존사尊師」편의 문제의식과『대학』   196
『여씨춘추』「집일執一」편의 문제의식과『대학』   197
「집일」의 위신(爲身)과『대학』의 수신(修身)   198

제13장:『대학』과『맹자』 ·············· 202
천하(天下) – 국(國) – 가(家) – 신(身)의 논리는
          이미 맹자에게서 시작   202
맹자의 논리에는
    평천하(平天下)의 정치적 맥락이 없다   203
『대학』의 수신은 맹자보다는「집일」편을 계승   204

제14장: 『대학』의 핵, 수신(修身) ·········· 206

8조목의 나열은 조건절 – 주절의
　　　　　　　형식논리가 아니다　206

주희의 8조목과 경·전체제는 사라져야 한다　207

순자의 「해폐」편이 말하는 마음의 주체성　207

순자 「해폐」편의 인심도심(人心道心)론과
　　　　　『대학』의 정심(正心)　209

인심과 도심은 이원론적으로 분할되지 않는다　210

『대학』의 성의(誠意)는 선진유학의 새로운 국면　211

21세기 조선의 학자는 주희나 왕양명을
　　　　　　뛰어넘을 수 있어야 한다　211

한국의 사상은 오직 한국어로써만 가능하다　212

『**존사**尊師』　215

第一章　十聖六賢尊師　　　216
第二章　是謂善學　　　　　218
第三章　由學爲天下名士　　219
第四章　辨說論道　　　　　221
第五章　謹養之道　　　　　222
第六章　成身爲天下正　　　224
第七章　天子入太學　　　　226

『학기學記』   229

第 一 章　總論: 化民成俗　　　　230
第 二 章　敎學相長　　　　　　　231
第 三 章　小成大成　　　　　　　235
第 四 章　敎之大倫　　　　　　　239
第 五 章　大學之敎　　　　　　　241
第 六 章　歎敎之不刑　　　　　　243
第 七 章　大學之法: 豫丶時丶孫丶摩　246
第 八 章　敎之所由廢　　　　　　248
第 九 章　善喻: 和丶易丶思　　　　250
第 十 章　學者四失　　　　　　　251
第十一章　善歌善敎　　　　　　　252
第十二章　師無北面　　　　　　　255
第十三章　進學之道: 善問善答　　256
第十四章　人師必聽人語　　　　　258
第十五章　務本: 大道不器　　　　260

대덕(大德)과 대도(大道)를 기르는 교육이론　262

교육이란 학생의 기름이라기 보다는
　　　　　궁극적으로 스승의 기름이다　262

페스탈로찌 근대교육론과 『학기』　263

『학기』는 공공교육의 모델이다　265

『대학大學』   269

第 一 章	總綱	270
第 二 章	本末終始	272
第 三 章	明明德於天下與知本	273
第 四 章	誠意與愼獨	277
第 五 章	切差道學 琢磨自修	284
第 六 章	天命日新	288
第 七 章	知其所止	292
第 八 章	使無訟是知本	293
第 九 章	修身在正其心	296
第 十 章	齊其家在修其身	301
第十一章	治國必先齊其家	303
第十二章	反其所好 民不從	306
第十三章	宜其家人 可敎國人	308
第十四章	平天下在治其國: 絜矩之道	311
第十五章	得衆得國 德本財末	320
第十六章	君子有大道	322
第十七章	生財有大道	326

『대학율곡선생언해』　333

　　『대학율곡선생언해大學栗谷先生諺解』해제(解題)　335

　　『대학율곡선생언해大學栗谷先生諺解』　339

참고도서목록　401

찾아보기　405

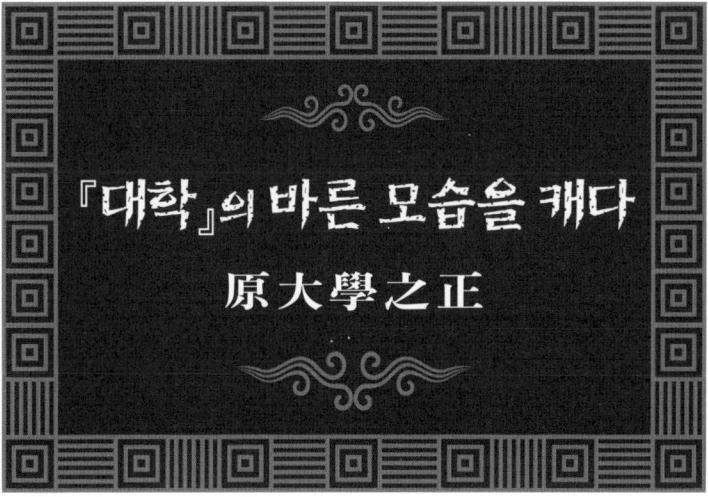

제1장: 한유(韓愈)의 『대학』 발견

『대학』은 고대유교의 총결, 근세유교의 출발점

선진(先秦)시대에 성립한 경서(經書)로서 『대학』만큼 많이 인용되고 또 많은 논쟁의 씨앗을 후대에 제공한 서물도 찾아보기 힘들다. 인류의 역사를 통틀어 고전(古典)의 세계에 있어서, 『대학』처럼 밀도 있고 체계적이며 총체적인 세계관을 불과 1,750여 글자 속에 담고 있는 치열한 경전을 찾아보기 힘들다. 『맹자』가 35,370여 자에 이른다는 것을 생각하면 『대학』은 지극히 압축된 밀도 높은 서물이다. 『노자도덕경』의 절반도 되지 않는 짧은 문장 속에 동아시아문명의 근대적 사유의 원형이 다 함축되어 있는 것이다. 『길가메시』 이래의 태고의 서사시들이나, 소크라테스 이전 철학자들의 단편들, 플라톤의 웅변적인 유려한 대화록들, 그리고 「로마인서」와 같은 바울의 진지한 서한들, 키케로의 찬란한 산문이나 마르쿠스 아우렐리우스의 심도 있는 명상록, 이 모든 문학이 『대학』의 농축된 개념의 나열 앞에서는 빛을 잃는다. 『대학』이라는 문헌의 성립연대를 비판적으로 검토한 쿄오토학파(京都學派)의 거장 타케우찌 요시오(武內義雄, 1886~1966)의 다음과 같은 언급은 지난 세기 중엽(1943)의 발설이지만 지금도 생생하게 우리의 가슴에 공명을 불러일으킨다.

말할 것도 없이 한대(漢代)는 유교일존(儒敎一尊)의 시대이기 때문에(沃案. 타케우찌는 『대학』의 성립을 한 무제武帝가 대학大學이라는 교육기관을 세우고 오경박사五經博士 제도를 두어 유교를 흥륭시킨 시기로 비정比定하고 있다), 『대학』의 정신도 또한 유교 밖을 벗어나는 것은 아니지만, 공부자(孔夫子) 이래의 문제자(門弟子)들 사이에서 발달하여 온 유교의 정수를 뽑아 그 요점을 들어 조직적으로 수양(修養)의 순서방법을 가르치고 있는 것은 진귀한 보석과도 같은 문헌이라 아니 할 수 없다. 북송(北宋)의 대유(大儒) 정자(程子)가 초학입덕(初學入德)의 문(門)이라고 예찬(禮讚)한 것은 지극히 당연한 것으로 수긍된다. 아마도 지나(支那) 이천오백 년의 유학사(儒學史)를 통하여 이 정도로 총명한 술작(述作)은 따로 있을 수 없다. 실로 『대학』은 고대유교(古代儒敎)의 정화(精華)이며 총결(總結)인 동시에, 근세유교(近世儒敎)의 출발점이다. 주자(朱子)의 『대학장구』와 양명(陽明)의 『대학문大學問』은 근세유교의 대표적 저작인데, 전자는 『대학』을 새롭게 해석함으로써 궁리진성(窮理盡性)의 신유학을 수립한 것이며, 후자는 주자의 신해석에 길항(拮抗)하여 치양지(致良知)의 신공부(新工夫)를 제창한 것으로서, 양자가 모두 『대학』으로부터 출발한 것이다. 그러므로 앞으로도 유교가 다시 새롭게 개조(改造)된다고 한다면, 아마도 『대학』으로부터 새롭게 출발하지 않을 수 없을 것이다(『학기·대학』「서序」).

『대학』은 『예기』 주석가들 이외로는 일반인이 몰랐던 문헌

그러나 오늘날 우리가 생각하듯이 『대학』이나 『중용』과 같은 문헌이 『논어』나 『맹자』와 같은 비중을 지니고 옛부터(전국말이나 한대로부터) 알려져 있던 문헌은 결코 아니다. 『중용』이라는 문헌은 자사(子思)의 작(作)으로서 이미 사마천(司馬遷, 쓰마 치엔, Si-ma Qian, BC 145~?)이 「공자세가孔子世家」 끄트머리에서 언급하고 있고(子思作中庸. 자사가 『중용』을 지었다), 『한서』 「예문지藝文志」에도 예십삼가(禮十三家) 중의 하나로 "『중용설中庸說』 이편二篇"이 거론되고 있으므로, 꽤 일찍부터 독자적으로 알려졌을 확률이 높다. 그러나 『대학』은 흔히 우리에게 『예기禮記』라는 이름으로 알려진 『소대례기小戴禮記』(『대대례기大戴禮記』에 대하여 상대적으로 붙은 명칭) 앤톨로지(anthology) 속에 한 편으로서(현존하는 49편 모음 속에 제42편으로 들어가 있다) 꼭꼭 숨어있는 논저이기 때문에, 전통적으로 삼례(三禮: 예禮에 관한 중국의 대표적 경전. 『예기禮記』, 『의례儀禮』, 『주례周禮』)에 능통한 학자가 아니면 그 존재성 자체도 모를 수가 있다. 중국역사를 통하여 일반인들에게 『시』·『서』·『역』·『춘추』나 『논』·『맹』처럼 회자되었던 서물이 아니었던 것이다. 『예기』의 주해자들에게만 알려졌던 논문이었다.

당나라 대문호 한유의 고문운동

이러한『대학』을 일반인들에게 유교논리의 근거를 제공하는 중요한 문헌으로서 그 존재가치를 알린 사람은, 당송팔대가(唐宋八大家)의 한 사람으로서 중당(中唐: 시인 두보杜甫가 죽은 대력大曆 5년[770]부터 문종文宗 태화太和 말년[835]까지를 일컬음. 대중적 인기를 모은 시인 백락천白樂天도 이 시기에 활약) 시기에 고문운동(古文運動)을 펼쳤던 대문호 한유(韓愈, 한 위, Han Yu, 768~824)였다.『대학』에 관한 담론이라 하면 우리는 송유(宋儒)들의 전문영역인 것처럼 생각하지만, 그 남상(濫觴)을 아직 불·도가 치성했던 중당시기에서 발견한다는 것은 매우 놀라운 일이다. 그리고 그 남상 속에서 이미 송유들의 문제의식의 기본적 틀을 발견할 수 있다는 것은 더 더욱 놀라운 일이다.

일본 에도의 유자 오규우 소라이(荻生徂徠, 1666~1728)가 "코분지가쿠古文辭學"를 제창하여 "코가쿠古學"를 대성하였다고 말하여지나 그 원형은 이미 한유의 고문운동에서 발견될 수 있다. 한유시대에는 이미 노·불의 현란한 레토릭과 성당(盛唐)의 시가(詩歌)의 영향으로 "글을 쓴다"고 하는 것은 매우 사치스러운 장난이었다. 두 말이 나란히 달리는 듯한 우대(偶對) 병체문(騈體文)의 화려한 여구(儷句), 그 대장(對仗)이나 성률(聲律)을 강구(講究)하는 기교의 속박에서 벗어나 자유로운 단행(單行)의 산체문(散體文)을 강조하는 그의 고문운동은 그것 자체로 이미 문체의 혁신운동이기 이전에 매우 본질적인 사상혁명운동이었으며 문명의 패러다임의 전환을 의미하는 것이었다.

문장이란 화려한 기교를 과시하기 위하여 쓰는 언어의 유희가 아니다. 문(文)이란 반드시 도(道)를 밝히는 것이 되어야 한다(文以明道). 그것은 도를 전하는 도구이며 그 자체로 굴러가는 의미없는 허깨비가 되어서는 아니 된다.

> 내가 고문을 창작한다고 하는 것은, 단지 그 문장의 구법이 지금의 병문(騈文)과 다르기 때문에만 의미를 갖는 것은 아니다. 고인(古人)을 사모해도 직접 만나볼 길은 없다. 그러나 고도(古道)를 배운다고 하는 것은 반드시 그 고인들의 문사(文辭)를 포괄적으로 통달해야 한다. 그 문사를 통달한다고 하는 것은 근원적으로 그 고도(古道)에 뜻을 두어야 한다. 고(古)의 도(道)는 세인들을 구차스럽게 칭찬하거나 비방하는 데 쓰잘데없는 언어를 낭비하지 않는다. 그러한즉, 내가 문장을 쓴다고 하는 것은 반드시 그 문장이 나타내고자 하는 절박한 실제내용이 있어야 하는 것이다.
>
> 愈之爲古文, 豈獨取其句讀不類於今者耶? 思古人而不得見, 學古道則欲兼通其辭。通其辭者, 本志乎古道者也。古之道不苟譽毁於人, 然則吾之所爲文, 皆有實也。(「題哀辭後」)

한유는 또 말한다.

나의 뜻은 본래 고도(古道)에 있다. 그리고 또한 그 고도를 나타내는 언사(言辭)를 심히 사랑한다.

愈之志在古道, 又甚好其言辭。 (「答陳生書」)

고문은 고도(古道)인 동시에 새로운 문명의 패러다임

문(文)이란 도(道)를 밝히는 것이다. 그런데 도(道)란 고도(古道)를 말하는 것이다. 고도(古道)란 후대에 발전한 종교로서의 도교·불교 따위의 도가 아니요, 선왕(先王)의 예악형정(禮樂刑政)이요, 인간의 의식주행(衣食住行)의 구체적 길(道)이었다. 그가 말하는 고도(古道)는 선왕지도(先王之道)였으며 외래적 종교가 아닌, 한민족 고유의 윤리체계인 유학이었다. 그의 문체복고(文體復古)는 곧 유학복고(儒學復古)를 의미하는 것이었으며, 그 복고의 고도(古道)는 수구적이고 교조적인 것이 아니라, 혁신적이고 개방적인 것이었다. 그는 장구지학(章句之學)을 타파하고 자기의 내면에서 우러나오는 독창적인 견해를 거침없이 발표할 것을 독려하였다. 그가 당대의 병문(騈文)을 타파하고, 선진양한(先秦兩漢) 시기에 통행하던 산문(散文)을 고문(古文)이라 규정하면서 파란장활(波瀾壯闊)한 문학혁신운동을 전개하였지만, 기실 그가 말하는 고문이란 정확하게 선진양한 시기의 문체의 답습을 의미하는 것은 아니다. 그것은 고대문학의 자양분을 섭취하여 새롭게 창조해낸 신체산문(新體散文)이었다. 그가 병문을 반대했다고는 하지만 그는 병문의 대가였다. 그의 산문체 문장 곳곳에서 병문의 아름다움이 독특한 사채(辭采)의 격조(格調)를 발하고 있다.

고문이라 해서 고(古)로 돌아갈 수는 없다. 그것은 당대의 문장가들이 자신이 무엇을 말하고자 하는지도 모르고 떠들어대는 부천(浮淺)한 말장난에 대한 강렬한 비판이요, 절실한 창신(創新)의 고(古)였다. 한유에게 있어서는 번진(藩鎭)이 할거(割據)하고, 환관이 전횡을 일삼고, 관리들이 부패하고, 기강이 문란하고, 불(佛)·도(道)가 횡류(橫流)하고, 민생이 도탄에 빠지고 있는 사회모순을 외면한 문장이란 글이 아니었다. 그가 말하는 고(古)란 이러한 현실에 대한 예리한 비판정신을 의미하는 것이었다. 비트겐슈타인(Ludwig Wittgenstein, 1889~1951)은 『논리-철학 논고』(Tractatus Logico-Philosophicus)의 서문에서 이렇게 말하고 있다.

> 도대체 말하여질 수 있는 것은 명료하게 말하여질 수 있다. 그리고 이야기할 수 없는 것에 관해서는 우리들은 침묵해야 한다.
>
> The whole sense of the book might be summed up in the following words: what can be said at all can be said clearly, and what we cannot talk about we must pass over in silence.

비트겐슈타인은 그의 『논고』의 마지막 한 줄에서도 "말할 수 없는 것에 관해서는 침묵해야 한다"는 이 한마디를 반복하고 있다. "침묵"을 강조하는 심오한 맥락에서는 비트겐슈타인은 한유보다 훨씬 더 신비주의자로서의 여백을 남겨놓고 있다. 그러나 한유의 고문운동정신을 한마디로 표현하자면 "도대체 말하여질 수 있는 것은 명료하게 말해야 한다"는 것이다. 20세기의 언어분석철학이 지나친 관념론이나 형이상학 전통(궁극적으로 종교적 관념들이 구성하는 삶의 양식의 소산이다)에 대한 반동이라고 한다면, 8·9세기 한유의 고학정신에도 분명히 유비될 수 있는 모티프가 있다. 불·도의 형이상학의 부환(浮幻)이 그에게는 혐오의 대상이었던 것이다. 비트겐슈타인은 언어의 한계, 사고의 표현의 한계를 명료히 지적하려고 노력했고, 철학이 결코 어떤 교설의 체계가 될 수 없다는 것을 역설했다. 철학적 명제는 근원적으로 무의미하다는 것이다. 한유 역시 형이상학적 말장난을 거부했다는 의미에서 상통하는 정신이 있지만, 한유의 고문은 근원적으로 언어의 한계를 지적하려는 것은 아니다. 이하지방(夷夏之防)을 엄밀하게 하고 중국 고유의 새로운 윤리를 가르치기 위해 언어의 기능이 명료하게 동원되어야 한다는 것을 강조하고 있는 것이다. 한유가 말하는 고문의 특징은 우선 논점이 선명해야 한다는 것이다. 그 논점을 선명하게 전달하기 위하여 광박(廣博)한 논증을 종횡으로 제시한다. 그리고 논리적 추리가 엄밀해야 한다는 것이다. 그리고 아주 쉽게 모든 사람들에게 이해되어야 한다는 것이다. 길거리를 지나가는 무학(無學)의 노파에게 자작시를 들려주고 쉽게 알아듣지 못하는 구절은 뜯어고쳤다는 전설을 남긴 백거이(白居易)의 언어관과도 동일한 시대정신의 표방이라고 말할 수 있다.

한유의 대표적 철학논문 「원도」

이러한 고문으로 쓰여진 한유의 대표적 철학논문이 바로 「원도原道」라는 희대의 명문이다. "원도"의 원(原)이란 "캐어들어간다" "밝힌다"는 뜻이다. 즉 도(道)의 근원을 캐어들어간다는 뜻이다. 물론 여기서 말하는 도가 곧 유도(儒道)임에는 말할 나위가 없다. 「원도」라는 이 중당(中唐)의 문장이야말로 후에 송유들에게 보편화된 "도학道學"이라는 개념의 첫 출발이었으며 송선하(宋先河) 염계(濂溪)의 「태극도설太極圖說」을 앞지르는 진정한 도학의 메니페스토였다. 그 첫 문단을 한번 살펴보자!

> 인간을 가급적 넓게 보편적으로 사랑하는 것을 인(仁)이라 일컫고, 사람으로서 행동할 때에 인에 합당한 행동을 하는 것을 의(義)라 일컫는다. 이러한 인의의 원칙에 따라 걸어가는 삶의 길을 도(道)라고 일컫고, 나의 내면에 이미 충족하여 외재적 힘에 의존하지 않는 것, 그것을 덕(德)이라 일컫는다. 이때, 인(仁)과 의(義)라는 것은 구체적 내실이 있는 이름(定名)이지만, 도(道)와 덕(德)이라는 것은 구체적 내실이 없는 빈자리(虛位)일 뿐이다. 그러므로 도(道)에는 군자와 소인의 길이 갈라지고 덕(德)에는 흉(凶)이 있는가 하면 길(吉)이 있다. 도와 덕은 빈자리이기 때문에 이렇게 일정하지 않은 것이다. 노자(老子)는 근본적으로 인의(仁義)를 얕잡아 보았다. 그러나 그가 근원적으로 인의를 훼멸시키려고 노력했다고 생각하지는 않는다. 단지 그의 인의에 대한 견식이 매우 협소했을

뿐이다. 우물 안에 앉아서 하늘을 처다보면서 하늘이 참 작다고 말한다고 해서 하늘이 작은 것은 아니다. 노자는 사소한 온정을 따스하게 베푸는 것 정도를 인(仁)이라고 생각했고, 작은 일에 근신하며 고고한 듯 행동하는 것 정도를 의(義)라고 생각했다. 그렇게 인의를 협애하게 생각했으니 그것을 깔보게 되는 것은 너무도 당연한 논리적 귀결이다. 노자가 말하는 바 소위 도라고 하는 것은, 그가 우물 안에 앉아서 생각하는 도를 도라고 말한 것뿐이니, 결코 내가 말하는 진정한 도가 아니다. 노자가 말하는 바 소위 덕이라고 하는 것도, 그가 우물 안에 앉아서 생각하는 덕을 덕이라고 말한 것뿐이니, 결코 내가 말하는 진정한 덕이 아니다.

그렇다면 소위 내가 말하는 바의 도덕이란 무엇인가? 그것은 빈자리에 머물러 있는 것이 아니라 반드시 인의(仁義)에 합치되는 도덕성을 지니는 것을 말하는 것이니, 그것은 천하의 공언(公言)인 것이다. 노자가 말하는 소위 도덕이라는 것은 인의(仁義)를 제거하고 말하는 것이니, 그것은 노자 개인 한 사람의 사언(私言)일 뿐이다.

博愛之謂仁, 行而宜之之謂義; 由是而之焉之謂道, 足乎己無待於外之謂德. 仁與義爲定名, 道與德爲虛位. 故道有君子丶小人, 而德有凶有吉. 老子之小仁義, 非毀之也, 其見者小也. 坐井而觀天, 曰天小者, 非天小也. 彼以煦煦爲仁, 孑孑爲義, 其小之也則宜. 其所謂道, 道其所道, 非吾所謂道也; 其所謂德, 德其所德, 非吾所謂德也; 凡吾

所謂道德云者, 合仁與義言之也, 天下之公言也; 老子之
所謂道德云者, 去仁與義言之也, 一人之私言也。

한유의 삶의 문제의식

그 얼마나 강렬한가! 한유의 고문체 문장은! 논지가 선명하며, 논리전개가 분명하며, 뚜렷한 사회의식과 역사의식, 그리고 지성의 핵심인 시대비판정신이 잘 드러나 있다. 우리는 송유의 학문이 주자학으로 집대성되어 관학화(官學化)되는 바람에 그 원조가 되는 한유의 문장세계를 그가 처한 시대상황 속에서 독자적으로 연구하는 것이 아니라, 지겨운 관학적 도학의 원천이라는 선입견을 가지고 폄하하는 성향이 있다. 한유는 당대의 혁명아였으며, 대문호였으며, 결코 이스태블리쉬먼트에 속하는 사람이 아니었다. 한문(寒門)의 집안에서 태어났기에 진사시험에 합격했어도(25세) 관직의 기회를 얻지 못했고 34세의 나이에 이르러서야(정원貞元 17년, 801) 사문박사(四門博士)라는 종7품의 관직에 취임할 수 있었으며 그 뒤로 발표하는 문장마다 환관과 임금의 분노를 사서 계속 유배생활을 하게 된다. 그러면서도 그는 개인의 안위를 생각하지 않고 강렬한 시대정신을 표방하는 문장을 계속 썼다. 그는 결국 국립대학 총장인 국자좨주(國子祭酒: 국자감은 서울대학교인 동시에 가장 중요한 석전釋奠 의례가 열리는 국가기관이며 그 학장學長이 먼저 술을 따라 제사를 지내기 때문에 좨주라 명했다)를 거쳐 이부시랑(吏部侍郎)에까지 이르렀지만 결코 타협 없는 삶을 살았다(향년 57세).

정명(定名)과 허위(虛位)

여기 「원도」의 첫 단에 드러나 있는 사상 속에서 우리는 송학의 가장 중요한 틀을 발견할 수 있다. 그는 중국인의 언어생활에서 가장 근원적이고도 피보트(pivot)의 역할을 하는 4개의 개념을 끄집어 내고 그 개념에 대한 명료한 정의를 내린다. 그것이 바로 도(道)·덕(德)·인(仁)·의(義)라는 것이다. 위 문장에서 한유가 앞의 두 개념인 "도덕"을 폄하(貶下)하고 뒤의 두 개념인 "인의"를 포상(褒上)한 느낌을 주지만 결코 그러한 맥락에서 4개념을 운운한 것은 아니다. 도·덕·인·의는 똑같이 중요한 중국인 고유의 사유의 틀이다. 그러나 도와 덕은 허위(虛位)이며 인과 의는 정명(定名)이라고 말한다. 도덕은 구체적 내용이 없는 추상적 개념이며 그곳에 무엇이 담기느냐에 따라 그 성격이 결정되는 빈그릇·빈자리라는 것이다. 즉 "도덕"은 형이상(形而上)의 개념이기 때문에 도가의 사상이나, 불가의 격의(格義)의 준거로서 활용되기 쉬운 성격을 지녀왔다. 여기서 "도덕"이라는 개념을 현대어의 모랄리티(morality)에 해당되는 도덕으로 생각하면 큰 잘못이다. 오히려 도덕이 부정되는 허위라는 데 "도덕"의 성격이 부각되고 있는 것이다.

이에 반하여 "인의"는 정명(定名)이며 구체적인 도덕적 삶의 행위와 관련되는 것이다. 그것은 철저히 형이하학적인 것이며 사회적인, 현실적인 윤리가치이다. 그러니까 도덕이라는 허위가 인의라는 구체적 도덕성에 합치할 때만이 도덕은 그 바른 모습을 갖추게 된다는 것이다. 도덕에서 인의로! 형이상학에서 형이하학으로! 종교적 허구에서 사회적 현실로! 병문에서 산문으로! 이것이 바로 한창려(韓昌黎: 유愈는 명, 퇴지退之는 자, 창려昌黎는 호)가 말하는 원도(原道: 도의 근원을 캠)였다.

도덕 道德	허위 虛位	형이상학 形而上學	추상적 abstract	도·불의 세계 The realm of Taoism and Buddhism
인의 仁義	정명 定名	형이하학 形而下學	구체적 concrete	유교의 세계 The realm of Confucianism

그의 원도는 한마디로 도·불의 도덕이 윤리를 제거하고 있다는 사실에 대한 개탄이요, 울분이었다. 어떻게 해서든지 도덕이 인의를 회복해야 한다는 것이다. 인의 없는 도덕은 도인·해탈인이라고 자처하는 자들의 초탈한 경지가 아니라 오히려 우물 안의 개구리가 쳐다보는 하늘에 불과하다는 것이다. 오늘날 당대의 최고의 경지를 과시하는 선승이나 기독교신앙인의 세계관이 오히려 정중지와(井中之蛙)의 관견(管見)에 불과하다는 비판이 가능하다고 한다면 그러한 비판적 지식인의 심사를 한퇴지의 마음에 비견해볼 수 있을 것이다. 도·불의 초윤리성의 허구로부터 벗어나 유교의 본래적 윤리성을 회복하자는 것이 바로 한유의 원도였다.

도덕 道德	초윤리적超倫理的 trans-ethical	도道 · 불佛 Taoism & Buddhism
인의 仁義	윤리적倫理的 ethical	유儒 Confucianism

비트겐슈타인이 철학의 무의미성(meaninglessness)을 말했다고 해서 윤리학이나 삶의 의미를 거부한 것이 아니다. 그는 그러한 문제를 침묵 속에 담으려 했다. 그러나 한유는 고문의 문학혁명을 통하여 통렬하게 외치고 있는 것이다. 철학의 한계가 아닌 철학의 윤리적 사명을!

한유의「원도」에서『대학』이 최초로 언급됨

바로 이「원도」라는 문장에서 최초로『대학』이 언급되었다는 사실은 매우 소중한 사건이다. 즉 "원도"의 맥락 속에서 규정된『대학』의 의미야말로 신유학의 결정적 틀을 이루는 것이기 때문이다.

> 요·순을 제(帝)라 칭하고, 우·탕·문·무를 왕(王)이라 칭한다. 그 부르는 이름이 다르다고는 하나, 그 성인됨에 있어서는 동일하다. 즉 구체적으로 백성들을 위하여 땀흘린 도덕적 공덕 때문에 성인으로 추앙되는 것이다.
> 여름에는 시원한 갈포를 입지만 겨울에는 따사로운 털가죽옷을 입어야 한다. 갈증이 날 때는 물 한 모금 먹으면 되지만 배고플 때는 잘 먹어야 한다. 사태가 비록 다르기는 하지만

지혜롭게 대처하는 데는 동일한 공력이 필요한 것이다. 요즈음의 도·불에 빠진 지식인들은 말하기를, "어찌하여 태고(太古)의 무사(無事)함을 본받지 아니 하느뇨"라 한다. 이것은 마치 겨울에 애써 따스한 털옷을 구하는 자들에게 "시원한 갈포를 걸치면 간단히 풀릴 일이 아니냐"라고 책망하는 것과 같고, 배고파 양식을 구하는 자들에게 "물 한 모금 먹으면 간단히 풀릴 일이 아니냐"라고 책망하는 것과 같다. 민생의 문제들은 도무지 무위지치(無爲之治)로 해결될 수 있는 것들이 아닌 것이다.

『대학』이라는 전(傳)에 다음과 같은 말이 있다: "옛날에 내 몸 속의 밝은 덕을 천하에 두루 밝히고자 했던 사람은 먼저 그 나라를 질서있게 다스렸고, 그 나라를 질서있게 다스리고자 했던 사람은 먼저 그 집안을 가지런히 다스렸다. 그리고 그 집안을 가지런히 다스리고자 했던 사람은 먼저 그 몸을 닦았고, 그 몸을 닦고자 했던 사람은 먼저 그 마음을 바르게 했고, 그 마음을 바르게 하고자 했던 사람은 먼저 그 마음에서 발출하는 뜻(意)을 성실하게 했다." 이러한 시각에서 살펴보건대, 옛 사람이 이른 바, 마음을 바르게 하고(正心), 그 뜻을 성실하게 한다(誠意)고 하는 것은 분명히 구체적인 사회적 작위(作爲)의 맥락이 있었다. 그런데 지금은 어떠한가? 그 마음을 다스리고자 하는 자들이 천하와 나라와 집안이라고 하는 사회적 맥락을 도외시하고, 하늘이 내려준 떳떳한 인륜을 멸절시키고 있다(沃案. 마음을 닦는다고 하면서 출가出家하는 등, 불가의 폐해를 지칭하고 있다). 자식된 자가 그 아비를 아비로 여기질 아니 하며, 신하된 자가 그 임금을 임금으로 여기질 아니 하며, 백성된 자가 백성된 본분의 생업에 종사하질 않고 있다(沃案. 이 또한 벽불闢佛의 맥락이다).

공자께서 『춘추春秋』를 지으신 뜻은 무엇인가? 중원의 제후라도 오랑캐의 예법을 따르면 오랑캐가 되고 말 뿐이요, 오랑캐라도 중국의 예법을 잘 따르면 중국인이 된다는 것을 말씀하시려 한 것이다. 그래서 일찍이 『논어』라는 경(經)에, "오랑캐에게 군주가 있다 해도 그것은 중원의 여러 나라들이 군주가 없는 것만도 같지 못하다"라고 공자님께서 말씀하신 것이다. 『시詩』에도 다음과 같은 노래가 있다: "서방의 융戎과 북방의 적狄을 막아내도다. 남방의 형荊과 서舒를 징벌하도다." 지금은 오랑캐를 막아내기는 커녕, 오랑캐의 법도를 우리 중국 선왕의 가르침(先王之敎) 위에 올려놓고 떠받들고 있으니, 이제 거의 모든 중국사람이 오랑캐가 될 판이 아닌가!

帝之與王, 其號名殊, 其所以爲聖一也。夏葛而冬裘, 渴飮而飢食, 其事殊, 其所以爲智一也。今其言曰:"曷不爲太古之無事!"是亦責冬之裘者曰:"曷不爲葛之之易也!"責飢之食者曰:"曷不爲飮之之易也!"

傳曰:"古之欲明明德於天下者, 先治其國; 欲治其國者, 先齊其家; 欲齊其家者, 先修其身; 欲修其身者, 先正其心; 欲正其心者, 先誠其意。"然則古之所謂正心而誠意者, 將以有爲也。今也欲治其心, 而外天下國家, 滅其天常, 子焉而不父其父, 臣焉而不君其君, 民焉而不事其事。

孔子之作春秋也, 諸侯用夷禮則夷之, 進於中國則中國之。
經曰: "夷狄之有君, 不如諸夏之亡。" 詩曰: "戎狄是膺,
荊舒是懲。" 今也擧夷狄之法, 而加之先王之敎之上, 幾何
其不胥而爲夷也!

도가의 무위보다 유가의 작위가 더 인민에게 필요한 진리

지금 여기서 우리는 인류사상 최초로 『대학』이라는 서물이 의미있는 담론체계(episteme)로서 광대한 중국대륙에 넘실거리는 인민 가슴의 바다 위로 부상하는 웅장한 모습을 목격할 수 있다. 여기『대학』이 인용되고 있는 맥락은 노자의 "무위지치無爲之治"가 얼마나 허망한 것인가, 불가의 "열반적정涅槃寂靜"이 얼마나 무책임한 것인가를 말하면서, 그것과 대비되는 유가의 실천윤리의 당위성에 관한 것이다. 한유가 문제삼고 있는 것은 무위나 해탈의 안일함이 아니라, 민중이 추위를 막아내고 배고픔을 이겨내야 하는 매우 절실한 사회적 작위에 관한 것이다. 노자의 "무위無爲"의 원래적 맥락이 결코 한유가 설정한 무사안일주의를 말하는 것은 아닐 것이다. 그것은 인간의 유위(有爲)적 장난이 끼치는 해악에 대한 적극적 사회적 행위일 수도 있다. 그러나 종교로서의 도교나 불교는 당시 그러한 적극적 사회적 함의나 효용을 상실해가고 있었다. 비대해져만 가는 불사나 도관의 화려함은 한유의 시각에선 제거되어야만 할 사회악일 뿐이었다. 도대체 거대한 금동부처가 인민의 추위나 배고픔과 무슨 관련이 있단 말인가?

예수의 나눔도 유학의 본질과 상통

 예수도 본시 사람들이 현세를 버리고 천당 가기를 원했던 사람이 아니다. 인간 예수는 그의 기도 속에서 천국의 질서가 이 땅위로 구현되기를 절실하게 염원하고 있다(마 6:10, 눅 11:2). 천국은 사람들의 마음속에 내재하는 것이며(눅 17:21), 만약 천국이 하늘에 있다 하면 새가 먼저 갈 것이요, 땅속에 있다 하면 물고기가 먼저 갈 것이라고 꼬집는다(도마복음 제3장). 율법을 빙자하면서 춥고 배고픈 민중들을 억압하고 강탈하는 모든 하이어라키 상층부의 사람들을 독사의 자식들이라고 저주하며 예루살렘성전까지도 뒤엎어 버린다. 예수운동의 핵심은 배고픈 자를 먹이는 "나눔"이었고, 나를 희생할 줄 아는 "이웃의 사랑"이었다. 그런데 오늘날 몰지각한 교회들이 면세의 특전을 누리면서 재산을 증식·세습시키고, 성전의 건축만을 일삼고, 인민의 삶과는 아무 관련도 없는 아프가니스탄 선교에 열을 올리며 민폐를 끼쳐대고, 열렬히 내세주의의 묵시록을 현혹의 미끼로 표방하며, 극렬히 빨갱이 토벌만을 내세우면서 남북관계를 경색시키는 추한 행동을 되풀이하고, 전혀 현실정치에 대한 비판의식이 없이 곡학아세의 선봉에만 선다면, "하나님의 뜻대로 다 이루어지이다"라고 외쳐대는 성직자의 말은 여기 한유가 개탄하는 "태고무사太古無事"(천국과도 같은 태고의 낙원)의 무위지치와 하등의 다를 바가 없을 것이다.

 『대학』은 바로 이러한 무위의 독단과 허탄에 대한 유위의 혁신이요 혁명이었다. 이제 중국역사상 최초로 『대학』이라는 문헌이 민중의 가

습속으로 파고들게 되는 계기를 마련한 대문호 한퇴지의 웅변의 맥락들을 세밀하게 검토해볼 필요가 있다.

한퇴지의 인용방식: 『논어』는 경(經), 『대학』은 전(傳)

첫째, 『대학』이 경(經)으로서가 아니라 전(傳)으로서 인용되고 있다는 사실에 주목해야 한다. 그는 『논어』를 "경經"으로 규정하고 있다. 왜냐? 그것은 선왕지도의 도통을 이은 공자의 말씀을 담은 것이기 때문이다. 그가 『대학』을 "전"으로 말한 것은 『대학』을 최소한 맹자에 이르기까지의 성현의 말씀을 직접 담은 저작물이 아니라, 그 말씀을 풀이한 후대의 서물로 규정하고 있다는 것이다. "전"이란 경(經)의 뜻을 해석하여 후세사람들에게 전(傳)하여 보이는 서물이란 뜻이다.

이러한 한퇴지의 규정방식은 『대학』이라는 서물의 성격에 관한 당대의 통념을 반영한다고도 말할 수 있겠으나 『대학』은 결코 알려져 있던 책이 아니므로 한퇴지 개인의 예리한 판단력의 소산이라고 보아야 할 것이다. 후대의 주희가 『대학』을 경(經)과 전(傳)으로 나누어 규정하고, 앞대가리의 경(經)에 해당되는 부분은 공자의 말을 그의 직전제자인 증자가 기술한 것이라 하여(蓋孔子之言, 而曾子述之) 『대학』의 핵심을 공자의 생생한 말을 담은 경(經)으로 존숭하여 놓았으나, 이것은 이토오 진사이(伊藤仁齋, 1627~1708. 명은 코레에다維楨, 자는 源佐)가 단언하듯이 "공맹의 도를 해치는 바가 극심한 망언"(可謂害

道之尤者也)에 불과한 것이다. 이러한 주희의 설은 옛 것을 무조건 높이기를 좋아하는 검토되지 않은 주관적 편견에서 유래된 것이며, 객관적인 고증의 바탕에서 나온 말이 아니라고 진사이는 비판하고 있는 것이다(蓋出於其意之所好尙, 而非有所考證而言). 진사이는 그의 저서, 『어맹자의語孟字義』의 부록으로 "『대학』이 공씨의 유서일 수 없음을 변론함大學非孔氏之遺書辨"이라는 유명한 문장을 남겼는데, 그곳에서 『대학』이나『중용』은『논어』『맹자』와 같은 차원에서 비교될 수 있는 경전이 될 수 없으며, 특히『대학』은『시詩』『서書』에는 밝지만 공맹의 혈맥(血脈)을 파악하지 못한 제(齊)·노(魯)의 유생 계열에서 발전된 후대의 저작물이라고 규정한다(蓋齊魯諸儒, 熟詩書二經, 而未知孔孟之血脈者所撰也).

진사이의 주희비판:『대학』은 공맹의 혈맥에서 벗어난 후대작품

여기 그가 말하는 "혈맥"이란 일본 고학(古學)의 특수용어로서 요즈음 말로 번역하자면 "심층구조"(deep structure) 정도에 해당되는 말이다. 학문의 법(學問之法)에는 두 가지가 있는데 하나를 혈맥(血脈)이라 이르고, 하나를 의미(意味)라 이른다고 한다. 대저 의미라고 하는 것은 혈맥으로부터 우러나오는 것이다. 그러므로 배우는 자는 당연히 먼저 그 혈맥을 파악해야 한다. 만약 그 혈맥을 파악하지 못하면 마치 배에 키가 없는 것과도 같고 밤에 촛불이 없는 것과도 같아, 망망하여 어디로 가야할지를 모른다(蓋意味本自血脈中來, 故學者當先理會血脈。若不理會血脈, 則猶船之無柁, 宵之無燭, 茫乎不知其所底

止。『語孟字義』).

 따라서『대학』의 저자가 "공맹의 혈맥"을 파악하지 못했다는 것은 공맹의 사상이나 저술을 몰랐다는 이야기가 아니다. 공맹사상의 근본적 심층의 흐름을 파악하지 못한 자들이 쓴 책이『대학』이라는 것이다. 그 이유로서 진사이는 열 가지의 세밀한 논증(十證)을 제시한다. 가장 근원적인 반박은 공맹의 사상은 본시가 직재(直截)하고 간결하며, 요즈음 말로 하자면 시(詩)적이며, 돈(頓)적이다. 결코 점(漸)적이 아닌 것이다. 공자도 "인이 멀리 있다구? 내가 원하면 당장 여기로 달려오는 것이 인(仁)인데! 仁遠乎哉? 我欲仁, 斯仁至矣。「述而」29"라고 했고, 맹자도 "도가 가까운 곳에 있는데도 애써 먼 곳에서 구하며, 일이 쉬운 데 있는데도 어려운 데에서 찾는다. 道在邇而求諸遠, 事在易而求諸難。「離婁」上"라고 했다. 증자도 공자의 도를 한마디로 축약해서 말하자면 충서(忠恕)일 뿐이라고 했다. 공맹의 혈맥에서 나오는 작품들은 말하는 스타일이 모두 간결하고 단번에 요약적으로 그 핵심을 전달하고 있는 것이다.『대학』의 8조목과 같이 그렇게 시스테마틱하고, 9층탑을 한칸한칸 올라가듯이 단계적으로 진행하는 사고유형이 근본적으로 공자나 맹자의 생각 스타일이 될 수 없다는 것이다. 그리고 수신(修身)이 정심(正心)에 있다고 말한 심·신이원론적 논리도 매우 이상한 것이며 더욱이 그 마음(心)을 바르게 하는(正) 것이 분치(忿懥)·공구(恐懼)·호요(好樂)·우환(憂患)을 없애는 데 있다고 한 말도 도무지 공맹의 사상일 수가 없다. 공자의 사상은 인간의 마음의 효용인 그러한 감정을 질식시키는 것일 수가 없다. 맹자도 존심(存心)이나 양심(養心)은 말했어도 정심(正心)을 말하지는 않았다. 이는 도무지 공맹의 혈맥을 파악한 언사들이 아니다. 명덕(明德)이라는 말, 성의(誠意)라는 말도 공맹사상에는 생소한 단어이며, 문·무·주공의 훈(訓)을 인용치 아니 하고 불쑥『초서楚書』를 인용하는가 하면, 의(義)를 이(利)라는 맥락 속에서 말하는 논리도 요상하다. 하여튼『대학』은 공맹의 혈맥과는 요원한 텍스트라는 것이다.

진사이와 우암

이러한 진사이의 변론에 시비를 논하기 전에, 진사이가 고경을 바라보는 시각의 참신함과 깊이, 그리고 경전해석학의 치밀함에 우리는 경외감을 표하지 않을 수 없다. 진사이의 이러한 논변이 우리나라 우암(尤庵) 송시열(宋時烈, 1607~1689)의 시대와 완전히 일치하는 시대에 이루어지고 있다는 사실을 생각하면 자괴감을 모면할 길이 없다. 우암의 학문은 주희의 해석을 대함에 있어 근원적으로 경학적 방법론이라는 학문적 시각을 결여하고 있다. 애초로부터 주자학을 북벌대의와 관련된 정치 이데올로기로서 규정하고 있는 것이다. 그리하여 불필요하게 "사문난적斯文亂賊"의 논의만을 일으켜 정쟁(政爭)의 불씨를 제공하고 있는 것이다. 학문을 학문으로서, 경학을 경학으로서 이해하지 아니 하고 정치적 이념으로서 접근하는 것이 그 시대 정신과 구조의 필연적 소산이라 해도, 그 이념이 국가를 번영시키고 보다 보편적인 민의를 실현시키는 구체적인 사회개혁의 비젼을 제시하는 것이라면 그 나름대로의 존재이유가 정당화될 수도 있겠지만, 우암식 노론의 학문논리는 결코 바람직한 방향으로 조선사회를 이끌어갔다고 칭송하기는 어려울 것이다.『대학』은 그 어떠한 일부라도 엄밀한 경학적 의미에서 경(經)일 수는 없다. 그것은 후대의 전(傳)일 뿐이다. 주희의 "경·전 장구구조"는 결코 정당화될 수 없다. 이 사실은 이미『대학』을 최초로 부각시킨 한유의 문장에서 명백하게 드러나고 있는 것이다.『대학』은 그 전체가 전(傳)일 뿐이다.

격물보다 성의가『대학』의 주맥이다. 주희의 보전 날조

둘째, 한유가『대학』을 인용한 방식의 특이성에 관하여 우리는 세심한 주의를 기울일 필요가 있다. 그가 인용한 구절을 살펴보면『대학』에서 가장 중요한 핵심을 이루는, 이른바 주희가 규정한 "8조목 八條目" 중에서, 2조목이 빠져있다. 그 빠진 2조목이야말로 후대 송명

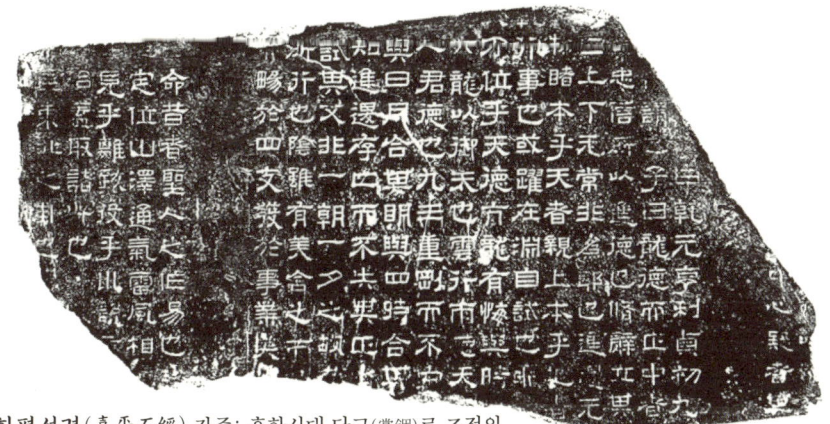

희평석경(熹平石經) 잔존: 후한시대 당고(黨錮)로 조정의 평판이 나빠지자 낙양의 태학을 신축하고 오경(五經)을 46개의 비석에 새겨 태학 정문 밖에 세웠다. 영제(靈帝) 희평 4년(AD 175) 3월에 착수되었기에 희평석경이라고 불리운다(AD 183년 완공). 채옹(蔡邕)의 예서(隸書)라 하나 그 한 사람만의 작품일 수는 없다. 후한말에 많이 파괴되었고, 오대(五代, AD 907~960)의 난(亂) 때 대부분이 파괴되었다. 이것은 서안 비림에 소장된『주역』파편이다. 중국역사상 최초의 석경이다.

유학의 가장 큰 쟁점이 된 "치지致知"와 "격물格物"인 것이다. 이러한 한유의 인용방식을 놓고, 송유들은 그 미비함과 미진함, 그리고 『대학』정신의 왜곡을 지적하는 자들이 많으나, 그것은 비판되어야 할 자들의 전도된 비판일 뿐이다. 『예기』 속의 『대학』의 원래 모습을 놓고 객관적으로 평론하자면 한유의 발상에 더 높은 평점을 줄 수밖에 없다.

평천하 平天下	치국 治國	제가 齊家	수신 修身	정심 正心	성의 誠意	치지 致知	격물 格物
1	2	3	4	5	6	7	8

1~6: 한유
1~8: 주자

"고지욕명명덕어천하자古之欲明明德於天下者" 즉 "평천하平天下"의 근본이 한유의 경우는 "성의誠意"(그 뜻을 성실케 함)에서 일단 마감되고 있는 반면, 주희는 "평천하"의 근본은 반드시 "격물格物"(사물의 법칙에 다다른다)에까지 이르러야만 그 수미일관된 주제가 드러난다고 본다. 8조목에 대한 주희의 궁극적 관심은 "치지격물致知格物"에 있었다. 그런데 어찌하여 그토록 소중한 치지격물을, 한유는 치지 도외해버렸단 말인가? 이것은 일차적으로 한유를 지배한 시대정신(Zeitgeist)과 주희를 지배한 시대정신이 상이한 사태에서 유래되었다고도 말할 수 있겠지만, 한유가 파악한 『대학』이라는 텍스트의 기본

구조에서 "치지격물"은 "정심성의正心誠意"의 부수적 설명방식일 뿐이며, 하등의 독자적인 무게를 차지하는 발언이 아니었던 것이다. 그것은 생략되어도 『대학』의 대의(大義)에 하등의 손상이 없다고 파악했던 것이다. "평천하-치국-제가-수신"의 당위적 근원이 "정심성의"에서 완성되는 것이며, "치지격물"에까지 미칠 필요는 없다고 생각했던 것이다. 『예기』 속 『대학』의 원래모습에는 "치지격물"에 관한 설명이 결여되어 있으며, 경(經) 1장(주희체제 속에서 경으로 규정된 부분) 이후에 곧바로 "성의誠意"의 해설이 연접하고 있다. 이러한 텍스트의 사실은, 『대학』의 저자가 "치지격물"을 "정심성의"에 부속된 주석 정도로 가볍게 언급했을 뿐이며, 그 마지막 두 조목을 "조목"이라 할 만큼 독자적으로 취급하지 않았다는 가설을 정당화시킨다. 그러나 "치지격물"은 후대에 이정(二程)에 의하여 전유학의 중심적 과제상황으로 높게 평가되었고, 따라서 이천(伊川)의 문제의식을 계승한 주자는 "격물치지"의 보전(補傳: 주희의 『대학장구』에서 전(傳) 제5장에 해당된다)을 날조하기에 이른다. "치지격물"의 문제상황은 송유 사림의 독자적인 문제의식으로 별도로 고려되어야 할 사안이며, 주자가 생각하듯이 그것을 『대학』의 중심과제로 취급할 수는 없다. "격물치지"에 관한 송·명유학의 대논쟁들이 막상 『대학』이라는 텍스트의 본류와는 무관한 것일 수도 있다는 거대한 아이러니에 우리는 눈을 떠야 한다.

「원도」 속에 인용된 『대학』의 의미맥락

셋째, 「원도」라는 한퇴지의 문장에서 『대학』이 원용(援用)된 의미맥락을 살펴볼 필요가 있다. 이 맥락이야말로 후대에 『대학』이라는 텍스트가 역사적 의미를 갖게 되는 가치맥락이기 때문이다. 앞 항목에서 살펴보았듯이 『대학』의 명명덕(明明德)이라는 내면적 가치의 최종적 사태인 "정심성의正心誠意"는 그냥 "마음을 바르게 하고, 뜻을 성실하게 하는" 무맥락적인 정언명령이 아니라, 구체적인 사회적 작위의 맥락 속에서 이루어져야 할 도덕명령이라는 것이다. 한유에게 있어서 "정심성의"는 "수신修身"의 다른 표현이다. 즉 수신의 내용이 정심성의라는 선결조건인 것이다. 그러나 정심성의는 반드시 "제가-치국-평천하"라고 하는 사회적 관계 속에서 이루어질 수밖에 없는 유위적 행동이다. 그러한 사회적 작위의 맥락을 떠나서 정심성의 즉 수신(修身)은 불가(不可)하다는 것이 유도(儒道)의 가르침인 것이다. 그 다음에 "정심성의"에 해당되는 의미맥락을 받는 말로서 한유는 교묘하게 "치심治心"이라는 단어를 쓰고 있다. "마음을 다스린다治其心"는 것은 유가의 수신(修身)에 대하여 불가의 수심(修心)이며, 수도(修道)이며, 멸집(滅執)이다. 즉 불가의 "마음공부"를 치심(治心)이라고 표현하고 있는 것이다. 그런데 불가의 마음공부의 가장 큰 오류는 "제가-치국-평천하"라는 사회적 맥락을 근원적으로 도외시하고 있다는 것이다(外天下、國、家). 마음공부의 근본적 목표가 천하국가를 벗어나는 데 있는 것이 아니라, 천하국가를 완성시키는 데 있다는 것이다. 자식으로서 아비를 아비로 대하질 않고, 신하로서 임금을 임금으로 대하질 않고, 백성으로서 나라를 번창하게 할 생산적 생업에 종사하질 않고 있으니, 천륜(天倫)을 멸절시키는 죄업을 쌓고 있을 뿐이라는 것이다. 여기서 우리는 『대학』이 중국역사에서 의미체로서 등장한 맥락이 바로 이러한 수신의 사회적 맥락의 강조였다는 것, 그리고 그것이 배불(排佛), 벽불(闢佛)의 근거를 제공했다는 사실을 알 수 있다.

일본의 무교회주의자들과 「원도」정신

우찌무라 칸조오(內村鑑三, 1861~1930)와 같은 일본의 기독교사상가는 단지 "두 개의 J"를 믿을 뿐이라는 캐치 프레이즈를 내걸고("두 개의 J"란 예수Jesus와 일본Japan이다), 기독교신앙을 일본역사의 맥락 속에 위치하도록 만듦으로써 강렬한 현실사회·정치비판을 불러일으켰다. 그가 믿는 것은 오직 예수이며, 예수는 인간이 만든 조직이나 제도를 통하여 만나지는 것이 아니라, 오직 성서를 통하여 직접 신으로부터 사명을 받음으로써 해후되는 것이므로 교파의 이해와 결부된 교회라는 조직은 참된 신앙에 방해가 될 뿐이라는 주장이 그의 무교회주의였다. 교회를 근원적으로 부정하는 것이 아니라 "교회를 신봉하지 않는 자들의 교회"만을 그는 생각했다. 항상 교회라는 조직은 인간의 이해관계와 얽힌 세속적 분규를 만들어내며, 궁극적으로 신앙적 삶의 수양에 역행하는 불경(不敬)을 지어낼 뿐이다. 교회는 인간세의 관계 속에서 자기확장만을 계속하려는 필연적 타성을 갖기 때문이다. 따라서 그는 소규모의 성서연구집회만을 허용했다. 프로테스탄티즘의 핵심은 끊임없이 조직에 프로테스트하는 정신이다. 따라서 성서연구집회도 비대화하면 해체시켰으며 새로운 소규모 집회를 만들어 끊임없이 조직에 프로테스트하는 길을 선택했다. 그는 일본의 역사야말로 "구약舊約"이라고 생각했으며, 일본역사의 대표적 사상가들을 모두 구약의 예언자라고 간주했다. 이들 구약의 예언자들로부터 어떻게 새로운 신약의 일본을 만들어내는가 하는 것이 신앙의 본질이었다. 따라서 다신론과 군국주의, 그리고 천황숭배의 죄악에 절어버린 일본의 현실정치에 가장 강렬하고 통렬한 비판을 퍼부었다. 무교회주의자 치고 일본군국주의의 탄압을 받지 않은 자가 없다. 해방 후 2기에 걸쳐 동경대학 총장을 지낸 야나이하라 타다오(矢內原忠雄, 1893~1961: 우찌무라 칸조오의 애제자)도 허위의 세계 속에서 이상을 상실한 군국주의 일본을 장례지내야 한다고 외치면서, 침략과 거짓을 일삼는 제국주의적 이기주의와 피튀기는 싸움을 벌였다. 일제의 무서운 탄압 속에서도 전쟁절대반대의 선봉에 섰던 인물이었다.

오늘날 한국교회의 실상이 이러한 무교회주의적 양심과 사회적 비판의식을 지니고 있다면 그 신앙을 비판할 아무런 이유가 없다. 한유가 비판하고자 했던 불교도 오늘날의 한국기독교와 마찬가지로 해탈신앙의 허구와 조직의 비대, 몰사회가치적 사원경제의 확장에만 혈안이 된 그러한 종교였다. 이러한 종교의 비사회적·반사회적 폐해를 광정하고자 사회적 윤리를 표방한 준거경전이 바로 『대학』이었던 것이다.

화이지변(華夷之辨)과 도통론(道統論)

넷째, 한유가 셋째번 주제와 관련하여 강조한 것은 엄격한 "화이지변華夷之辨"이었다. 공자가 『춘추』를 지은 소이연이 바로 중화의 예의 질서를 지키기 위함이었다. 여기서 그는 중국인과 오랑캐가 선천적으로, 생리적으로 분변되는 것이 아니라, 그 궁극적 갈림의 근거가 예의를 존중하는 인문적 문화라는 사실을 상기시킨다. 그 인문전통을 구현하면 오랑캐도 중국인이 되는 것이요, 그 인문전통을 상실하면 중국인도 오랑캐가 될 뿐이라고 한다. 그가 인용한 『시경』 구절은 노송(魯頌) 「비궁閟宮」에 나오고 있다. 예로부터 이토록 오랑캐문화를 막아내고 중국고유의 인문전통 즉 도덕질서를 지켜온 사실에 중국인의 프라이드가 있었거늘, 이제 와서 오랑캐의 법도를 선왕지도 위에 높이 모셔놓고 떠받든다면 모두 오랑캐가 되겠다는 것인가!

문명간의 충돌이나, 문화적 교류를 협애한 민족주의의 배타성의 맥락에서 비판할 필요는 없다. 그러나 문명의 교류는 그 건전한 사유나 가치체계의 측면을 서로간에 흡수함으로써 인류보편의 공영에 이바지하여야 한다. 그러나 문명의 교류가 그 저열한 측면을 서로간에 살포하고 합리적 이성의 발전을 저해시킨다면 그것은 매우 유감스러운 일이다. 우리가 서구의 역사로부터 의회민주주의나 입헌주의 전통을 배우고 과학적 사유를 배우는 것은 매우 바람직한 일이다. 그런데 서구의 역사로부터 희랍신화를 배우고, 기독교 부활이나 재림의 상징적 신화체계를 사실로 받아들이는 것은 참으로 우매한 일이다. 그것은 근원적으로 해석의 대상이 아니라 파기되어야 할 환각이다. 한유에게 있어서 불교란 바로 이러한 파기의 대상이었다. 한유의 「원도」로부터 출발한 이러한 도학 즉 신유학(Neo-Confucianism)이 애초로부터 이

민족의 사유에 짓밟힌 중국인의 심성에, 중국고유의 인문도덕 가치체계를 회복시켜야 한다는 주체회복사상·중화민족주의의 색조를 짙게 깔고 있었다는 사실을 우리는 항상 염두에 두지 않을 수 없다. 여기서 발전한 "도통론道統論"이 또다시 중국인의 주체주의에 도덕적 기미를 씌우고, 송시열과 같은 조선의 사상가들에게 주자학절대주의의 질곡을 선사한 역사의 아이러니를 통관하지 않을 수 없다. 그 "도통론"의 최초의 프로토타입이 바로 「원도」 일문에 들어있는 것이다.

묻겠다: "도대체 이 도(斯道)라 하는 것이 무슨 도인가?" 대답하노라: "이것은 내가 말한 도이며, 도교나 불교가 말하는 도가 아니다. 이 도는 요임금이 순임금에게 전했고, 순임금은 우임금에게 전했고, 우임금은 탕임금에게 전했고, 탕임금은 문왕·무왕·주공에게 전했다. 그런데 문왕·무왕·주공은 이 도를 공자에게 전했다. 그리고 공자는 맹가(孟軻)에게 전했다. 그런데 불행하게도 맹가가 죽으면서는 더 이상 전하지를 못했다. 순황(荀況)과 양웅(揚雄)이 있었으나 이들은 스승의 말을 택함에 있어 정교하질 못했고, 말은 많이 했으나 그 세밀한 구석을 전달하지 못했다. 앞서 말한 전도(傳道)의 계보에 있어서 주공 위로는(요·순·우·탕·문·무) 임금의 자리에 있었기 때문에 실제적인 정사(政事)로서 그 도를 행하였다. 그러나 주공 아래로는(공자·맹자) 신하의 자리에 있었기 때문에 학설로써 도를 펴는 것을 장점으로 삼았다."

"그렇다면 도대체 어찌 하면 좋은가?" 나는 말한다: "불·도

이교(二敎)의 도를 막지 않으면 선왕지도가 흐를 수 없고, 그 것을 그치게 하지 않으면 유도가 행하여질 수가 없다. 승려나 도사를 평범한 사민(四民)으로 만들어 세금을 내고 군이나 잡역에 복무케 하고, 불·도의 경적(經籍)은 모두 불살라 버리고, 도관이나 사찰은 모두 평범한 백성의 기거처로 만들어라! 그리고 선왕의 도를 발양하여 백성을 바르게 인도하라! 그리고 홀아비·과부·자손 없는 노인·고아·불구자·병든 사람들이 보살핌을 받는 그런 사회를 만들라! 그리하면 거의 가(可)하다고 할 만하다."

曰: "斯道也, 何道也?" 曰: "斯吾所謂道也, 非向所謂老與佛之道也。堯以是傳之舜, 舜以是傳之禹, 禹以是傳之湯, 湯以是傳之文、武、周公, 文、武、周公傳之孔子, 孔子傳之孟軻; 軻之死, 不得其傳焉。荀與揚也, 擇焉而不精, 語焉而不詳。由周公而上, 上而爲君, 故其事行; 由周公而下, 下而爲臣, 故其說長。" 然則如之何而可也? 曰: "不塞不流, 不止不行。人其人, 火其書, 廬其居; 明先王之道以道之, 鰥寡孤獨廢疾者有養也。其亦庶乎其可也。"

민주사회가 되었기 때문에, 대형교회나 대형사찰이 철거되어 민거(民居)가 되는 일은 없을 것이다. 그러나 당대 한유의 문장은 불·도 토벌의 격문(檄文)과 같은 것으로 참으로 많은 지성인들에게 청량감과 통쾌감을 주었다. 그리고 "약자가 보살핌을 받는 그러한 사회를 만들라"는 그의 최후의 일언은 『맹자』 「양혜왕」하의 어휘를 빌린 말이기는 하지만 21세기의 복지사회론에 비추어도 손색이 없는 말이며, 한유의 문제의식의 절실함을 잘 대변해주고 있다.

도통론이 불가피했던 현실, 맹자의 새로운 어필

한유의 도통론이 선가(禪家) 전등(傳燈)의 의발전수를 빗댄 것으로 유도의 실상이 될 수 없다고 비판하지만(오규우 소라이는 한유를 계승한 주희의 도통론은 불가의 말류에 지나지 않는다고 통박한다), 주체사상을 회복하려는 아폴로지의 사상가의 입장에서는 원도(原道)의 계보를 확고하게 밝히지 않을 수도 없는 노릇이었을 것이다.

이 계보에서 가장 중요한 사실은 맹자의 챔피온 등극이다. 우리는 주희의 『사서집주四書集注』 이후의 신유학의 틀 속에서 유학을 바라보는 데 익숙해있기 때문에, 맹자는 당연히 공자와 더불어 아성(亞聖)으로서 중국역사 속에서 존숭되어온 인물이라고 생각하기 쉽다. 그러나 『맹자』라는 서물은 『논어』와 비교한다면 전혀 보편적으로 읽혀온 책이 아니었다. 역사적으로도 후한시대의 조기(趙岐, 자오 치, Zhao Qi, ?~AD 201)의 주(注)가 전할 뿐 주석가들의 관심의 대상이 아니었다. 맹자가 현대적 의미에서 민주적 사상가라고 할 수는 없지만, 그에게는 강렬한 민본사상이 있고, 혁명을 시인하며, 귀민경군(貴民輕君)의 언행이 천명의 비장감과 결부되어 있기 때문에 역대 군왕의 비위에 거슬리는 인물이었다. 명태조 주원장만 해도 『맹자』를 읽고 충격을 받아 "이 놈이 지금 살아 돌아온다면 극형을 받을 놈이야"라고 호통을 치며, 맹자제사를 금하게 하고, 『맹자』에서 통치자에게 불리한 문장은 다 빼버리고 『맹자절문孟子節文』을 편하게 하였던 것이다.

한유야말로 맹자의 적통

한유의 문장을 보아도 맹자는 순자나 양웅과 같은 인물과 비교하여 전혀 돋보이는 인물이 아니었다. 그러나 한유의 도통론 속에서 맹자는 비로소 공자의 정전(正傳)으로서 그 확고한 위치를 점하게 되었고, 송명도학가들은 맹자의 심성론(心性論)을 탐구의 중핵으로 삼게 되었던 것이다.

한유가 맹자에게서 도통의 전수가 단절되었다고 말한 것은 맹자 이후의 천여 년의 사상사를 불인(不認)한 대담한 발상이며 그것은 간접적으로 한유 본인이야말로 맹자 이후의 도통의 전수자라는 사실을 밝히고 있는 것이다. 후대의 "도통전도道統傳圖"에서 보통 맹자 이후로 주자(周子)·정자(程子)·장자(張子)·주자(朱子)를 말하여 한유를 빼는 경향이 있지만 실로 송유의 도통은 한유를 배제할 수 없다.

한유의 「원성」과 성삼품설

한유는 「원도」이외로도 「원성原性」이라는 문장을 지어 그의 인성론을 밝혔다. 그의 성론(性論)은 공자가 「양화陽貨」에서 말한 "오직 상지와 하우는 움직여지지 않는다. 唯上知與下愚不移"라는 명제에 의거하여 사람의 성(性)을 상·중·하의 삼품(三品)으로 나누었다. 서한시대에 이미 가의(賈誼)나 동중서(董仲舒)가 성삼품을 이야기했으므로 한유의 논의는 전인(前人)의 관점을 계승한 것이다. 그러나 이러한 논의는 별로 심오한 설득력을 가질 수 없다. 인간의 본성을 말하는데 그것을 어떤 보편적 근거 위에서 논하지 않고 세 개의 카테고리를 가지고 구획 지어 규정한다는 것은 근원적으로 많은 문제점을 노정시키기 때문이다. 성삼품과 같은 논의는 일례를 들면 리일분수(理一分殊)를 말하는 정이천이나 주희와 같은 사상가에게서는 자리잡을 구석이 없다. 그만큼 송대의 인간관이 근대적 보편주의를 획득했다는 사실을 방증하는 것이다. 주희는 성(性)은 모든 존재에 균일한 어떤 천성(天性)으로서 보편적인 하나일 수밖에 없다고 주장한다(性, 一也。人與鳥獸草木, 所受之初皆均, 而人爲最靈爾。由氣習之異, 故有善惡之分). 선악의 구분이 생긴 것도 후천적 기습(氣習)의 차이에서 유래하는 것이지 성 자체를 그렇게 삼분하여 규정할 수 없다고 한유를 비판한다. 공자께서 상지(上智)와 하우(下愚)는 움직일 수 없다고 말씀하신 것도 본성이 그렇게 규정되어 있어 움직일 수 없다고 말씀하신 것이 아니라, 기습(氣習)의 오염이 너무 오래되어 하우를 움직여서 상지를 만드는 것이 갑자기 될 수가 없다고 개탄하신 것일 뿐이다. 어찌 이러한 공자님의 말씀을 잘못 해석하고 이에 근거하여 인간의 성 그 자체가 불선(不善)하다고 규정할 수 있겠는가?(夫子不云乎: "唯上智與下愚不移," 非謂不可移也。氣習漸染之久, 而欲移下愚而爲上智, 未見其遽能也。詎可以此便謂人之性有不善乎?「溫公疑孟」上,『朱文公文集』卷第七十三). 그러나 한유의 성삼품 논의는 자세히 뜯어보면 성삼품의 선천적 규정성에 강조점이 있는 것이 아니라 중품(中品)의 상·하 이동성에 인간의 근원적 개선가능성을 엿보고 있으므로, 인간성에 대한 도덕적 규정의 리고리즘(rigorism)을 탈피하려는 데 그 근원적 동기가 있다고 보아야 한다. 상품이 되었든, 중품이 되었든, 하품이 되었든, 인간의 성(性)에 인(仁)·예(禮)·신(信)·의(義)·지(智)라는 다섯 가지 덕성은 태어나면서 이미 다 구비되어 있는 것이다. 상·중·하 삼품은 이 다섯 가지 덕성의 작동방식 여하에 따라 구별되는 것일 뿐이다. 그는 인간의 본성을 선이다(맹자), 악이다(순자), 또는 혼재상태이다(양자揚子)라고 규정하는 그 일면적 고정성을 거부하고 싶은 것이다. 이런 의미에서 한유는 송유의 기질지성(氣質之性)의 변화가능성에 관한 논의의 단서를 열었다고 볼 수 있다.

한유의 성정론(性情論)

한유는 성(性)과 동시에 정(情)을 말한다. 성이란 것은 인간이 태어나면서부터 구유한 것이며, 정이란 것은 물(物)에 접하여 촉발되는 것이다(性也者, 與生俱生也; 情也者, 接於物而生也). 따라서 성과 정은 동전의 양면 같은 것으로 우열을 가릴 수 없는 일체의 양면이다. 이것은 송유가 성(性)을 리(理)적인 차원으로, 정(情)을 기(氣)적인 차원으로 파악하여 근원적으로 차별성을 부여하고, 성과 정의 우열을 논한 것과는 매우 대조적이다. 따라서 성에도 삼품이 있다면, 희(喜)·노(怒)·애(哀)·구(懼)·애(愛)·오(惡)·욕(欲)의 칠정에도 상·중·하의 삼품이 있다고 말한다(性之於情視其品, 情之品有上中下

三。其所以爲情者七: 曰喜, 曰怒, 曰哀, 曰懼, 曰愛, 曰惡, 曰欲). 칠정의 상품이란, 그것이 동함에 상황의 절도에 잘 들어맞는 것을 말하고(上焉者之於七也, 動而處其中), 중품이란 그것이 동함에 과·불급이 있으나 항상 절도에 잘 들어맞기 위해 노력하는 것을 말하고(中焉者之於七也, 有所甚, 有所亡, 然而求合其中者也), 하품이란 과·불급을 조절하지 않고 그 정을 욕망대로 분출하여 곧바로 쏴대는 것을 말한다(亡與甚, 直情而行者也). 그러므로 성(性)과 정(情)은 따로 노는 것이 아니라, 결국 상통하는 것이다. 성이 상품인 사람은 정도 상품일 것이다. 성이 하품은 사람은 정도 하품일 것이다(性之於情視其品, … 情之於性視其品). 이러한 논의는 필연적으로 칠정을 부정적으로만 보는 것이 아니라, 어떻게 칠정을 긍정적으로 유도하여 상품화(上品化)시키느냐 하는 감성론에 이르게 될 것이다. 이러한 논의방식은 후대 "존천리거인욕存天理去人欲"을 논하는 주희의 리고리즘(rigorism)과는 매우 다른 것이며 자유분방한 당나라의 분위기를 잘 반영하고 있다. 도·불이 모두 인간의 정욕을 질식시킴으로써 무위나 해탈에 이를 수 있다고 주장하면서 청정(淸淨)이나 적멸(寂滅)을 말하는 그러한 시대적 분위기에서 그것과 대비되는 유교의 성론을 주장함에 있어서, 한유는 정욕의 세계를 긍정하지 않을 수 없었을 것이다.

그리고 그가 상지·하우를 양극에 놓는 성삼품설을 주장한 것도 하우(下愚)에 대한 형벌의 정당성을 말하려 했을 것이다. 이것은 오늘날의 보편적 인성론의 입장에서 보면 매우 위험한 발상이지만, 한유는 배도(排道)·벽불(闢佛)을 외치는 마당에, 종교적 염습(染習)에 쩔어버린 불·도의 하우(下愚)놈들을 형벌로써 제압하지 않으면 유도를 펼 방법이 없다고 생각했을 것이다(上之性就學而愈明, 下之性畏威而寡罪, 是故上者可教而下者可制也). 시대적 한계를 절감하면서도 그의 통절한 외침을 이해할 수는 있다.

한유오잠(韓愈五箴) 잠(箴)이란 자기반성이나 훈계를 주제로 하는 간결한 문학양식이다. 한유는 38세 때 자기 인생을 회고하며 「오잠」을 지었다. 유잠(游箴)·언잠(言箴)·행잠(行箴)·호오잠(好惡箴)·지명잠(知名箴)으로 구성되어 있는데 한유가 자기 인생을 바라보는 치열한 정신을 엿볼 수 있게 하는 명문이다: "나 어렸을 때는 풍요로운 학식을 희구하여 아침 저녁으로 게으름이 없었다. 나 지금은 배만 부르면 놀려하고 아침 저녁으로 하릴없이 시간을 보낸다. 오호라! 너! 무지한 놈아! 군자됨을 버리고 소인으로 돌아가려느뇨! - 遊箴 -"북송 이강년(李康年)이 소전체로 쓴 것을(1063), 그 아들 이개(李玠)가 선화 6년(1124)에 돌에 새긴 것이다. 송나라 사람들이 한유를 존숭한 풍조를 엿볼 수 있다.

제2장: 이고(李翶)의 『대학』 해석

한유와 동시대 사상가인 이고의 「복성서」

한유 다음으로 도학의 틀을 만든 사상가로서, 한유와 동시대의 사람이었던 이고(李翶, 리 아오, Li Ao, ?~c. 844: 자는 습지習之)를 꼽지 않을 수 없다. 많은 사람들이 이고를 한유의 제자라고 말하는데, 『이문공집李文公集』에 실려있는 「답한시랑서答韓侍郎書」나 「제이부한시랑문祭吏部韓侍郎文」에 보면 한유를 "형兄"이라고 부르고 있으므로, 두 사람의 관계가 호형호제 하는 친구 사이였다는 것을 알 수 있다. 이고는 농서(隴西) 성기(成紀)의 사람으로 정원(貞元) 14년(798)에 진사에 올라 (한유보다 6년 늦게 합격) 누천(累遷)하여 결국 호부시랑(戶部侍郎)에까지 올랐다. 한유와 인척관계에 있었기 때문에 한유에게서 문장의 수업을 받을 기회가 있었으며 한유의 고문운동의 동반자로서 그 선봉에서 활약하였다. 이고의 문장이야말로 평이하면서 명료하고, 유교경전의 철학적 내면을 종횡무진으로 발휘한 명문으로 정평이 있다. 그 대표적 저술이 「복성서復性書」인데 사고전서(四庫全書)에 들어있으므로 인터넷을 두드리면 쉽게 찾아볼 수 있다. 그 내용을 전부 소개하기 어렵기 때문에, 전문적인 견식이 있는 독자들은 꼭 한번 「복성서」를 일독해 보았으면 한다. 「복성서」야말로 모든 송유 도학자들의 문장스타일의 프로토타입이 들어있는 본격적인 철학서라 말할 수 있기 때문이다. 한유는 관심이 근본적으로 절박한 사회문제에 집중되어 있고 혁명가적인 외향성의 사람이라면, 이고는 관심이 근본적으로 철학적 사유에 집중되어 있고, 유교경전을 통해서도 얼마든지 불교가 말하는 근원적인 욕망의 해탈이나 인격의 완성의 경지에 도달할 수 있다고 믿으며, 따라서 매우 주정주의(主靜主義, Quietism)적 사유의 경향성을 지닌 내향성의 사람이라고 말할 수 있다. 한유가 개단(開端)한 배불의 유교정통주의의 흐름은 이고를 통하여 철학화되었고, 이고의 철학화를 통하여 유교경전들이 심오한 철학적 과제상황으로 부상되었던 것이다. 『대학』의 "격물格物"의 인식론적·우주론적 함의를 최초로 논의한 사람도 이고였다.

이고와 종밀(宗密)

이정(二程)·주희의 논의가 모두 이고의 틀에서 크게 벗어나지 않는다. 이고나 한유나, 심지어 남송의 주희까지도 모두 불학의 이론에 밝은 사람들이었다. 이고는 완전히 그와 동시대를 살았던 화엄종의 제5조이자 교선일치(敎禪一致: 종밀은 종교宗敎라는 표현을 쓰는데 종은 선종禪宗을 말하고 교는 교학불교를 말한다)를 주창(主唱)하였던 규봉(圭峰) 종밀(宗密, 쫑 미, Zong Mi, 780~841)의 사상과도 모종의 교감이 있었을 것이다. 종밀의 『원인론原人論』은 이미 유(儒)·도(道) 이교의 인간론을 나름대로 심도있게 분석하면서 그 문제점을 제시하였고, 불교에 대해서도 인천교(人天教: 업설業說)·소승교(小乘教: 윤회론輪廻論)·대승법상교(大乘法相敎: 유식종唯識宗)·대승파상교(大乘破相敎: 반야공사상般若空思想) 제설의 문제점을 지적하면서, 최종적으로 절대적 영성(靈性)을 근본으로 하는 일승현성교(一乘顯性敎: 화엄종華嚴宗)를 제시한다. 그러나 일승현성교의 입장에서, 그간 비판되어온 유(儒)·도(道)·불(佛)의 제학설이 부분적인 진리를 설파하고 있다고 말하면서 유·불·도의 회통의 가능성을 열어놓는다. 그는 우연히 얻어보게 된 『원각경圓覺經』(풀네임은 대방광원각수다라료의경大方廣圓覺修多羅了義經. 당 장수2년[693] 불타다라佛陀多羅가 번역하여 소개하였다. 원돈圓頓의 교리를 말함)을 읽고 "가슴이 벅차 숨죽이며 흐느껴 우는" 감동과 감격과 감사를 느끼고, 『원각경』을 통하여 전 불교를 통합하고, 전 중생계를 포괄하는 종교철학을 수립하는 데 필생의 노력을 아끼지 않았다. 그 이론적 기초가 화엄학(華嚴學)이었고, 그는 화엄학의 웅장한 틀 속에서 교·종을 일치시키려고 노력했다. 그의 교선일치론은 단지 남·북종의 화해나 교외별전(敎外別傳)의 선(禪)을 기존의 교학불교와 융합시키려는 노력이 아니라, 아주 양자의 대립을 근원적으로 해소시키려는 새로운 종교철학이었으며 시대적 요청을 수용하는 "당대(當代)의 철학"이었다. 그는 원각(圓覺)이라는 절대지(絶對知)의 순수성을 견지하면서, 모든 대립을 파척(破斥)하고 직현(直顯)케 만들며 회통(會通)시킨다.

종밀과 지눌

종밀의 『원인론』을 잘 살펴보면 "혼일지원기混一之元氣"의 기와 "진일지영심眞一之靈心"의 심이 대립하고 있는데 정주(程朱)가 말하는 리기(理氣)의 대립의 프로토타입이라 말할 수 있다. 종밀은 "품기수질稟氣受質"을 말하는데 이것도 송명도학의 기질(氣質)의 문제로 발전한 것이다.

종밀의 "돈오점수頓悟漸修"는 선교일치를 위한 필연적 논리이며, 현량(現量), 비량(比量), 불언량(佛言量)을 통합하는 실천론이다. 이러한 종밀의 논리는 목우자(牧牛子) 지눌(知訥, 1158~1210)을 통하여 한국불교의 정맥을 이루었으니, 사실 지눌의 문제의식만 잘 살펴보아도 후대 퇴·율의 심성논리가 다 들어있다고 말하면 송시열은 어떻게 생각할 것이며, 윤휴는 어찌 답할 것인가? 참으로 조선유자들의 소견의 우소(迂疏)함을 탄(歎)하지 않을 수 없다.

유학의 위성(爲聖)과 불교의 성불(成佛)

한유의 벽불(闢佛)의 원도(原道)와 종밀의 옹불(擁佛)의 원인(原人)의 절묘한 텐션 속에서 이고의 호유(護儒)의 복성(復性)의 논리가 태어난 것이다. 이고에게 있어서 유학의 위성(爲聖: 성인이 됨)의 과제는 불교에서 말하는 성불(成佛: 부처가 됨)의 과제상황과 다를 바가 없다. 성인(聖人)을 단순히 "윤리적으로 바른 사람"이라고 규정하면, 이미 불학의 인식론에 찌들어버린 당대의 지식인들에게 매력적인 과제상황이 될 수가 없다. 그것은 최소한 우주론적이고, 종교적이고, 신비적인 어떤 가치의 구현체가 되지 않으면 안된다. 송명유학자들이나 조선의 도학자들이 말하는 "성인"이란 대체적으로 수양(修養)의 지고한 경지에 달하여 전우주와 합일된 인간을 말한다.『맹자』의 "색우천지지간塞于天地之間"이니,『주역』의 "여천지합기덕與天地合其德"이니,『중용』의 "찬천지지화육贊天地之化育"이니 하는 따위의 말들은 그러한 우주론적 환상을 불러일으키기에 충분히 화려한 레토릭들을 선사하고 있는 것이다. 이러한 유경(儒經) 내에 존재하는 우주론적 언어들의 최초의 발견자가 바로 이고였다. 그는 휑 여우란(馮友蘭, 1895~1990)의 논평대로 "유가의 경전해석방법을 통하여 유가적 불(佛: 각자覺者)을 달성하려고"(欲使人以儒家的方法成儒家的佛也.『중국철학사』809) 하였던 것이다.

이고의 성정론(性情論)

「복성서」는 상·중·하로 되어 있는데, 그 상 첫머리를 한번 살펴보자!

> 사람이 성인이 될 수 있는 까닭이 바로 성(性)이다. 그리고 사람이 그 성(性)을 미혹케 만드는 까닭이 바로 정(情)이다. 희·노·애·구·애·오·욕 일곱 것이 모두 정(情)이 지어내는 것이다. 정이 혼탁해지면 성도 또한 그 혼탁함에 빠져버리게 되는데, 그렇다고 그것이 성 자체에 과실이 있는 것은

아니다. 일곱 감정은 순환하면서 계속 성을 못살게 구니까, 성이 충실한 제 모습을 지니지 못하는 것이다. 물이 흐려지면 그 흐름이 맑지 못하다. 불에 연기가 자욱하면 그 빛이 밝지 못하다. 그렇다고 물과 불 그 자체가 맑지 않고 밝지 않은 것은 아니다. 흙탕이 가라앉으면 그 흐름은 다시 맑아진다. 자욱한 연기가 걷히면 그 빛이 다시 밝아진다. 정(情)이 작(作)하지 아니 하면 성(性)이 충실한 모습을 지니게 된다. …… 정의 망동이 가라앉지 않으면 인간은 그 본래의 성(性)을 회복할 길이 없고, 천지의 무궁한 밝음을 밝힐 길이 없다.

人之所以爲聖人者, 性也。人之所以惑其性者, 情也。喜怒哀懼愛惡欲七者, 皆情之所爲也。情旣昏, 性斯溺矣。非性之過也, 七者循環而交來, 故性不能充也。水之渾也, 其流不淸。火之煙也, 其光不明, 非水火淸明之過。沙不渾, 流斯淸矣。煙不鬱, 光斯明矣。情不作, 性斯充矣。 …… 情之動弗息, 則弗能復其性, 而燭天地爲不極之明。

이고 성정론의 송학적 틀, 종밀의 일승현성교

우리는 여기 이고의 성(性)·정(情)의 논의가 한유의 성정론에 비하여 훨씬 더 송유의 철학적 틀로 기울어지고 있음을 알 수가 있다. 한유는 성에 대적적으로 정을 폄하하지는 않았다. 그러나 이고는 성의 방해자로서 정을 말하고 있고, 성이 본모습을 갖기 위해서는 정의 작동이 식(息)되어야 한다고 말하고 있다. 성을 무위의 리(理)로 보고, 정을 유위의 기(氣)로 보는 송명유학의 이원론적 틀이 이미 배태되어 있다. 그러나 이고의 성정론은 실상 정명원각(淨明圓覺)의 본심(本心)이 무명번뇌(無明煩惱)에 덮여있다는 불학의 일반논리에 유교적 언어를 새롭게 입힌 것에 불과하다는 인상을 받는다. 종밀도 일승현성교(一乘顯性敎)를 말하면서 같은 논리를 펴고 있다.

> 일승현성교라고 하는 것은 일체의 유정(有情)이 모두 본각진심(本覺眞心)을 가지고 있다는 것을 설파하고 있다. 그 마음은 끝없는 과거로부터 항상 청정한 모습을 지니며, 소소(昭昭)하여 어둡지 아니 하고, 료료(了了)하여 항상 지혜롭다. 이것을 이름하여 불성(佛性)이라고도 하고, 또한 여래장(如來藏)이라고도 한다. …… 우리는 마땅히 미망과 깨달음이 동일한 진심(眞心)이라는 것을 알아야 한다.
>
> 一乘顯性敎者, 說一切有情, 皆有本覺眞心。無始以來, 常住淸淨, 昭昭不昧, 了了常知。亦名佛性, 亦名如來藏。…… 當知迷悟同一眞心。

정(情)에 대한 성(性)의 우위, 사단칠정론의 원형

따라서 이고는 성에 대하여 정을 폄하하면서도, 성과 정을 존재론적으로 이원화시킬 수는 없었다. 결국 이러한 이고의 문제의식 속에는 조선유학의 퇴계와 고봉간의 "사단칠정논쟁四端七情論爭"의 대립적 논리들이 오묘하게 접합되어 있다.

성과 정은 서로에게 없을 수 없는 것이다. 성이 없다면 정 또한 생겨날 길이 없다. 그러므로 정은 성을 의탁하여 생겨나는 것이다. 정은 정 그 자체로서 정이 되는 것이 아니요, 성으로 말미암아 정이 되는 것이다. 성은 성 그 자체로서 성이 되는 것이 아니요, 정으로 말미암아 밝아지는 것이다. 성이라는 것은 하늘이 명(命)하는 것이며 성인이 그것을 얻어 미혹함이 없게 되는 것이다. 정이라는 것은 그 성이 동(動)한 것인데, 백성이 날로 그것에 탐닉하여 그 본래모습을 파악하지 못하는 것이다.

性與情不相無也。雖然, 無性則情無所生矣。是情由性而生。情不自情, 因性而情。性不自性, 由情以明。性者, 天之命也, 聖人得之而不惑者也。情者, 性之動也, 百姓溺之而不能知其本者也。

성과 정이 존재론적으로 2원화 되지는 않지만 성의 정에 대한 가치론적 우위는 확고하다. 또 말한다.

성인이라고 하는 것은 사람들 중에서 먼저 깨달은 자이다. 깨달으면 밝아지고, 그렇지 못하면 미혹된다. 미혹되면 어두워진다. 밝음과 어둠이 근본적으로 다른 것이라고 사람들이 말한다. 그러나 밝음과 어둠 그 자체가 본래 성(性)에 내재하는 것이 아니다. 그러므로 밝음과 어둠이 같다, 같지 않다고 규정하는 것은 모두 실상에서 유리되어 있는 것이다. 대저 밝음이란 어둠에 대하여서만 말하여질 수 있는 것이며, 어둠이 근원적으로 멸하여 버리면 밝음 또한 성립하지 않는다.

聖人者, 人之先覺者也。覺則明, 否則惑, 惑則昏。明與昏謂之不同。明與昏性本無有, 則同與不同, 二者離矣。夫明者所以對昏, 昏既滅, 則明亦不立矣。

복성(復性)과 성인유정론(聖人有情論)

어둠이 있을 수밖에 없는 인간 존재의 한계상황을 인정하면서 그 어두운 존재를 끊임없이 밝은 존재로 나아가게 만드는 수양공부의 과정이 복성(復性)일 수밖에 없다. 정을 부정하면서도 정의 현실태를 인정하지 않을 수 없는 이고의 논리는 다음과 같은 성인유정론에 잘 표현되고 있다.

성인이라 해서 어찌 정(情)이 없을 수 있겠는가? 성인은 적연부동(寂然不動)하여, 가지 않아도 다다르며, 말하지 않아도 신묘하며, 번뜩이지 않아도 빛난다. 제작(制作)을 하면 하늘과 땅과 더불어 하나가 되고, 변화하면 음양에 합한다. 성인은 비록 정(情)의 존재이지만 정에 지배당하여 본 적이 없다.

聖人者, 豈其無情也? 聖人者, 寂然不動, 不往而到, 不言而神, 不耀而光, 制作參乎天地, 變化合乎陰陽, 雖有情也, 未嘗有情也。

이러한 이고의 논리는 『육조단경六祖壇經』의 다음과 같은 말을 연상케 한다: "무상(無相)이란 상(相) 속에서 상을 떠나는 것이다. 무념(無念)이란 념(念) 속에서 념이 없는 것이다. 無相者, 於相而離相; 無念者, 於念而無念." 그러니까 이고가 말하는 무정(無情)이란 정(情) 속에서 정이 없는 것이다.

주희도 정(情)을 긍정하였다

성정(性情)의 문제는 후대 송유들을 끊임없이 괴롭히는 문제이지만 기본적으로 이고의 틀을 벗어나지 않는다. 횡거(橫渠)가 "심통성정心統性情"을 말하는 바람에 좀 논의가 복잡해지기는 했지만, 주희에 있어서도 성과 정의 관계는 근본적으로 이고의 논리를 떠나지 않는다. 인간존재에게서 정(情)을 거부할 수는 없는 것이다. 주희가 『시詩』의 핵심을 음시로 파악하고 남녀상열상념(男女相悅相念)을 노래한 것으로 이해한 것도 시를 정(情)의 표현으로 본 것이다. 정을 긍정한 것이다.

주희도 성과 정을 이원론적으로 구획지어 말하지는 않는다. 정(情)은 곧 성의 동(動)이라고 말한다(情則性之動而有爲。『맹자혹문』, 고자상告子上). 정을 성의 동태(動態)로 간주한 것이다. 또 성은 미동(未動) 상태이며, 정은 이동(已動) 상태라고 말한다. 심은 미동과 이동을 다 포섭하는 것이다. 심(心)의 미동 상태가 곧 성(性)이요, 이동 상태가 곧 정(情)이라고 보는 것이 횡거가 말한 소위 "심통성정心統性情"의 본의라고 주장한다(性是未動, 情是已動, 心包得已動未動。蓋心之未動則爲性,

已動則爲情, 所謂 "心統性情" 也。『주자어류』5, 수록銖錄). 이 모든 주장이 이고의 논리에서 벗어나 있지 않다. 주희는 또 말한다.

> 성(性)은 정에 대하여 말하는 것이고 심(心)은 성과 정을 함께 대하여 말하는 것이다. 이와 같이 되어야만 한다는 이상적 측면이 성(性)이고, 그것이 발동한 것이 정(情)이고, 성과 정, 양자를 주재하는 것이 심(心)이다. 대저 심(心)과 성(性)의 관계는 그 양자가 하나인 듯하면서 둘이고, 둘인 듯하면서 하나이다. 이러한 오묘한 측면이 체인(體認)되어야 할 중요한 포인트다.
>
> 性對情言, 心對性情言。合如此是性, 動處是情, 主宰是心。大抵心與性, 似一而二, 似二而一, 此處最當體認。 (『주자어류』5, 가학록可學錄).

심의 미발(未發) 상태가 성(性)이요, 이발(已發) 상태가 정(情)이다. 심은 성과 정을 포섭하며 통합하며 주재한다. 따라서 성(性)은 순선(純善)의 천리(天理)이고, 심(心)은 선·악이 같이 있게 된다. 여하튼 주희에게 있어서도 성·정의 문제는 단순하게 이원화되지 않는다. 그 사유체계의 원형은 이미 이고의 논리에 다 포섭되어 있다.

복성(復性)의 주정주의(主靜主義)적 성격

이고의 언어에서 우리가 가장 주목해야 할 것은 『주역』「계사」상에서 말하고 있는 "적연부동寂然不動"을 인용하고 있다는 것이다. 그렇게 되면 "복성復性"의 "성性"은 주정주의적 성격을 띠게 된다. 동적(動的)인 정(情)의 세계를 불식시키고 정적(靜的)인 성(性)의 세계로 복귀하는 것이다. 기실 주렴계의 『태극도설太極圖說』에도 이러한 주정주의적 복성의 논의가 중요한 테마를 이루고 있다. "성인정지이중정인의이주정聖人定之以中正仁義而主靜"이라는 말이 바로 그것이다. 따라서 이러한 주정주의적 발상의 내면에는 항상 "열반적정涅槃寂靜"의 불교적 색조가 짙게 드리운다. 이고가 한유의 논리를 형이상학적으로 심오하게 만들게 되면 결국 이러한 자기모순에 빠지지 않을 수 없다. 송유의 신유학을 부정적으로 바라보는 자들에게는 이고의 논리는 그 부정적 측면의 원흉으로서 규탄의 대상이 될 것이다. 그러나 이고의 복성의 논리는 당대의 불교적 세계관에 젖은 지식인들에게 모든 형이상학적 가치를 만족시키면서 유학에 새롭게 눈을 뜨게 만드는 위대한 기폭제가 된 것이다.

『주역』의 적연부동, 『중용』의 성(誠), 『대학』의 명명덕

이고는 성인의 적연부동의 심리상태야말로 『중용』이 말하는 "성誠"이라고 갈파한다. 그리고 그 "성誠"이야말로 『주역』이나 『중용』이 계속 언급하는 "명明"이라고 말한다. 그것이 『대학』이 말하는 "명명덕明明德"의 "명명"이기도 할 것이다. 이러한 맥락에서 그는 『대학』의 "치지격물"을 논의하고 있는 것이다.

… 그 마음이 적연(寂然)하여 밝게 빛나며 천지를 비추니 이것은 성(誠)의 밝음(明)이다. 『대학』에 이르기를, "지(知)에 이르게 하는 것은 물(物)을 격(格)함에 있다"라고 하였다. 또 『역』에 다음과 같이 말하였다: "천지자연의 변화는 본래 사특한 생각이 없다. 그리고 작위적인 조작도 없다. 자신은 적연(寂然: 고요하다)하게 움직이지 않으면서도, 감응하게 되면 천하의 모든 사태의 법칙에 정확하게 통한다. 천하의 지극히 신묘한 것이 아니고서야 그 무엇이 이러한 경지와 더불어 할 수 있겠는가?"

말한다: "감히 묻겠나이다. '치지는 격물에 있다'라고 말한 것이 과연 무엇을 뜻하옵니까?"

말한다: "물(物)이라고 한 것은 만물(萬物)을 뜻한다. 격(格)이라고 한 것은 온다(來也)는 뜻이요, 이르다(至也)는 뜻이다. 물이 나에게 다다를 때에 그 마음이 밝아 그 사태를 명료하게 분변하며, 사물에 집착함이 없다는 것을 말하는 것이니, 이것이 바로 앎에 이른다, 즉 치지(致知)이다. 이것이 바로 앎의 다다름(知之至)이다. 앎이 다다르기 때문에 뜻이 성실해지고, 뜻이 성실해지기 때문에 마음이 바르게 되고, 마음이 바르게 되기 때문에 몸이 닦아지고, 몸이 닦아진 연후에 집안이 다스려지고, 집안이 다스려진 연후에 나라가 질서있게 되고, 나라가 질서있게 된 연후에 천하가 평온하게 된다. 이것이 『중용』에서 말하는 이른바 '성인은 하늘과 땅과 더불어 트리오의 한 짝을 형성한다'는 뜻이다."

… 其心寂然, 光照天地, 是誠之明也。『大學』曰:"致知在格物。"『易』曰:"易無思也, 無爲也。寂然不動, 感而遂通天下之故, 非天下之至神, 其孰能與於此?"

曰: 敢問"致知在格物"何謂也?

曰: 物者, 萬物也。格者, 來也, 至也。物至之時, 其心昭昭然明辨焉, 而不著(原作應, 依『佛祖歷代通載』所引改)於物者, 是致知也。是知之至也。知至故意誠, 意誠故心正, 心正故身修, 身修而家齊, 家齊而國理, 國理而天下平。此所以能參天地者也。

이고는 동과 정의 상대적 짝으로서의 정(靜)을 말하는 것이 아니라, 동과 정을 근본적으로 초월하는(動靜雙離) 절대적인 정(靜)을 말한다. 그 정을 그는 "적연부동"이라고 부른다. 그리고 그러한 동정쌍리의 적연부동 상태를 그는 『중용』의 술어를 빌어 "지성至誠"이라 부른다. 이 지성(至誠: 지극히 성실함)의 정적(靜的) 상태는 단지 절대적 고요함에 머무르는 것이 아니라 변화하는 동적 사물의 이치에 정확히 달통한다. 이것이 바로 『주역』이 발하는 "감이수통感而遂通"의 경지이다. 이고는 이러한 『중용』과 『주역』의 주정주의적이면서도 다이내믹한 동적 세계관의 오묘한 논리를 바탕으로 『대학』의 "치지격물"론을 해석한다. 이고가 "격물格物"의 "격格"을 "래야來也," "지야至也"로 규정함으로써 불행하게도 향후 모든 해석이 이러한 맥락에서 이루어지게 되었지만, 이것은 매우 유감된 일이다.

이고에서 주희에 이르는 격물(格物) 해석의 오류

우선 "격물格物"이라는 말에 있어서 누구든지 그 문법적 구조를 상식적으로 평이하게 생각해볼 때, "격格"은 타동사가 될 수밖에 없고, "물物"은 그 타동사의 목적어가 될 수밖에 없다. 그런데 갑자기 "격물"의 "격"이 "온다," "이르다"라는 자동사가 된다는 것은 너무도 이상하다. 더구나 그 "옴"(coming)의 주체가 "물"이라는 것도 너무 이상하다. 어떻게 "격물"이 "격"이라는 타동사를 "온다"라는 자동사로 잘못 해석하는 바람에 목적어인 "물"이 오다라는 자동사의 주어로 바뀔 수 있단 말인가? 그렇다면 애초에 "물격物格"이라 했어야 옳다. 사물이 온다든가 간다든가, 마음이 온다든가 간다든가 하는 따위의, 공간적 거리를 두고 실체의 이동을 운운하는 발상이나 인식론적 표현은, 인도유러피안 계통의 언어에서는 자연스러울 수도 있겠으나 전혀 선진고경의 언어함의가 되거나 중국인의 토착적인 발상구조가 될 수가 없다. 주희도 이러한 이질적인 세세한 표현에 구애되어 구차스러운 주석을 가하면서도 다음과 같이 일갈한다.

> 단지 능히 물(物)을 격(格)할 수 있으면 곧 지(知) 또한 스스로 다다르는 것이니 격물과 치지가 결코 두 가지 다른 사태가 아니다. 격물과 치지가 단지 궁리(窮理: 이치를 탐구한다)일 뿐이다.
>
> 但能格物, 則知自至。不是別一事也。格物致知只是窮理。
> (『朱文公文集』51, 答黃子耕)

"치지致知"의 "치致"는 상식적으로 "이르다," "온다"의 뜻이 있다. "앎에 이른다," "앎에 다다른다"는 뜻은 조금도 어색하지 않다. 그런데 "격물"의 "격"을 "치지"의 "치"와 같은 뜻으로 해석하는 것은 도무지 어불성설이라 말할 수밖에 없다. 어찌하여 같은 함의의 동사를 그 경제적 문구에 반복해서 사용할 리가 있겠는가? 주희의 말대로 "격물"이든 "치지"이든 모두 "궁리窮理"의 문제라고 한다면, "격물格物"이란 아주 쉽게 해석해서 "사물의 이치(법칙)를 궁구窮究한다" (to investigate the laws of things)는 뜻이다. 주희도 도처에서 "격물"이란 "궁리"와 동의어라는 말을 한다(夫格物者, 窮理之謂也. 『朱文公文集』13, 癸未垂拱奏箚一). 주희의 논리에 즉해서 말해도 "격물"의 "격"은 "궁구하다窮"라는 타동사요, "물"은 "물리物理"로서 "궁"의 목적어일 뿐이다. 어찌 물(物)이 오니 가니 하는 따위의 번쇄한 해석으로 그 주지(主旨)를 흐릴 필요가 있겠는가? 퇴계(退溪)가 "격물格物"과 "물격物格"의 현토를 놓고 소소한 쟁송을 일삼는 것도 모두 좁은 소견의 소치일 뿐이다. 일고의 가치가 없다.

"격물格物"의 "격格"을 래(來, to come)니 지(至, to arrive)니 하는 엉뚱한 훈으로 해석함으로써 『대학』의 본지를 호도하게 된 것은 결국 이고가 『대학』을 바라본 틀이 본질적으로 불교적 인식론을 깔고 있었기 때문이었다. 적연부동한 주정주의적 심(心)의 본체(本體)에 사물이 다가오면(드러난다는 의미일 것이다) 그 심(心)은 소소연(昭昭然)하여 밝게 빛나며 사물을 비추어 명료하게 분변하고, 그러하기 때문에 사물에 집착함이 없는 해탈인의 경지, 이것이야말로 유가에서 말하는 성인(聖人)이라고 본 것이다. "적연부동寂然不動"하며, "감각적 견문에서 일어나지 아니 하며不起於見聞," "사물에 집착함이 없는不應(著)於物" 마음의 상태가 송유들이 말하는 도심(道心)일 것이다. 이고는 이러한 도심을 『중용』의 "성誠"으로 파악했다. 그러면서도 "감응하면 천하의 사물이치에 모두 정확하게 통달하고感而遂通天下之故," "보고들음이 소소하며視聽昭昭," "격물 즉 물이 다가오면 그 마음이 소소연하게 명변明辨하는" 심적 작용이 "명明"이다. 이리하여 우리는 "성하면 곧 명하고, 명하면 곧 성한다. 誠則明矣, 明則誠矣"라는 『중용』의 말을 이해할 수 있게 되는 것이다.

「복성서」의 담론이 소기한 것

하여튼 이고는 여러 유가경전들의 철학적 측면을 찾아내어 그것을 유기적으로 연관시켜 하나의 총체적 담론(episteme)으로 형성시킴으로써 한유의 문제의식을 내면화시키고, 그러한 내면화과정을 통하여 당대의 불교 인식론과 형이상학의 현사명상(玄思冥想)에 젖은 당대의 지식인들에게 유가경전의 새로운 가능성에 눈을 뜨게 만들었다. 이러한 목적의식 속에서, 그의 의식 속에 강렬하게 부각된 경서가 『중용』이었고 『대학』이었고 『주역』「계사전」이었다. 송유의 사서(四書)를 중심으로 한 담론의 프로토 형태들을 우리는 모두 「복성서」에서 발견할 수 있다. 이러한 전체적 담론의 틀 속에서 『대학』의 "격물치지"론이 해석되었고, 그 해석은 실상 『대학』의 원의와 무관한 것임에도 불구하고 송유에게 그대로 전달되었다. 주희의 해석도 그 틀을 크게 벗어나지 않는다. 이고는 말한다.

> 오호! 우리민족의 전통경전 중에도 이와 같이 성명(性命)에 관한 오묘한 책들이 많이 있거늘 오늘날의 학자들은 이러한 사실을 근본적으로 알지 못한다. 그리하여 모두 장자나 열자나 노자나 석가에 빠져 들어가 버리고 있는 실정이다. 이런 사실을 모르는 무식한 자들이 함부로 일컫기를 공자의 무리들은 성명(性命)의 오묘한 도(道)를 궁구(窮究)할 자격이 없다고 말하고, 또 그 따위 말을 믿는 자들은 모두 그런 말이 그럴싸하다고 시인한다. 그래서 혹자들은 나에게 문의를 해오곤 한다. 나는 내가 아는 바를 가지고 전하기로 작심하고 그것을 책에 써서 성명(誠明)의 근원(根源)을 열어놓았다. 이로써 결절(缺絶)되고 폐기되어 발양되지 못하였던 도(道)가 가까스로 때에 맞게 세상에 전하여지게 된 것이다. 그 책을 이름하여 「복성서」라 하였다. 그 마음을 다스리어 그 사람에게 전하노라. 오희라! 공부자께서 다시 살아돌아오신다 해도 나의 말을 폐할 길은 없을 것이다.

> 嗚呼! 性命之書雖存, 學者莫能明, 是故皆入於莊、列、老、釋。不知者謂夫子之徒, 不足以窮性命之道, 信之者皆是也。有問於我, 我以吾之所知而傳焉。遂書於書, 以開誠明之源, 而缺絶廢棄不揚之道, 幾可以傳於時。命曰復性書, 以理其心, 以傳乎其人。烏戲! 夫子復生, 不廢吾言矣。

송유의 사상적 틀은 이미 중당(中唐)에 성립

 소략하지만 내가 비교적 자세히 한유와 이고를 논구한 것은 『대학』이 인류역사에 등장한 최초의 전기(轉機)의 맥락들을 확실히 밝혀두려는 의도도 있지만, 더 중요한 소이연은 이색이나 정몽주, 정도전 같은 이들로부터 시작된 조선의 도학의 틀이 너무도 협애하여 마치 송유들이 도학을 제작했으며 암암리 주희가 그 모든 것을 창작한 것처럼, 그리고 주희의 언어를 절대적인 그 무엇인 것처럼 간주하는 기존의 편견들을 불식시키고자 함에 있다. 송유의 언어들은 이미 중당시대에 그 틀이 잡혀있었다. 독창성을 운운하기에는 너무도 그들은 기존의 학설을 답습한 것이다. 그들의 배불의 논리도 결국 불교적 형이상학이나 인식론의 큰 틀을 크게 벗어나지 않는다. 그렇다고 그들 주장의 정당성을 그들의 논리에 즉하여 이해하는 노력을 포기해야 한다고 말하려 함이 아니다. 도학의 등장을 총체적 문명의 체험 속에서 복합적으로 이해해야 한다는 것이며, 그 이해 속에 담긴 근대적 인간관의 요소들을 세계사적 시각에서 조명해야 한다는 것이다. 그리고 송유들이 그들의 바이블로 삼은 경전들이 대부분 그들의 시대정신과는 무관한 고경(古經)일 수도 있다는 사실에 우리는 냉엄한 분석의 시각을 상실해서는 아니 된다. 그러한 문제는 『예기』라는 문헌의 성립사에 관한 다른 차원의 논제이며, 그것은 『사서四書』(원명은 사자서四子書)와는 무관한 문제일 수 있다. 본서는 우리가 흔히 『사서집주四書集注』라고 말하는 주희의 책 속에 담긴, 좀 이상하게 변형되고 왜곡된 『대학』이라는 텍스트를 뛰어넘어 본래의 『대학』의 모습을 복원하려는 시도라는 것만 우선 독자들에게 알려둔다.

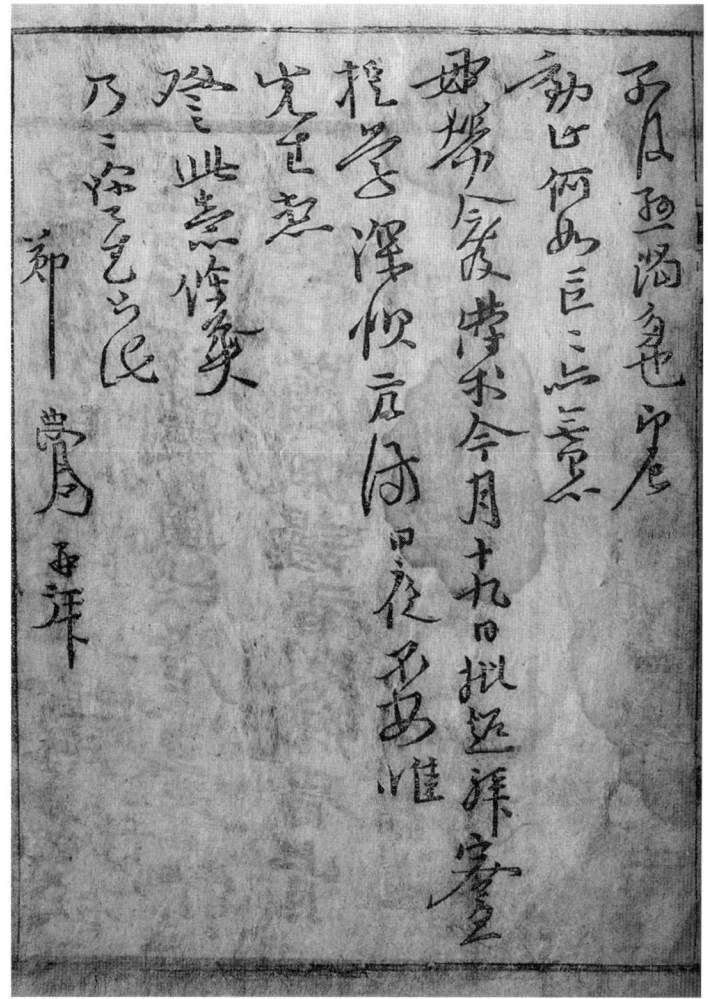

고려말 문신이며 조선유학의 실제적 조종(祖宗)이라고도 말할 수 있는 정몽주 (鄭夢周, 1337~1392)의 필적. 이것은 황해도 연안(延安)에서 초간된 『성인록成仁 錄』이란 책 속에 들어 있는 판각이다. 1582년에 쓴 윤두수(尹斗壽)의 발문이 붙어있다. 소식체(蘇軾體)의 영향을 엿볼 수 있다. 정몽주를 죽이고 조선왕조를 건국한 이방원도 왕위에 오른 후에는 시독관(侍讀官) 김과(金科)와 권근(權近)으로부터 『대학』과 『중용』을 배우고 비로소 정치적 야망에만 불타있었던 자신의 지난 날을 반성하고 학문에 대한 열의를 지니게 되었으며 학자를 우대하였다.

제3장: 사마광의 「치지재격물론致知在格物論」 역주

송(宋)왕조와 『대학』

오대(五代)의 난(亂)을 평정하고 중국의 통일과 평화를 회복한 송(宋)왕조는 유학존중의 풍조를 일으켰다. 오대는 짧은 시기였지만 그 기간 동안에 동아시아의 제민족의 민족적 각성이 왕성해졌다는 사실은 중국역사를 기술하는 데 주목할 만한 사실이다. 고구려유민들이 북방에서 세운 나라인 발해국(渤海國)을 멸망시키고 내·외몽고를 병합하여 아시아 최대의 무력국가가 된 거란(契丹)의 등장은 문명의 흐름이 "서에서 동으로"라는 예로부터 반복되어온 패턴을 깨버린 최초의 사건이었다. 동방의 축적된 문명의 저력이 역으로 서방을 위복(威服)시키기 시작한 것이다. 거란의 발흥은 중국민족의 민족적 각성을 재촉시켰다. 송왕조의 천자들은 진사에 합격한 등제자들을 위한 연회에서 『대학』을 하사했다는 기록을 많이 남기고 있다. 『대학』은 새롭게 정비된 송왕조의 천자 중심의 강력한 중앙집권체제를 옹호하는 제왕학(帝王學)의 상징이었다.

사마광과 주희

『자치통감資治通鑑』을 지은 송왕조의 저명한 사학자 사마광(司馬光, 쓰마 꾸앙, Si-ma Guang, 1019~1086)은 경학자는 아니었지만 후대의 주희에게도 막강한 영향을 끼쳤다. 주희는 『자치통감』을 춘추필법으로 간략화시킨 『자치통감강목資治通鑑綱目』을 지었으며, 사마광으로부터 강렬한 명분론, 예치(禮治)이념, 관료의 도덕성을 배웠다. 『자치통감』은 본시 인륜질서를 확립하기 위하여 관료가 어떻게 마땅한 삶의 모습을 지녀야 하는가를 역사적 사례 속에서 명시한 통사이다. 객관적이고도 구체적인 사회제도의 개혁을 통하여 치세를 하려는 것이 아니라, 군주의 내면적 덕성의 함양을 통한 "예치禮治"와 "인정仁政"을 강조하는 사마광의 사상적 경향성은 왕안석의 신법을 반대하는 그의 보수적 입장과 관련되어 있다. 주희의 주리(主理)적 경향성, 그리고 "존천리거인욕存天理去人欲"의 리고리즘은 모두 사마광을 계승한 것이다. 사마광은 『예기』로부터 『대학』을 분리시켜 『대학』이라는 단행본에 주석을 단 역사적 최초의 인물이다. 주희는 "평천하平天下"를 사대부 개인의 수양적 덕목으로 이해하지만 사마광만 해도 "평천하"를 제왕의 덕목으로 이해하였다. 사마광의 주석본은 『대학광의大學廣義』라고 하는데 애석하게도 망실하여 현존하지 않는다. 그러나 그의 격물에 관한 견해를 담은 "치지재격물론致知在格物論"이 그의 『온국문정사마공문집溫國文正司馬公文集』에 실려있다(권71). 그 전문을 여기 소개한다.

「치지재격물론致知在格物論」

사람의 정(情)이란 좋은 것을 좋아하고 나쁜 것을 싫어하지 아니 함이 없으며, 옳은 것을 흠모하고 그른 것을 수치스럽게 생각하지 아니 함이 없다. 그런데 선하고 올곧은 자는 적으며, 악하고 그릇된 자는 실로 많다. 왜 그러한가? 그것은 모두 물(物)이 유혹하기 때문이요, 물(物)이 핍박하기 때문이다. 걸(桀)·주(紂) 또한 우임금과 탕임금의 성인되심을 몰랐던 것이 아니지만, 그들이 하는 짓이 성인의 그것에 반하는 것은 결국 그들 자신의 욕심을 이길 수가 없었기 때문이다. 도척(盜跖)이 안연이나 민자건이 현인이라는 것을 몰랐던 것이 아니지만, 그들이 하는 짓이 현인의 그것에 반하는 것은 결국 그들 자신의 이기심을 이길 수가 없었기 때문이다. 불법을 저지르는 백성들이 담장을 뚫고 들어가 남의 돈주머니를 터는 일이 부끄러운 짓이라는 것을 모르는 바가 아니지만 그런 짓을 감히 행하는 것은 배고픔과 추위에 몰리기 때문이다. 실절(失節)을 하는 신하들이 자기 임금을 배반하고 적을 섬기는 일이 부끄러운 짓이라는 것을 모르는 바가 아니지만 그런 짓을 참아가며 저지르고 마는 것은 형벌이나 화(禍)에 휘몰리기 때문이다.

하물며 배움의 길에 있는 자로서 어찌 인의(仁義)의 아름다움을 모를 수 있겠으며, 염치의 고상함을 모를 수 있겠는가? 몇 말의 록(祿)과 치수(錙銖: 아주 미소한 무게 단위)의 이익이라도 눈앞에서 유혹해대면 물이 흘러가듯 그 유혹 쪽으로 가

버리고 만다. 어찌 이런 자들이 유하혜(柳下惠)처럼 파직을 당하였어도 그 불우함을 편안히 여기고, 안연(顏淵)처럼 빈곤 속에서도 즐길 줄 아는 그런 꼿꼿한 삶을 살 수 있겠는가? 안색이 변할 정도의 상관의 노여움이나 호말(毫末)의 해(害)라도 뒤에서 다가오면, 맹렬한 불길이 다가오듯 두려워하고 만다. 이런 자들이 어떻게 백이(伯夷)처럼 아사(餓死)할 수 있겠으며, 비간(比干)처럼 용감히 죽을 수 있단 말인가? 이와 같으니 어찌 인의(仁義)의 생각이 들 틈이 있겠으며, 염치를 돌볼 겨를이 있겠는가! 단지 인의를 생각지 못하고 염치를 돌보지 못할 뿐만 아니라 근원적으로 인의와 염치를 모르는 것이다. 일례를 들면 금수를 쫓기만 하는 사냥꾼에게는 태산(泰山)도 보이지 않으며, 참새를 새총으로 쏘고 있는 자들은 참새 잡는 데만 정신이 팔려 이슬이 옷을 적시는 것도 깨닫지 못한다. 그러한 까닭은 물(物)이 나를 덮기 때문이다.

人之情, 莫不好善而惡惡, 慕是而羞非。然善且是者蓋寡, 惡且非者實多。何哉? 皆物誘之也, 物迫之也。桀紂亦知禹湯之爲聖也, 而所爲與之反者, 不能勝其欲心故也; 盜跖亦知顏閔之爲賢也, 而所爲與之反者, 不能勝其利心故也。不軌之民非不知穿窬探囊之可羞也, 而冒行之, 驅於飢寒故也; 失節之臣亦非不知反君事讎之可愧也, 而忍處之, 逼於刑禍故也。

況於學者, 豈不知仁義之美, 廉恥之尙哉! 斗升之秩, 錙銖之利, 誘於前, 則趨之如流水。豈能安展禽之黜, 樂顏子之貧也?

動色之怒, 毫末之害, 迫於後, 則畏之如烈火。豈能守伯夷之餓, 徇比干之死乎? 如此則何暇仁義之思, 廉恥之顧哉! 不惟不思與不顧也, 抑亦莫之知也。譬如逐獸者, 不見泰山; 彈雀者, 不覺露之霑衣也。所以然者物蔽之也。

沃案 여기 사마광은 "인지정人之情"이라는 개념을 앞에 내놓고, 아무리 인간의 본능에 가까운 정(情)이라 할지라도 도덕적 숭고함을 모를 리는 없다고 강변한다. 그러나 정이라는 것은 도덕적 숭고함을 실천하기에는 역부족이라는 것이다. 여기 "안다"는 것은 의식의 저변에 깔리는 사태이지만 도덕적 실천과는 거리가 멀다. 따라서 인간이 부도덕한 것을 알면서도 부도덕한 짓을 하게 되는 가장 결정적인 이유는 인욕(人欲)을 자극하는 물(物)이다. 송유들이 말하는 "외물外物"의 부정적인 함의가 이미 사마광에게서 매우 명료하게 드러나고 있다. 이렇게 되면 자연히 "격물格物"의 해석에 있어서 "물物"은 부정적인 대상으로 규정될 수밖에 없다. 이어지는 논의를 살펴보자!

그러므로 물은 진실로 맑지마는 진흙이나 모래가 그것을 흐리게 되면, 몸을 굽혀 비스듬히 보아도 물면에 그림자가 보이지 않고, 촛불은 진실로 밝은 것이지만, 손바닥으로 감싸 그것을 가려버리면 지척간에 있는 사람의 용모도 구별할 수 없게 된다. 하물며 부귀가 그 지혜를 흐려버리고, 빈천이 그 마음을 가려버린다면 어찌할 수 있겠는가? 오직 배움을 사랑하는 군자만이 그러하지 않을 뿐인 도(道)를 행한다.

故水誠淸矣, 泥沙汩之, 則俛而不見其影; 燭誠明矣, 擧掌翳之, 則咫尺不辨人眉目。況富貴之汩其智, 貧賤之翳其心哉! 惟好學君子, 爲不然已之道。

沃案 여기 앞서 언급한 이고의 「복성서」의 논리가 연속되고 있다. 정(情) 자체를 악으로 규정하는 것이 아니라, 물의 맑음과 흐림으로써 상황론적으로 규정하는 것이다. 물 자체는 맑은 것이지만 그것은 하시고 진흙과 모래가 일면 흐려지게 된다. 그 진흙과 모래에 해당되는 것이 우리의 욕망이며, 욕망을 자극시키는 외물이다. 이것을 차단시킬 수 있는 힘은 오직 "배움"에서 온다. 인간의 도덕적 실천을 "배움"과 연결시킨다는 의미에서 이러한 모든 논리는 맹자보다는 순자와 연속성을 지닌다. 공자의 삶을 가장 진실하게 규정짓는 것은 "호학好學"의 자세이고 보면 순자의 논리가 항상 공자의 호학정신에 더 충실하다고 말할 수 있다(『논어한글역주』1, pp.382~387; 2, pp.381~384). 사마광의 사상체계에 있어서도 "배움"은 지극히 중요하다. 성인과 범인을 가르는 것은 오직 "배움"이라고 생각하기 때문이다. 오제삼왕(五帝三王)을 막론하고 배우지 않고 성인이 되는 자는 없다. "배움"이란 송장구(誦章句)하고 습필찰(習筆札)하는 것이 아니라 바로 "정심正心," "수신修身," "제가齊家," "치국治國," "명명덕어천하明明德於天下" 하는 것이다. 그에게 있어서 치사(治史)라는 것은 역대 흥망성쇠를 총결지음으로써 선·악을 명백히 하고, 사(邪)·정(正)을 분변하고, 기강을 확고히 세우는 것이다. 그러한 가치판단, 즉 도덕적 명분을 위

해서 그는 역사를 기술하였던 것이다.

진실로 선하고 올바른 것을 지켜야 할 상황이라고 한다면, 질소한 소찬이라도 고기밥 성찬을 대하듯이 먹으며, 펄펄 끓는 솥에 삶아 죽이는 형벌이라도 보드라운 돗자리에 앉듯이 태연하게 임한다. 진실로 악하고 그릇된 것이라고 한다면 재상의 지위를 주어도 길바닥의 진흙처럼 여기며, 만금으로 뇌물을 주어도 똥처럼 여긴다. 이와 같은 경지에 도달하게 되면, 천하 사물의 선악시비를 가리우는 것이 하나·둘을 세듯이 단순하고, 흑과 백을 가리듯이 명백해진다. 해가 중천에 떠서 비추지 아니 하는 곳이 없고, 바람이 솔솔 불어 통하지 아니 하는 곳이 없다. 모든 것을 확실하게 깨달아 사통팔달하게 되니 어찌 모른다 함이 있을 수 있으리오! 그러할 수 있는 까닭은 물(物)이 나를 덮지 않기 때문이다.

誠善也是也, 雖茹之以藜藿如粱肉, 臨之以鼎鑊如茵席; 誠惡也非也, 雖位之以公相如塗泥, 賂之以萬金如糞壤。如此則視天下之事, 善惡是非, 如數一二, 如辨黑白。如日之出, 無所不照; 如風之入, 無所不通。洞然四達, 安有不知者哉! 所以然者物莫之蔽故也。

沃案 물(物)이 나를 덮는 상황과 덮지 않는 상황, 즉 물에 의하여 내가 이끌리는 상황과 내가 물을 주체적으로 제압하는 상황이 대비적으로 논술되고 있다.

이에 인(仁)에 의지하는 것으로써 집(宅)을 삼고, 의(義)를 따르는 것으로써 길(路)을 삼는다. 의(意)를 성실하게 하여 인의를 행하고, 마음(心)을 바르게 하여 인의에 처하며, 몸(身)을 닦아 인의의 솔선수범을 보이면, 천하와 나라와 집안이 어찌하여 다스려지지 않을 수 있으리오!『대학』에 다음과 같은 말이 있다: "앎에 이르는 것은 물(物)을 격(格)함에 있다." 여기서 "격格"이란 "한扞"(방위한다), "어禦"(막는다)의 뜻이다. 외물(外物)로부터 나를 한어(扞禦)할 수 있을 때, 비로소 지극한 도를 알 수 있는 것이다. 정현(鄭玄)이 "격格"을 "래來"(오다)라고 훈을 달았는데, 이것은 아마도 옛 성현들의 말씀을 충분히 이해하지 못한 수준의 해석일 것이다.

於是依仁以爲宅, 遵義以爲路。誠意以行之, 正心以處之, 修身以帥之, 則天下國家何爲而不治哉!
大學曰: "致知在格物。" 格, 猶扞也, 禦也。能扞禦外物, 然後能知至道矣。鄭氏以格爲來, 或者猶未盡古人之意乎!

沃案 여기서 우리는 사마광의『대학』해석의 핵심적 구조를 파악할 수 있는데, 사마광의『대학』해석은 내면적으로 한유의「원도」를 계승하고 있다고도 말할 수 있다. 한유가「원도」에서 도(道)와 덕(德)은 허위(虛位)인데 반해, 인(仁)과 의(義)는 정명(定名)이라고 한 말을 독자들은 기억할 것이다. 즉 유교의 본질은 도덕(道德: 요새 말하는 "모랄리티morality" 개념이 아니다)이라는 형이상학적·우주론적 빈 개념이 아니라, 인의(仁義)라는 형이하학적·실천론적 일상생활의 행위

라는 것이다. 따라서 인간의 삶은 인을 실현하는 것으로써 그 본집을 삼고(爲宅), 의를 따르는 것으로써 그 집을 나가서 다니는 사회생활의 길을 삼아야 한다(爲路). 이러한 인의라는 구체적 삶의 도덕성을 실천하는 세 가지 방법이 성의(誠意)요, 정심(正心)이요, 수신(修身)이다. 이 세 가지 방법이 궁극적으로 실현되는 사회적 장(場)이 천하(天下)요, 국(國)이며, 가(家)이다. 다스림의 궁극적 대상은 성의·정심·수신이라는 실존적 단계를 넘어서는 천하·국·가의 장이다. 그러니까 사마광은 8조목에서 앞의 6조목을 3조목씩의 두 세트로 나누어 성의·정심·수신은 실존적 측면으로 보고, 제가·치국·평천하는 사회적 측면으로 본 것이다. 그리고 이 모든 것의 저변에 "치지재격물"이라는 명제가 자리잡고 있는 것으로 본 것이다. 그러니까 사마광은 "치지재격물"을 주희처럼 명료하게 2조목으로 실체화하여 생각하지 않았다. 『대학』의 원문을 잘 분석해보면 "치지재격물致知在格物"은 "치지"와 "격물"로 이원화되지 않는다. 다시 말해서 "치지"와 "격물"은 주희가 생각한 것처럼 2조목으로 떨어지지 않는다. 사마광의 이해구조를 도식화하면 다음과 같다.

성의誠意 · 정심正心 · 수신修身	제가齊家 · 치국治國 · 평천하平天下
인의(仁義)의 실존적 차원 existential dimension	인의(仁義)의 사회적 차원 social dimension
양 측면을 포괄하는 심리적 차원 psychological dimension	
치지재격물致知在格物	

그러니까 한유는 "정심·성의"에서 『대학』의 메시지를 종결시켰고, 이고는 심(心)의 적연부동(寂然不動)한 주정주의적 이상태, 집착 없이 소소(昭昭)히 만물을 광조(光照)하는 불가적 해탈의 경지를 말하기 위하여 "치지재격물"을 말하였으나, 사마광이야말로 본격적으로 "정심·성의"를 넘어서서 『대학』이라는 텍스트의 맥락에 즉하여 "치지재격물"을 논구한 최초의 사상가였다. 더구나 이고만 해도 전통적인 정현의 해석을 그대로 승계하였으나, 사마광은 과감하게 정현의 해석을 거부하고 독자적인 자기 견해를 말함으로써 "치지격물론"에 대한 기나긴 송·명·청 유자들의 자기류 해석을 촉발시키는 논쟁의 효시가 되었다. 그렇다면 사마광의 "치지격물"의 해석은 과연 어떠한 것일까?

북송 사마광이 쓰고 남송 주희가 간추린 『자치통감강목資治通鑑綱目』은 조선왕조에서 엄청 인기가 높았던 책이다.
세종대왕은 『강목』을 잠을 줄여가면서 읽고 또 읽었다. 세종은 『강목』에 사람들이 읽기 편하도록 훈의를 달게 하였다. 세종이 편전(便殿)인 사정전(思政殿)에서 직접 참여하여 만든 것이기에 『사정전훈의자치통감강목思政殿訓義資治通鑑綱目』이라고 부른다. 139권에 달하는 이 방대한 책은 1436~38년 사이에 간행되었다.

제4장: 정현에서 주희까지 격물 해석의 변천

정현의 해석: 격格=래來

먼저 역사적으로 문제시되어온 정현(鄭玄, 정 쉬앤, Zheng Xuan, AD 127~200)의 주(注: 한대의 고주古注라는 의미)를 살펴보자. 정현은 "치지재격물"이라는 원문 아래 다음과 같은 주를 달아놓았다.

"격格"이라는 것은 "래來"(온다)의 뜻이다. "물物"이라는 것은 "사事"(일)와도 같다. 그 앎이 선한 것에 깊으면 선한 일(善物)이 오고, 그 앎이 악한 것에 깊으면 악한 일(惡物)이 온다는 것이다. 이것은 일(事)이 사람이 좋아하는 바를 따라서 온다는 것을 말한 것이다. "치지재격물致知在格物"에 있어서 "치致"라는 글자는 혹 "지至"가 될 수도 있다.

格, 來也。物, 猶事也。其知於善深則來善物, 其知於惡深則來惡物, 言事緣人所好來也。此"致"或爲"至。"

매우 그럴듯한 해석처럼 들리지만 정현의 주에서 자주 발견할 수 있는 근거 없는 임의성을 대변하는 한 구절이라 할 수 있다. 그 전체적인 뜻은 매우 명료하지만 "격格"을 "래來"라고 훈한 것은, 『상서』에 그 용례가 있다고 하지만 정론이 될 수는 없다. 여기서 정현이 "래來" 훈을 말한 것은 엄밀한 근거가 있어서가 아니라, 정현 자신의 임의적 해석을 말한 것에 불과하다. 가장 비극적인 사실은 정현이 후한 때 사람이기 때문에 그의 임의적 해석이 후대의 학자들에 의해 권위 있는 해석의 준거로서 의심 없이 수용되었다는 사실이다. 엉터리라도 한번 권위를 얻으면 깨지기가 어려운 것이다. 준거가 없는 임의적 해석이 가장 권위 있는 준거가 되어버리고 마는 것이다. "격格"과 "래來"는 자형으로 보나, 의미론적으로나 통사론적으로나 음운학적으로 별로 연관이 없다. 『설문해자』나 『시』·『서』이래의 모든 고경이나, 전국 말 당대의 문헌에도 "격格"을 "래來"로 훈할 수 있는 용례는 없다고 사료된다(『상서』의 "격格"은 대강 "감感"으로 훈되는 것이다). 후대의 학자들이 준거로서 인용하는 것들은 자기의 선입관에 따라 억지춘향으로 해석하는 것일 뿐 명료한 준거가 될 수는 없는 것들이다. 이 정현 임의의 훈을 이고가 계승하였고 그것은 또 불행하게도 주희에게 영향을 주었다.

주희의 해석: 격格=지至

물론 주희는 이천의 학설을 답습한 것이다. 정현과 이고는 "격물格物"을 "나의 마음 상태에 따라서 물物이 온다來"라고 해석하였는데, 이러한 해석은 필연적으로 주관주의적·관념론적 성격을 면치 못한다. 주희는 객관주의적 지식론의 입장을 확고하게 견지하였기 때문에 "물이 온다"라는 식으로 "격格"을 해석할 수는 없었다. 그래서 "온다" 대신 "간다"라는 표현을 쓰게 된 것이다. 이 "간다"라는 표현에 해당되는 말이 "지至"라는 훈이다. 그의 『대학장구』에 "격格, 지야至也"로 되어 있고 이 "지至"라는 훈은 『대학혹문大學或問』, 『주자어류朱子語類』(권15에 집중되어 있음), 『주문공문집朱文公文集』 등처에 일관되게 유지되고 있다. "물物"은 오거나 가거나 할 수 없는 객관적인 사태이다. 주희에게 있어서 물은 "리理"의 담지자이다. 따라서 "격格"이라는 동사는 객관적인 "사물의 리事物之理"에 "도달한다," "이른다至"는 뜻을 내포하게 된다. 객체가 주체로 오는 것이 아니라, 주체가 객체로 가는 것이다. 나의 마음이 사물의 법칙에 다다른다는 것은, 곧 나의 마음이 사물의 리(理)를 이해하게 된다는 것이다.

격물格物의 인식론認識論 The epistemological structure concerning *ge-wu*		
정현·이고	주체 ← 온다 來	객체
정이천·주희	주체 → 이른다 至	객체
사마광	주체 ⋯⋯ 막는다 扞禦 ←	객체

물(物)의 해석

여기서 가장 크게 문제가 되는 것은 "물物"의 해석(the interpretation of wu)이다. 주희에게 "물物"이란 단순히 시·공을 점유하는 연장태로서의 물체를 의미하거나, 주체와 분리된 객체만을 지시하거나, 생명이 없는 무기물적 사태만을 의미하지 않는다. 우리말에서는 사람을 말할 때도 "인물人物"이니 "물건物件"이니 "걸물傑物"이니, "물物"이라는 단어를 즐겨쓴다. 우리말의 용례는 모두 주자학적 세계관과 결부되어 있다. "물物"은 우리말의 "것"에 비견되는 것으로, 요즈음의 물리학적 용어로 말한다면 "이벤트event," "사건"에 해당된다고 말할 수 있다. 물론 사람은 "거대사건"일 것이다. 사람의 마음(心)도 사건일 것이다. 물론 주자의 용례에서 "심心"과 "물物," "인人"과 "물物"이 주체와 객체의 대립이라는 의미맥락에 쓰일 때도 있다. 그러나 "물物"은 그 광범위한 보편적 의미에 있어서, 자연현상, 사회현상, 문화현상, 역사현상, 정신현상 등 모든 현상을 의미하며, 우리 사고의 모든 유형·무형의 영역을 내포한다. 주자는 이러한 맥락에서 "물物, 유사야猶事也"("물"은 "사"와도 같다)라고 말하고 있는 것이다(『대학장구』).

소당연(所當然)과 소이연(所以然)

더구나 "물"은 "소당연지칙所當然之則"과 "소이연지고所以然之故"의 소재(所在)이다. 따라서 그것은 일차적으로 도덕적 포폄의 대상이 아니다. 소당연지칙과 소이연지고를 우리가 어떻게 이해하느냐에 따라 인간의 도덕성의 기준이 갈리는 것이다. 따라서 "격물"의 "물"은 객관적인 사태이며, "격格"되어야 할 이치의 세계이다.

사마광의 물폐(物蔽)와 한어(扞禦)

그러나 우리가 상기의 "치지재격물론"에서 보아왔듯이, 사마광은 "물物"을 아주 지독한 도덕적 포폄의 대상으로 규정하고 있으며, 그것은 우리의 욕심(欲心), 이심(利心)을 촉발시키는 유혹의 주체였다. 사마광은 후대의 송유들이 말하는 정(情)과 성(性)의 이원론적 도식을 제시하지 않는다. 인간의 가장 본능적인 감정의 세계까지도 도덕적인 행위의 숭고함을 알고 있다고 말한다. 단지 이 정(情)이 물 흐르듯 인의에 반(反)하는 방향으로 쏠리게 되는 것은 물(物)의 유혹, 즉 물의 당김이 있기 때문이라는 것이다. 인간의 최대의 불행은 물폐(物蔽)에 있다. 즉 우리의 마음이 물에 가려 물욕으로 가득차 버리는 사태를 말하는 것이다. 따라서 "격물格物"이란 그러한 "물"이 우리에게 다가오지 못하도록 막는 것을 의미한다. "격물"의 "격格"은 "한어扞禦"로 해석된다. 그러나 인식론적 방향성을 말하면 사실 사마광도 정현의 "래來"라는 해석을 근원적으로 탈피한 것은 아니다. 그러나 물이 나에게로 온다는 것은 나의 정(情)이 물욕으로 오염된다는 것을 의미한다. 그것은 바람직한 사태가 아니다. 그래서 "격"을 "래來"라고 훈한 정현을 "고인지의古人之意"를 "미진未盡"(다 발현시키지 못함)한 치졸한 해석을 내렸다고 비판한다.

사마광과 주희의 물(物) 해석의 차이

사마광과 주희의 문제의식을 대별시키는 기준은 역시 "물"의 해석에 있다. 사마광에게 있어서 "물"은 기껏해야, 우리에게 인의에 반하는 행동을 하게 하는 사태를 의미하는 것으로서, 그릇된 부귀영화와 같은 유혹이다. 이에 비하면 주희의 "물"은 이미 "리일분수理一分殊"와도 같은 거대한 우주론의 보편적 사태이며 편협한 도덕적 폄하의 대상이 아니다. "격물"을 "물욕物欲의 한어扞禦"로서 풀이하는 사마광의 『대학』 해석은 외견상 주희와 다르게 보일지는 모르지만 강렬한 도덕주의의 소산이라는 의미에서 향후 모든 『대학』 해석의 프로토타입을 형성시켰다. 송유의 확고한 선구적 작업이라고 말할 수밖에 없다. 그러나 양자간의 더 큰 차이는 『대학』이라는 텍스트를 바라보는 시각에서 유래한다. 사마광은 『대학』이라는 텍스트를 일차적으로 제왕의 치세를 규정하는 책으로 본다. 그래서 여기 "격물格物"을 "물物을 한어扞禦해야 한다"라고 해석한 것도, 제왕이 물욕이나 환관·간신들의 부당한 유혹으로부터 자신을 한어(扞禦)해야 한다는 생각이 밑바닥에 깔려있는 것이다.

송나라 제왕에 대한 사마광의 바램

송태조 조광윤은 군인황제시대에 로마군단이 황제를 추대한 식으로 진중(陳中)에서 천자의 자리에 올랐으며 덕망이 있는 인물이었다. 그러기 때문에 더욱 무관(武官)을 억누르는 문치(文治)를 철저히 행하였고, 모든 권력을 천자 일인에게 집중시키는 천자독재권을 확립하였다. 그래서 송나라는 천자 한 사람의 권리와 책임이 막강한 왕조가 되었다. 사마광은 제왕의 이상적 통치 가능성에 대한 기대를 버리지 않았을 것이다. 격물의 격을 한어라고 말했을 때, 그는 신종(神宗)이 왕안석(王安石)의 신법(新法)으로부터 자신을 한어해야 한다고 믿고 있었을지도 모른다. 그가 쓴 『자치통감資治通鑑』도 "제왕의 통치(治)를 돕는(資) 통사(通鑑)"라는 뜻이다. 제왕의 통치를 위한 역사사례집인 것이다. 모든 고상한 모랄리스트들은 자신의 기득권에 대한 근본적 반성이 없이 더 고상한 정신적 이념만을 사모하는 질병이 있다. 왕안석의 신법이 자신들의 기득권의 하부구조 기반을 근원적으로 붕괴시키려 한다는 낌새를 챘을 때 그들은 신법을 용납할 수 없었다. 모랄리스트들은 동서고금을 막론하고 모든 진취적 사유를 "빨갱이짓"으로 휘모는 고약한 습성이 있다.

주희의 사대부중심의 문제의식: 궁리(窮理)의 요청

그러나 남송의 주전파였던 주희만 해도 제왕 한 사람의 통치술의 탁월성에 대한 기대를 걸 만큼 여유롭지 못했다. 정강지변(靖康之變) 이후 황제의 권위도 이전 같지는 못했다. 주희의 의식은 황제의 문제라기보다는 과거제도의 융성으로 정계에 대거 진출한 신흥관료 사대부 계급의 도덕성에 관한 문제에 집중해 있었다. 따라서 유례없이 화폐경제가 발달했던 송나라에서 민생을 직접 담당하고 있던 이들 신흥관료의 역할은 소극적인 "한어"로써 이루어질 문제가 아니었기 때문에, 주희는 적극적인 "궁리窮理," 다시 말해서 사회적 현실을 지배하는 모든 이치나 법칙에 대한 객관적 탐구를 절실하게 요구할 수밖에 없었다. 그의 "격물"은 이러한 "궁리의 요청"이었다. 그가 "금일 격일물今日格一物, 명일격일물明日格一物"이라는 이천(伊川)의 명제를 전면에 내건 것도 단순히 후대의 비판과 같이 지리멸렬(支離滅裂)한 관념적 공부를 의미한 것이 아니라, 민생을 책임져야 할 사대부관료라면 반드시 오늘 구체적인 사물의 이치를 한 건이라도 조사하여 터득해야 하고 내일도 또 다시 사물의 이치를 한 건이라도 궁구(窮究)해야 한다는 객관적 지식의 당위성을 역설한 것이었다. 이렇게 하루하루 지식이 축적되어가는 가운데 어느샌가 활연관통(豁然貫通)하게 된다는 것이다. 이 "활연관통"이라는 주희의 말도 후대의 비판가들에 의하여 너무 과장되게 해석되어, 마치 그것이 불가에서 말하는 대오(大悟)나 득도(得道)의 경지와도 같은 신비적인 그 무엇인 것처럼 비아냥거림의 대상이 되었지만, 여기 "관통"이란 "꿰뚫음" 정도의 의미밖에는 지니지 않는다. 일례를 들면, 물리학개론을 듣기 시작한 과학도가 대학원생만 되어도 우주의 원리가 몇 개의 법칙이나 힘에 의하여 관통되어 설명될 수 있다는 깨달음을 얻는 순간이 올 것이다. 사실 고승이 평생 수도해서 깨닫는 것이 이 물리학도의 깨달음에도 못 미치는 것일 수도 있다. "활연"이란 계곡이 탁 트인 것처럼 "드넓다"는 의미이며 드넓은 세상이 한 줄로 꿰어져서 이해될 수 있다는 상식적 수준의 표현이다. 물론 상식적 "활연관통"도 금일·명일, 치열한 각고의 궁리(窮理)의 노력의 축적을 요구하는 것이다. 뉴튼의 고전물리학과 아인슈타인의 상대성원리와 하이젠베르그의 불확정성원리를 활연관통하는 것도 결코 하루아침에 이루어질 수 있는 지식의 단계는 아니다. 주희는 송대의 사대부들에게 그들을 둘러싸고 있는 모든 인간·자연·사회현상에 대한 객관적 격물을 요청했던 것이다.

북경 국자감 안에 있는 대성전. 필자앞에 있는 신위에는 지성선사공자신위至聖先師孔子神位라고 쓰여져 있다. 국자감에는 좌묘우학(左廟右學)의 예제에 따라 우에 태학이 있고 좌에 공묘가 있다.

제5장: 주희의 격물론(格物論)과 치지론(致知論)

치지(致知)의 다양한 해석 가능성

매우 짧은 글이지만 상기의 사마광의 "치지재격물론"에서 우리의 눈길을 벗어날 수 없는 것은 "격물" 외로 이미 "치지致知"에 대한 새로운 해석이 이루어지고 있다는 사실이다. "능한어외물能扞禦外物, 연후능지지도의然後能知至道矣"라는 문장에서 "지지도知至道"라는 구문은 "치지致至"의 해석이라는 것을 알 수 있다. 우리가 보통 "치致"를 "이를 치"라고 훈하듯이, "치지致知"는 상식적으로 "앎에 이른다 to arrive at knowledge"라는 매우 객관적이고, 과도한 의미부여를 할 필요가 없는 쿨한 표현일 수도 있다. 그런데 "치致"는 우리 말로도 "이룰 치"라고 훈할 수도 있다. 그렇게 되면 "치지致知"는 "앎을 완성시킨다 to consummate knowledge," "앎을 이룩한다 to complete knowledge"는 뜻이 되며, 어떤 극한이나 완성된 경지를 나타내는 말로 해석될 가능성도 있다. 그런데 정현(鄭玄)이 마침 "치지재격물致知在格物"의 "치致"는 "지至"로도 쓰여질 수 있다는 식의 애매한 주석을 붙여 놓았다. 이것은 기실 『대학』 원문의 문제점에서 기인한 것이다. 『대학』 원문에 "치지재격물致知在格物"이라는 구문 다음에 바로 "물격이후지지物格而后知至"라고 하여 "치致"에 해당되는 동사가 "지至"로 바뀌어져 있기 때문이다.

사마광의 치지(致知) 해석

그런데 "지至"라는 글자도 "이르다"라는 의미가 가능하며, 또 동시에 "지극함," "지극한 경지에 이르다"는 등 어떤 극한점을 암시하는 의미를 내포한다. 사마광은 "능히 외물을 잘 한어한 연후에나 능히 지극한 도를 알 수 있는 것이다"라고 했으니 "치지致知"를 "앎에 이른다"라고 쿨하게 이해한 것이 아니라 "지극한 도를 안다知至道"라고 이해한 것이다. 즉 사마광의 해석에 따르면 "치지재격물致知在格物"은 "지극한 도를 아는 것은 외물을 잘 한어함에 있다"라는 뜻이 되어버린다. 이러한 "치지"의 해석은 주희에게 깊은 영향을 주었다. 주희 입장에서 볼 때, "격물格物"의 "격格"을 이미 "지至"(이르다)라고 해버렸으니 "치지致知"의 "치致"마저 "지至"(이르다)로 해버리면, "치지재격물"은 "지지재지물至知在至物"(앎에 이르는 것은 물에 이르는 것이다)라는 매우 진부한 명제가 되어버리고 만다. 그래서 "치지致知"의 "치致"에 어떤 극한적 특수한 의미를 내포시키지 않으면 안되었던 것이다.

주희의 문제의식: 격물은 외적 공부, 치지는 내적 공부

이러한 주희의 문제의식을 매우 명료하게 우리에게 알려주는 그의

편지가 하나 있다. 그의 문인 황자경(黃子耕)의 문의에 답한 것이다
(『문집』권51, 답황자경答黃子耕).

"격물格物"이란 단지 한 개의 구체적 사물(一物) 위에서 그 한 가지 사물의 이치(一物之理)를 온전하게 탐구하는 것(窮盡)이다. "치지致知"란 그렇게 구체적으로 물리(物理)를 탐구하여 얻은(窮得) 후에 나의 지식 자체를 또한 온전하게 만들어가는 내면적 행위를 지칭하는 것이다. 치지란 이와 같이 나의 지식을 추론하고 확대하여 완성에 이르게 하는 것이다. 『대학』의 "치지"와 "격물"의 문의(文義)를 이와 같은 방식으로 확고하게 해석해야만 모든 것이 명료해진다. 그대는 이 원칙에 따라 공부를 계속해야 한다. 단지 제대로 "격물"을 하기만 한다면 "앎"이란 스스로 완성을 향해 가는 것이니, 격물과 치지가 다른 두 개의 사태는 아니다. 그러니까 "격물"과 "치지"가 모두 "궁리窮理"라는 하나의 과정에 속하는 것이다. 옛 성현들은 배우고자 하는 후학들을 위하여 말씀을 자세하고 친절하게 하시고자, "격물"이니 "치지"니 하는 단어들을 만들어놓으신 것이다. 그런데 요즈음 사람들은 오히려 그 단어들에 현혹되어 중중첩첩의 장애들을 만들어내고 온갖 부질없는 지엽을 늘어놓아 끝날 날을 모른다. 그 핵심이 되는 본의(本意)를 파악해내기만 하면 문맥의 허다한 곡절들이 분명해지는 것이니, 내가 말한 격물과 치지의 뜻에 따라 착실하게 공부를 해나가라. 그리하면 그 많은 단어개념

들을 훌쩍 벗어버릴 수 있으리라. 그리고 그대의 공부가 실제적으로 이루어져 결함이 없게 되리라.

格物只是就一物上窮盡一物之理, 致知便只是窮得物理盡後, 我之知識亦無不盡處, 若推此知識而致之也。此其文義只是如此纔認得定, 便請依此用功。但能格物, 則知自至, 不是別一事也。格物致知只是窮理, 聖賢欲爲學者說盡曲折, 故又立此名字。今人反爲名字所惑, 生出重重障礙, 添枝接葉, 無有了期。要須認取本意, 而就中看得許多曲折分明, 便依此實下功夫, 方見許多名字並皆脫離, 而其功夫實處却無欠闕耳。

격물은 개물적 사태, 치지는 일반화의 추론

당대 주희와 주희의 문인들의 생생한 고민을 느끼게 하는 훌륭한 편지라고 할 것이다. 당대 이미 학인들 사이에서 "격물"이니 "치지"니 하는 철학적 개념들이 얼마나 복잡한 논의를 생산하고 있었는가를 말해주고 있다. 주희는 격물과 치지를 인간의 외면과 내면의 과정으로 일단 분별하여 의미를 부여하고 있다. "격물"이란 내가 몰랐던 것들을 새롭게 탐구하여 알아가는 과정이다. 그것은 즉물(卽物)의 궁리이므로 나의 내면적 성찰만으로는 이루어지지 않는다. 그래서 그것은 "외면"이라고 말할 수 있다. "치지"란 그렇게 물사(物事)에 즉하여 얻은 지식을 이미 내가 습득하여 알고 있거나 생득적인 추리능력에 접목시켜 나의 내면의 지식과정을 풍요롭게 만들고 완성시켜 가는 과정이다. 그러니까 치지는 나의 내면적 성찰의 과정이다. 황자경에게 보낸 편지에서 가장 두드러지고 있는 논지는 바로 "격물"이란 구체적인 하나의 사물(一物)로부터 하나의 이치(一理)를 터득하는 특수한 사례에 속하는 탐구과정이라는 것을 강조하고 있다는 것이다. 그에 비한다면 "치지"는 특수한 사례가 아닌 일반적 추론, 그리고 나의 지식의 보편성을 획득해나가는 내면적 과정이라고 지적한다. 이 격물과 치지에 관한 핵심적 의미를 파악하고 나면 송유의 잡다한 논의가 다 해탈될 수 있다고 말한다(벗어던지고 떠난다는 뜻의 "탈리脫離"라는 표현을 썼다).

격물과 치지의 변증법: 궁리의 프로세스(Process)

그렇다고 격물과 치지가 외(外)·내(內)의 과정으로 확연히 이물화(二物化)되는 것이 아니라, 격물에는 자연히 치지가 따르게 되고, 치지를 위해서는 항상 새로운 격물이 필요하고, 양자는 변증법적 과정을 통하여 우리의 궁리, 즉 법칙적 지식을 완성시켜 나가게 된다는 것이다. 격물과 치지는 궁리라는 하나의 프로세스(Process)의 다른 이름일 뿐이다. 이러한 논지는 『어류』에도 명료하게 나타나고 있다(권15, 의강록義剛錄).

> 단지 내가 알고 있는 바를 극한까지 추론하려고 한다면(치지), 반드시 구체적 사물 위에서 이해하지 않으면 아니 된다(격물). 그러므로 "치지"는 나(我)로부터 말한 것이고, "격

물"은 물(物)에 즉하여 말한 것이다. 만약 격물을 하지 않는 다면 과연 어떠한 연고로 앎을 얻을 수 있겠는가? 요즈음 학인들이 자기의 지식을 극한까지 밀고 가겠다고 하면서 골방에 들어앉아 막연하게 그 관념적 심사(心思)만을 굴리고 앉아 있을 뿐 구체적인 사물(事物)에 즉하여 탐구를 하지 않는다. 이렇게 되면 그러한 지식은 종내 아무 것에도 도달하는 바가 없다.

只是推極我所知, 須要就那事物上理會。致知, 是自我而言; 格物, 是就物而言。若不格物, 何緣得知。而今人也有推極其知者, 却只泛泛然竭其心思, 都不就事物上窮究。如此, 則終無所止。

또 말한다(권15, 하손록賀孫錄).

"격물"에 관하여, 아예 "궁리窮理"라고 말하지 않고 구태여 "격물格物"이라고 말한 이유는 다음과 같다. "리理"라고 말하면 너무 막연하여 붙잡을 것이 없어지고 때로 "물物"이 사라져 버리고 만다. 그런데 "물物"이라고 말하면 "리理"는 항상 내재하게 마련이고 구체적인 사물도 사라지지 않는다. 석씨(불교)가 단지 "견성見性"을 말하게 되면 그것은 결국, 공동(空洞: 허무)하여 아무런 근거가 없는 하나의 성(性)을 말하게 될 뿐이다. 그가 말한 대로 견성했다 한들, 구체적인 사물 위에서는 아무짝에도 쓸모없는 인간이 되고 만다.

格物, 不說窮理, 却言格物。蓋言理, 則無可捉摸, 物有時而離; 言物, 則理自在, 自是離不得。釋氏只說見性, 下梢尋得一箇空洞無稽底性, 亦由他說, 於事上更動不得。

같은 주제내용을 다음과 같이 명료하게 말하고 있다(권15, 덕명록德明錄).

"격물"이라는 것은 실제로 손을 대는 곳에서 일어나는 사건이다.("하수下手"는 실행하다, 실천하다의 뜻이다). "지지知至"는 앎이 얻어지는 내면적 성찰의 사건이다.

格物, 便是下手處; 知至, 是知得也。

『대학장구』치지격물 주석에 대한 최종적 명해(明解)

이러한 논의를 바탕으로 우리는 비로소 주희의 『대학장구』의 주석을 명료하게 이해할 수 있게 된다.

"치致"라는 것은 극한까지 추론한다(推極)는 뜻이다. "지知"는 "식識"과도 같은 것이니, 우리의 지식(知識)을 극한까지 추론확대하여, 우리의 아는 바가 완성도를 과시하지 않음이 없게 하려는 것이다. "격格"은 이른다(至)는 뜻이다. "물物"은 "사事"와도 같은 것이니, 사물의 이치를 탐구도달하여 온전하게 미치지 아니 하는 곳이 없게 하려는 것이다.

致, 推極也。知, 猶識也。推極吾之知識, 欲其所知無不盡也。格, 至也。物, 猶事也。窮至事物之理, 欲其極處無不到也。

여기서 주희가 "지知"를 "식識"이라고 표현했는데, 그의 용법을 살펴보면 "식"에는 "식별하다," "이해하다"는 뜻이 강하게 있으며 매우 명료한 개념적 지식을 지칭하고 있음을 알 수 있다. 그가 상기 문장에서 쓰고 있는 "지식知識"이라는 표현은 현재 우리가 현대어의 용법으로 쓰고 있는 지식과 대차가 없다. 모든 물(物)에는 리(理)가 구비되어 있으며, 우리의 심(心)에는 지(知)가 구비되어 있다는 생각이 깔려있다. 그러나 지(知)는 반드시 사물지리(事物之理)를 통하여 변증법적으로 확대되어 나가야 한다. 치지의 궁극적 목표는 "전지全知"이다. 즉 전체를 파악하는 것이다. 주자의 격물-치지의 변증법은 결국 "지知"의 확대과정 속의 순환이므로 그의 전 철학체계는 주지주의적 성향이 강하다. "지知"와 "의意"의 관계를 말해도 지가 "체體"이며 "성性"이고, 의가 "용用"이며 "정情"이다(知近性近體, 意近情近用。『語類』15, 端蒙錄). 그리고 지(知)와 행(行)을 구태여 논한다면 그에게 있어서는 항상 지(知)가 우선이다. 정확하게 아는 것이 행동의 기초가 되어야 한다고 생각하는 것이다. 이상의 논의를 종합하면 다음과 같다.

주희朱熹의 치지격물론致知格物論	
격물格物	치지致知
외적外的 과정 external process	내적內的 과정 Internal process
사물의 탐구 investigation	이해의 확대 understanding
궁지사물지리窮至事物之理	추극오지지식推極吾之知識
즉물卽物 조사	내심內心 성찰
일물일리一物一理	전지全知에 도달
객체 위주	주체 위주
취물이언就物而言	자아이언自我而言
실천이성적 Practical Reason	사변이성적 Speculative Reason
특수적	일반적
개체적	보편적
국부적 세밀성	전체적 완전성
물리物理	심리心理
모르는 것의 습득	이미 알고있는 것의 확대
궁리窮理의 변증법. 확이충지擴而充之의 과정	

명쾌한 주장은 있으나 순수한 창발은 없다

일단 이렇게 정리해놓고 보면, 주자학의 논리구조는 매우 명료하게 정리된다. 우리나라 조선의 유자들도 『어류』나 『문집』, 그 전체를 제대로 통관하지 아니 하고 너무 단편적인 지식에 의거하여 지나치게 소소하고 잡다한 논의를 계속했다는 느낌을 지울 수 없다. 주자학의 논지는 매우 명료한 것이며, 그 시대적 한계도 매우 명료한 것이다. 그리고 그 논리가 형성되기까지 기나긴 선학들의 치밀한 추론이 차곡차곡 쌓여져서 이루어진 것이며, 그의 명쾌한 주장은 있으나 순수한 창발은 거의 없다는 사실을 명료하게 인식한다면, 주자학의 언어를 절대시하는 결과로 생겨나는 "사문난적" 논의는 추호의 용인의 여지도 있을 수 없다. 주희의 논리는 그의 역사적 가치 그 모습대로 순결하게 이해해주어야 마땅하다!

주희 격치론의 비극: 물리(物理)의 도덕화

주희의 격치논의의 최대의 비극은 그가 진취적 객관주의를 표방했음에도 불구하고 그 "물리物理"의 "리理"가 결국 인심(人心)·도심(道心)의 도덕적 리로 전락하고 말았다는 것이며, 격물·치지의 격치변증법이 결국 사서(四書)중심의 경서공부라는 주관적 회로를 맴돌 수밖에 없었다는 것이다. "금일격일물, 명일격일물"의 공부가 기껏해야 경서를 뒤적거리고 있는 것이라면 우주가 곧 오심(吾心)이요, 오심(吾心)이 곧 우주이니, 육경(六經)이란 모두 내 마음의 각주에 불과하다(六經皆我註脚)고 외치면서 주희의 격치론이 지리멸렬할 뿐이라고 규탄하는 동시대의 육상산(陸象山, 루 시앙산, Lu Xiang-shan, 1139~1193)의 심학(心學)에 그다지 강력한 항의를 할 수도 없게 된다. 실상 역사적 주희의 사후, 주자학의 발전은 주희의 작품들이 과거(科擧)시험의 텍스트가 되고 철저히 관학화되면서 주희의 생생한 "격물"의 외침을 불필요한 것으로 만들어 버렸다.

우리나라 어디를 가든지 흔하게 볼 수 있는 이 문구는 천박한 경구처럼 보이는데, 실은 『주자어류朱子語類』 권8에 있는 말로서 "공부하는 방법을 총체적으로 논함總論爲學之方"이라는 분류에 들어간 주희의 간곡한 훈화이다: "양기가 발하는 곳에서는 금석도 뚫을 수 있다. 정신이 한 군데로 집중하면 무엇인들 이루지 못하리오! 陽氣發處, 金石亦透。精神一到, 何事不成!" 송시열의 절친한 친구이며 같이 김장생의 문하에서 공부한 동춘당(同春堂) 송준길(宋浚吉, 1606~1672)이 1671년 어떤 사람에게 써준 글씨인데 호방한 힘을 느끼게 한다. 그러나 주희의 위학지방(爲學之方)에도 보다 포괄적이고 이론적인 좋은 이야기가 많은데 이런 구절이 유행한 것만 보아도 조선유학의 도덕적 엄격주의를 규찰할 수 있다. 예술의 전당 서울 서예박물관 전시(2007. 12. 13~2008. 2. 24). 서예박물관에는 항상 볼만한 특별전시가 계속 열리고 있다. 독자들의 관심을 요망한다.

제6장: 정주(程朱)의 경·전(經傳)체제 날조

정명도와 정이천의 "개정대학改定大學"

중국인들이 『대학』을 발견해간 과정에 관하여 사마광까지의 논의만으로도 그 관심소재와, 그 새로운 패러다임 창조의 가치구조에 관하여 이미 충분한 시각이 마련되었으리라고 본다. 사마광 이후의 논의는 일반철학사나, 주자학 중심의 송명유학사의 낯익은 언어 속에서 소화될 수 있으므로 구태여 상론(詳論)할 필요를 느끼지 않는다. 단지 우리나라의 학인들이 알아야 할 사실은 우리나라 유학사에서는 내가 여태까지 진술한 그러한 다이내믹한 『대학』 발견의 역사는 부재하다는 것이다. 『대학』이라는 텍스트는 당초로부터 단지 사서(四書)의 한 구성물로서 주어졌고, 그 주어진 『사서집주四書集注』 속의 『대학』은 『대학장구大學章句』라는, 남송(南宋) 사상가 주희의 인식구조 속에서 철저히 변형(재배치)되고, 첨가(날조)되고, 재해석되어진 텍스트였다. 주희가 감히 고경(古經)에 대하여 이러한 변조(變造)를 감행할 수 있었던 것은 주희 본인의 독창적 발상에 넘치는 깡다

귀가 셌기 때문에 "사문난적斯文亂賊"에 휘몰릴 수도 있는 위험을 감내한 소치는 결코 아니다. 그는 단지 그가 존경하는 선학 이정(二程)의 선례를 따랐을 뿐이다. 정명도(程明道, 츠엉 밍따오, Cheng Ming-dao, 1032~1085)와 정이천(程伊川, 츠엉 이츠우안, Cheng Yi-chuan, 1033~1107)은 각각 『대학』이라는 텍스트가 혼란스럽다고 판단하고 자기나름대로 그 배열을 바로잡는 『개정대학改定大學』이라는 새로운 텍스트를 제시했다. 『하남정씨경설河南程氏經說』권 제5에 "명도선생개정대학明道先生改定大學"과 "이천선생개정대학伊川先生改定大學"이라는 두 개의 텍스트가 실려있다. 북송시대에는 이미 자유로운 학문풍토가 보편화되어 학자들이 경전을 재배열하는 것은 전혀 문제시되는 일이 아니었다. 주희는 이들의 노력을 경(經)·전(傳)의 체제로 보다 치밀하게 완성한 것이다.

사자서(四子書)와 도통(道統)

주희의 문제의식 속에는 우선 한유로부터 내려오는 강렬한 도통의식이 있었다. 그 도통은 공자에서 맹자에 이르는 선진유학의 정화를 형성한 시기에 집중되어 있었다. 공자(孔子) → 증자(曾子) → 자사(子思) → 맹자(孟子)의 계보를 정당화하려면 이 네 사람의 작품을 각기 경(經) 수준급의 확고한 준거로서 제시하지 않으면 안된다. 그런데 공자에게는 이미 『논어』가 마련되어 있었고, 맹자에게는 『맹자』가 있었다. 그리고 『중용』은 예로부터(사마천 「공자세가」) 공자의 손자인 자사(子思)의 작품으로 인지되어 왔고, 또 현대의 발달한 고증학의 성과에 비추어 보아도 최소한 그 일부라도 자사의 작품이라고 추정할 수 있는 근거가 있기 때문에, 『중용』을 자사의 경전으로 내세우는 데는 별 무리가 없었다. 문제는 증자의 케이스인데 사실 『대학』을 증자의 작으로 간주한다는 것은 이토오 진사이의 말대로 전혀 문헌적 근거가 없다. 그러나 주희는 『대학』을 주저없이 증자의 작으로 내세웠다. 그러니까 "사서四書"라는 개념은 도통과 관련하여 성립한 것이다. 이러한 태도는 주희가 생전에 "사서四書"라는 말을 쓴 적이 없고, 오직 "사자서四子書"라는 말만 썼다는 역사적 사실에서도 이는 입증된다(나의 『효경한글역주』 pp.50~55 참조). "사자서"라는 것은 "네 선생님들(四子: Four Masters)의 책"이라는 뜻이다. 시마다 켄지(島田虔次)는 사자(四子)의 도통 때문에 사서(四書)가 성립했다라고 말하기보다는, 먼저 사서(四書)의 대세가 잡히자 그것을 때마침 사자(四子)의 개념에 끼워 맞춘 것뿐이라고 말하고 있는데(『大學·中庸』 4~5), 그 논리적 선후를 정확히 가리기는 어렵다. 주희는 증자의 작품으로서 『효경』과 『대학』, 두 개를 경으로서 고려했는데, 『효경』은 경·전의 체계가 『대학』처럼 잘 맞아떨어지질 않았으며, 또 그 내용의 포괄성과 치밀함에 있어서 『효경』은 『대학』의 적수가 아니었다. 『대학』을 제키고 『효경』을 "사서" 속에 집어넣는다는 것은 생각할 수도 없는 일이었다. 주희는 매우 개념적인 사람이었으며 『대학』은 그 풍요로운 개념을 선사했다. 그가 "대학장구서大學章句序"에서 언명하듯이 『대학』은 "국가화민성속지의國家化民成俗之意"였고, "학자수기치인지방學者修己治人之方"이었다. "화민성속"과 "수기치인"이라는 이 두 마디 속에는 주희의 학문이 지향하는 모든 것이 포괄되어 있다.

『대학』만 제대로 알면 타 경전은 잡설

주희는 심지어 『대학』만 제대로 알면 타 경전은 다 "잡설"이라는 표현까지 쓴다. 다음을 보라(『어류』14, 춘록椿錄).

> 『대학』은 학문을 하기 위한 강목(綱目)이다. 먼저 『대학』에 통달하고 그 강령(綱領)을 세워 정하면, 기타의 경전들이 모두 잡설(雜說)일 뿐이며 그것들이 모두 『대학』 안에 들어있다는 것을 깨닫게 된다. 『대학』을 먼저 통독한 후에 딴 경전들을 보게 되면, 비로소 그 경전들이 이것은 격물치지를 말하고 있고, 이것은 정심성의를 말하고 있고, 이것은 수신을 말하고 있고, 이것은 제가치국평천하를 말하고 있구나 하는 것을 깨닫게 된다.
>
> 大學是爲學綱目。先通大學, 立定綱領, 其他經皆雜說在裏許。通得大學了, 去看他經, 方見得此是格物致知事, 此是正心誠意事, 此是修身事, 此是齊家治國平天下事。

주희의 독서법: 독사서차제(讀四書次第)

주희는 사서 중에서도 『대학』이야말로 유교의 모든 가치관을 총망라한 최기본경전으로서 학문의 차제에 있어서도 가장 먼저 읽어야 할 책으로 강권했다. 『어류』14 첫머리에 매우 유명한 독서법이 주희의 말로서 기록되어 있다(우록遇錄).

공부하려고 하는 사람은 반드시 먼저 『대학』을 읽음으로써 그 규모(規模: 콤파스와 본이라는 뜻으로 전체적 윤곽과 구조를 의미함)를 정해야 한다. 그 다음에 『논어』를 읽음으로써 그 근본(根本: 뿌리·본질)을 세워야 한다. 그 다음에 『맹자』를 읽음으로써 그 발월(發越: 『논어』라는 뿌리가 발전되어 뻗어나가는 모습)을 보아야 한다. 그 다음에야 『중용』을 읽음으로써 옛 사람들의 미묘처(微妙處: 심오한 철학적 경지)를 구해야 한다. 『대학』 일 편은 등급과 차제가 있고 모든 것이 한 군데로 집약되어 있어 이해하기가 쉽다. 그래서 반드시 먼저 읽어야 한다. 『논어』는 매우 구체적이다. 그러나 언어가 산만하게 흩어져 있어서 처음으로 읽기에는 어려운 책이다. 『맹자』는 『대학』과 『논어』를 읽고나서 읽으면 사람의 마음을 감격시키고 흥발(興發)시키는 구석이 많다. 『중용』은 본시 읽기 어려운 책이다. 『대학』『논어』『맹자』 세 책을 읽고나서 읽으면 비로소 이해가 되는 책이다.

某要人先讀大學, 以定其規模; 次讀論語, 以立其根本; 次讀孟子, 以觀其發越; 次讀中庸, 以求古人之微妙處。大學一篇有等級次第, 總作一處, 易曉, 宜先看。論語却實, 但言語散見, 初看亦難。孟子有感激興發人心處, 中庸亦難讀, 看三書後, 方宜讀之。

참으로 친절한 선학의 가르침이라 말할 수 있다. 주희가 얼마나 『대학』을 중시했는가를 엿볼 수 있다. 그러나 『대학』 전체를 증자의 작으로 만드는 데는 좀 무리가 있었다. 그래서 경전체제(經傳體制)의 구상을 하기에 이른 것이다.

사자서四子書	공자孔子	『논어論語』
	증자曾子	『대학大學』
	자사자子思子	『중용中庸』
	맹자孟子	『맹자孟子』

선진문헌의 경(經)·전(傳) 사례

『한비자韓非子』라는 서물을 보면 「내저설內儲說」 「외저설外儲說」이라는 편이 있는데, 그 편의 형식을 보면 압축적 내용을 담은 "경經"이 앞에 나오고, 그 뒤로 그 경의 내용을 주목별로 해설하는 이야기들인 "설說"이 나온다. "경"의 내용은 집약된 논술체이고, "설"은 그 논술의 명제를 설명하는 실 사례들, 즉 설화문학이다. "저설"이란 그러한 설화들의 모음(저儲: 저축貯蓄의 "저"와 비슷한 뜻, anthology)이라는 뜻이다. 『묵자墨子』라는 책에도 「경經」편이 있고, 「경설經說」편이 있다. 「묵경墨經」은 매우 짤막한 기하학적·순논리적 명제들로 구성되어 있어, 그 자체로 해독이 어렵다. 그래서 그 명제들을 다시 조목조목 설명한 것이 「경설經說」인데, 이 경우 설화문학은 아니고 요즈음의 "해설"이라는 개념에 가깝다. 단 그 해설이 경문을 더 잘 이해시킨다는 보장은 없지만, 그래도 경문을 이해하는 데 확실히 도움을 준다.

『주역』에도 "경經"과 "전傳"이 있는데, "계사전繫辭傳"만 해도 그것은 본시 "괘사(卦辭)·효사(爻辭)에 매달린(繫) 설명"이라는 뜻이다. 괘사·효사는 곧 경을 의미하므로, 그 경을 해설한 "전傳"이라는 뜻이다. 그러니까 압축된 내용을 전하는 "경문經文"이 있고, 그 경문을 해설하는 "설說"이나 "전傳"이 뒤따라오는 문학양식이 전국말기에는 하나의 전형으로서 정착되어 있었다고 말할 수 있다. 경과 전이 한 사람의 작품일 상황도 물론 가능은 하겠지만, 대체로 경이 먼저 성립하고 후대에 그 경을 해설한 전이나 설이 그 학파계열의 타인에 의하여 성립했을 가능성이 더 높다.

주희가 말하는 경 1개, 전 10개

주희는 『대학』이라는 문헌이 그 문헌 자체의 문자에 의하여 증자의 작이라는 논리를 펼 수는 없었다(『효경』의 경우는 그러한 논리가 가능하다. 첫머리가 이미 공자가 증자에게 말해주는 대화양식을 취하고 있다). 그래서 맨 처음 나오는 "대학지도大學之道"로부터 "미지유야未之有也"까지의 205글자를 경(經)으로 규정하고, 그것을 "공자가 말한 것을 증자가 술하였다. 孔子之言, 而曾子述之"라고 규정해버렸다. 그리고 나머지 부분을 "전傳"으로 규정하고, 그것은 "증자의 뜻을 증자의 문인이 기록한 것이다. 曾子之意, 而門人記之也"라고 말하였다. 그리고 전(傳)을 열 개의 장(十章)으로 나누었는데, 열 개의 장을, 기본적으로 경을 차례대로 해설한 것으로 관점을 세우고 나니까, 전혀 그 차서가 들어맞질 않았다. 그래서 『예기』 속의 「대학」 구본(舊本)의 배열을 바꿀 필요가 생겨났다. 다시 말해서 십장(十章)의 장 구분 자체가 재배열을 위해 필요한 작업이었다. 그러나 기본적으로 이러한 재배열 작업, 그리고 경전(經傳)체제조차도 주희의 독창적 작업이 아니라, 정명도와 정이천의 작업을 계승한 것이다.

주희의 전 재배치, 진확(陳確)의 비판

명도와 이천의 두 "개정대학改正大學" 텍스트를 잘 살펴보면 주희의 작업의 구조가 그 둘을 종합하여 완성한 결과라는 것을 알 수가 있다. 그리고 주희 자신이 이러한 작업과정의 진실을 숨기지 않는다. 아주 짤막한 멘트이지만 주희 작업의 기나긴 여정이 잘 마무리되어 있다. 전(傳) 열개의 장이 시작되는 곳에 다음과 같은 멘트가 있다.

> 구본(『예기』 「대학」)에 퍽이나 많은 착간이 있으므로, 이제 정자께서 정(定)한 것을 따르고, 또 다시 경문(經文)을 자세히 살펴 별도로 차례를 만들기를 다음과 같이 하였다.
>
> 舊本頗有錯簡, 今因程子所定, 而更考經文, 別爲序次如左。

그러나 이러한 논의가 매우 그럴듯하게 보이지만 독자들은 이것은 단지 주희의 논리일 뿐이라는 사실을 항상 염두에 두어야 한다. 주희는 남송의 사상가이며, 조선의 사상가가 아니다. 12세기 사상가이며

21세기의 사상가가 아니다. 조선인에게는 조선인의 문제의식이 있어야 하고, 21세기에 사는 우리에게는 오늘의 문제의식이 있어야 한다. 명말청초 왕부지(王夫之, 1619~1692)와 동시대의 사람으로 유종주(劉宗周)의 문하생인 진확(陳確, 츠언 취에, Chen Que, 1604~1677)이 『대학변大學辨』에서 주장하는 바, 주희가 경전(經傳)체제를 말하면서, "개蓋"(아마도, perhaps)라는 표현을 쓴 것은 『대학』이 공자와 증자의 작품이라는 것에 대한 확신이 전혀 없었다는 심층의식을 나타낸 것일 수도 있다(蓋孔子之言, 而曾子述之…). 또 진확은 한나라 때 『예기』가 성립한 이후 송에 이르기까지 천여 년 동안 단 한 사람도 『대학』이 공자·증자의 서(書)라는 것을 말한 적이 없다고 말한다. 뿐만 아니라 정주이래 자기의 시대에 이르기까지 500년 동안 단 한 사람도 『대학』이 공자·증자의 서(書)라고 명료히 말한 사람이 없다는 것이다. 그렇다면 1500년 동안 정주를 빼놓고는 단 한 사람도 진실한 학자가 없었다는 말인가? 하고 반문한다. 그는 『대학』과 『중용』을 『예기』로 되돌려야 하며, 송명유자들이 주장하는 성리(性理)의 자질구레한 언어들을 잘라내고, 정주를 쪼아 갈아 없애버림으로써 공맹의 바른 모습을 회복시키고, 학인들을 송학의 무거운 울타리로부터 해방시키며, 인간의 양심을 속박으로부터 해탈시켜야 한다고 강변한다.

경·전으로 나누어야 할 하등의 이유 없다

나 도올 역시 『대학』을 경전체제로 나누어 보아야 할 하등의 이유가 없다고 생각한다. 주희의 문제의식은 『대학』이라는 텍스트를 바라보는 바른 틀이 될 수가 없다. 그는 강렬한 도통의식 때문에 『대학』의 경에 해당되는 부분을 "공자의 말"로서까지 승격시킴으로써 『대학』이라는 텍스트에 정통 경전의 권위(authority와 authenticity)를 부여하고자 했을 뿐이다.

옛 중국인들이 문장을 쓸 때, 앞대가리에 매우 함축적인 내용을 먼저 쓰고, 그 뒤로 그 내용을 부연하는 여러 가지 다양한 문학장르를 활용하는 방식의 논술은 매우 보편적인 양식에 속하는 것이었다. 그것이 반드시 경·전의 형태로 정확히 나뉘어야 할 필요도 없고, 또 전에 해당되는 논술이나 설화가 반드시 경문의 조목의 순서대로 나열되어야 할 하등의 이유가 없다. 지금 "몽따쥬montage"라는 개념을 이해한다면 옛 사람들이 몽따쥬의 편집방식을 이해 못했으리라고 생각하는 것은 소아병적 발상이다. 자기들이 말하고자 하는 메시지의 느낌을 극대화하기 위해서 그들은 온갖 방식을 동원할 줄 알았다. 『예기』「대학」의 모습은 있는 그대로 가장 자연스럽게 해석이 될 뿐이다. 그 텍스트에 가위질을 하는 것은 조금도 그 텍스트의 원의를 발현시키는 데 도움을 주지 못한다.

이정(二程)의 재배치와 주희의 재배치

우선 이정(二程)이 어떻게 『대학』 텍스트를 재배열했는가를 알아보자! 그러나 이 문제에 관하여서는, 텍스트를 정확하게 암송하고 있지 않은 독자들에게는 나의 설명방식이 잘 이해되기 어려울 것이다. 이

정과 주자의 텍스트 재배치에 관하여서는 후학 중에서 우리말로 매우 치밀한 논문을 써주는 사람이 나타나기를 기대해본다. 단지 여기서는 그 대강의 모습만을 전하겠다. 우선 문제가 되고 있는 『대학』 텍스트를 장별로 나누어 번호를 매겨보면 다음과 같다.

충남 아산牙山의 맹씨행단孟氏杏壇 고택古宅
여말·선초의 청백리로 유명한 맹사성(孟思誠, 1360~1438)이 살았던 곳이다. 원래 이 고택은 고려 충숙왕 17년(1330) 2월 무민공武愍公 최영 장군의 부친인 최원직崔元直이 건축하였는데 최영 장군도 여기서 살았다. 위화도 회군으로 최영이 죽음을 당하자 맹사성의 아버지 맹희도孟希道가 난을 피하여 비어있던 이 집에 은거하였다. 맹사성은 최영 장군의 손서孫壻이다. 이 고택은 정면 4칸 측면 3칸의 공工자형 평면 집으로 중앙 2칸에 커다란 대청이 있다. 그 왼쪽과 오른쪽에 큰 온돌방이 있는 홑처마 맞배지붕 건물인데 고려민가양식을 엿보게 하는 귀한 자료이다. 맹사성은 『태종실록』의 편찬을 감수하였는데 『실록』이 완성되자 세종이 한번 보고자 하였다. 맹사성은 사관史官의 정도를 지키기 위하여 완강히 거절하니 세종이 따랐다. 이는 후세의 전범이 되었다. 소를 즐겨 탔는데, 소 타고 지나다니면 아무도 그가 재상인 줄을 알지 못하였다. 아무리 벼슬이 낮은 사람이 찾아와도 문간에서 읍하고 맞아들여 상석에 앉혔다. 돌아갈 때에도 공손하게 배웅하고 손님이 말을 탄 연후에나 들어갔다. 맹사성은 음악에 조예가 깊어 악기를 손수 만들어 탔는데, 이 고택에 앉아있으면 맹사성의 거문고소리와 문생들의 강講하는 소리가 들리는 듯하다.

일련번호	禮記大學本文	朱子章句	
A	大學之道 — 則近道矣	經一章	(三綱領)
B	古之欲明明德 — 未之有也		(八條目)
C	此謂知本, 此謂知之至也	傳五章(補傳)	(釋格物致知)
D	所謂誠其意者 — 必誠其意	傳六章	(釋誠意)
E	詩云瞻彼淇澳 — 沒世不忘也	傳三章後半	(釋止於至善)
F	康誥曰克明德 — 皆自明也	傳一章	(釋明明德)
G	湯之盤銘曰 — 無所不用其極	傳二章	(釋新民)
H	詩云邦畿千里 — 與國人交止於信	傳三章前半	(釋止於至善)
I	子曰聽訟 — 此謂知本	傳四章	(釋本末)
J	所謂修身 — 此謂修身在正其心	傳七章	(釋正心修身)
K	所謂齊其家 — 不可以齊其家	傳八章	(釋修身齊家)
L	所謂治國 — 此謂治國在齊其家	傳九章	(釋齊家治國)
M	所謂平天下 — 辟則爲天下僇矣	傳十章	(釋治國平天下)
N	詩云殷之未喪師 — 亦悖而出		
O	康誥曰惟命 — 驕泰以失之		
P	生財有大道 — 以義爲利也		

정명도, 정이천, 주희 3인의 배열방식을 비교해보면 다음과 같다.

禮記大學	A·B·C·D·E·F·G·H·I·J·K·L·M·N·O·P
程明道	A·F·G·H·B·C·D·J·K·L·M·E·I·N·O·P
程伊川	A·B·I·C·F·G·H·D·J·K·L·M·E·O·N·P
朱熹	A·B·F·G·H·E·I·C·D·J·K·L·M·N·O·P

『예기대학』으로 말하자면, A·B·C를 경문으로 놓고, 그 이하를 전(傳)으로 보아 전의 재배열에 정당성을 부여한 최초의 사상가는 정명도라고 할 수 있다. 그러니까 경전체제를 최초로 만든 사람이 정명도이고, 주희는 명도의 체제를 보다 철저히 밀고 나갔다는 것을 알 수 있다. 주희는 문제가 되는 C를 경문에서 빼버리고, 그 중 "차위지본此謂知本"은 연문으로 간주하고(정이천의 설을 따름), "차위지지지야此謂知之至也"만을 가지고 그 유명한 격물치지보전(格物致知補傳)을 만들었는데(보전은 전5장傳五章이 되었다), 정명도는 B와 C를 분리시키지 않고 원문 그대로 C까지를 경문으로 간주하였다. 그러나 정명도에서 특이한 것은 A(3강령)와 B·C(8조목) 사이를 벌려 그 사이에 3강령, 즉 명명덕(F), 친민(G), 지어지선(H)의 해설에 해당되는 F·G·H를 끼워 넣은 것이 특색이라고 할 수 있다. 그러나 B와 C를 분리시키지 않은 것, 그리고 C 다음에 바로 성의(誠意)의 해석에 해당되는 D가 연접되도록 한 것은 『예기대학』의 원래 모습에 충실하려 했음을 알 수 있고,

또 『대학』의 핵심을 "치지격물"로 보지 않고 "성의"로 보았다는 것을 알 수 있다. 이천만 해도 C에 대하여 주자처럼 특별한 의미를 부여하지는 않았으며 C를 I와 연접시켰다. I와 C를 연접시키면 "차위지본此謂知本"이 두 번 연속되므로 하나는 연문(衍文)이 될 수밖에 없다. 그리고 "차위지본此謂知本"의 "차此"가 구체적인 지시체를 갖게 되므로 보다 문맥상 순하다고 생각했다. 정이천은 경전체제에 관해서는 엄밀한 관념이 없었을 수도 있다. 그리고 이천은 지(知)와 행(行)을 동시에 중시하는 "지행병진론知行並進論"의 입장을 취한 데 반해, 주희는 "지知"의 행에 앞서는 독자적인 성격을 강조하는 "지선행후설知先行後說"의 입장을 취했기 때문에 C를 독립시켜 치지격물보전을 만들었다고 볼 수 있다.

명도는 행(行) 중심, 이천은 지(知)·행(行)을 같이 강조, 주희는 지(知) 중심

대체적으로 볼 때, 정명도는 "성의誠意"를 중심으로 『대학』 텍스트를 생각했고, 정이천은 명도보다는 "치지격물致知格物"에 보다 강도 높은 관심을 보이고 있다. 『대학』의 텍스트상에서 지행의 문제를 말하면 "치지격물"은 지(知)의 문제가 되고, "정심성의"는 행(行)의 문제가 된다. 명도는 행을 강조하였고 이천은 행과 지의 변증법적 관계를 말하였고 주희는 보다 지의 독자성을 강조하였다고 볼 수 있다.

명도明道	이천伊川	주희朱熹
행선行先	지행병진知行並進	지선知先

그러나 상기의 3인 『대학』 배열표를 보면 A(3강령)·B(8조목)을 중심적 문장으로 보고, F·G·H, D·J·K·L·M, N·O·P를 그것의 부연으로 보는 데는 3자가 일치하고 있다. 단지 주희는 H와 E를 하나로 묶어 그것이 모두 "지어지선止於至善"을 해석하는 것으로 보았는데, H의 78자가 "지어지선"의 해석으로 보는 것에는 별 무리가 없으나, E의 135자까지 "지어지선"의 해석으로 보는 것은 확연히 무리가 있다. 쉬 후우꾸안 선생은 E는 "일시개이수신위본壹是皆以修身爲本"의 해석으로 보아야 할 것이라는 견해를 제출하고 있다(『中國人性論史』296).

하여튼 이와 같이 복잡한 텍스트의 문제는 독자들이 텍스트에 즉하여 고민해야 할 문제이며, 내가 여기서 개설하는 것만으로는 그 충분한 의미가 잘 전달되지 않을 것이다. 『대학』이라는 텍스트의 변용과정 그 자체가 이렇게 『대학』이라는 텍스트를 바라보는 시각과 결부되어 있다는 것을 인지하는 것으로 족하다.

제7장: 왕양명의 고본대학론

왕양명의 "집주본대학" 부정: "고본대학" 천명

주희의 텍스트 변형에 대하여 가장 강렬한 항변을 한 사람은 명나라 때의 사상가 왕양명(王陽明, 왕 양밍, Wang Yang-ming, 1472~1528)이었다. 그의 전 철학체계가 주희의 "격물치지" 개념을 부정하는 것으로부터 출발하고 있기 때문에 주희의 격물론을 정당화시키는 "개정대학改正大學"을 그는 수용할 수 없었다. 주희의 학문은 원대(元代)를 지나 명대(明代)에 이르르면 이미 절대적인 권위를 확보하였고, 관학화되어 과거시험의 텍스트가 된다. 영락대제가 3대전을 만들 때 주희의 『사서집주』와 그 집주 이후에 발전한 "신주新注"들을 모아 『사서대전』이라는 엄청난 앤톨로지를 만들었는데, 이미 『사서대전』 속에서 『대학』과 『중용』의 판본을 확정지웠기 때문에 『오경대전五經大全』에 포함된 『예기대전』에서는 『대학』과 『중용』 두 편을 아예 삭제해버렸다. 따라서 사람들은 『중용』과 『대학』의 원래모습이 『사서집주』 속의 『중용』『대학』 모습인 것처럼 착각하게 되었고, 『예기』 속에 있던

『중용』제31과 『대학』제42, 두 편의 존재조차도 망각하게 되었다. 과거시험을 볼려면 철저히 『대전』판으로만 공부를 했어야 했기 때문이다. 따라서 왕양명이 『사서집주』판 『대학』을 부정한 것은 당시 사람들에게는 크나큰 충격이었다. 현재 학계에서 『예기』 속의 『대학』을 "고본대학古本大學"이라고 부르는데 이 말 자체가 왕양명의 신조어이며, 그 이전에는 존재하던 말이 아니었다. 주자학은 절대적인 학문이었고, 주희 판본 이외에 어떤 다른 판본의 경전을 상정한다는 것은 생각키도 어려운 문제였다. 따라서 왕양명이 주희의 "집주대학"을 뛰어넘어 "고본대학"에로의 회귀를 선언한 것은 매우 혁명적인 사건이었다. 그것은 근세유학사에 하나의 획을 긋는 일대 에포크였다. 장구(章句)의 조작도 허용될 수 없다. 보전(補傳)의 날조도 사라져라. 신민(新民)도 친민(親民)으로 되돌려라! 주자에 위배되는 것만 벌벌 떨면서, 공자에게 반기를 드는 것은 아무렇지도 않게 생각하는 그런 어리석은 오류는 더 이상 용납될 수 없다(無乃重於背朱而輕於叛孔已乎? 『傳習錄』卷二, 「答羅整庵少宰書」).

주희의 한계: 그 진취성을 보장해 줄 과학이 부재

주희의 "치지격물"론에서 가장 핵심적인 문제상황은, "격"의 대상인 "물物"이 어디까지나 "리理"의 주체로서 인식되고 있다는 사실이다. 사마광이 "물"을 "외물外物"로서 외재화시키고, 인욕(人欲)을 야기시키는 도덕적 타락의 원인으로 규정하여 한어(扞禦)의 대상으로만 파악한 것은 그의 보수적인 정치입장과 관련성이 있다. 나 이외의 외물의 세계를 도덕적 타락으로 간주하는 보수적 태도에 비하면, 정이천이 "물物"을 "리理"의 주체로 파악하여 그것을 탐구의 대상으로 삼은 것은, 객관적 세계에 대한 존중과 함께 그 객관적 세계의 발전적 이법을 중시하는 진취적 태도에서 기인한 것이다. 주희는 이러한 이천의 태도를 극단적으로 발전시켰다. 격물의 물은 부정적인 도덕적 대상이 아니라, 객관적 이법의 담지자로서 나의 주관 속의 관념을 넘어서서 새로운 지식을 끊임없이 제공하는 "물리物理"인 것이다. 아무리 "명덕明德"이 선천적인 내면적 덕성의 가능태이지만 그것은 격물의 과정을 통하여서만 완성되는 것이다. 밝은 덕(明德)은 저절로 밝아지는 것(明)이 아니라 격물치지의 과정을 통하여서만 밝아질 수 있는 것이다. 이러한 주자의 입장은 매우 객관주의적이며, 주지주의적이며, 진보적이다. 그러나 주자가 격물치지를 통하여 소기하고자 하는 이러한 진취적 입장은 실제로 관철될 길이 없었다. 물리(物理)를 탐구할 수 있는 물리학이 없었기 때문이다. 자연과학이란 결국 우리 환경세계, 즉 물의 세계를 법칙적으로 파악할 수 있도록 사상(事象)을 일반화시키는 논리의 문제이다. 이 일반화(generalization)의 논리는 연역적일 수밖에 없으며, 연역적 사유는 수리(數理)를 빌리지 않을 수 없다. 고등수학이 준비되어 있지 않은 곳에서 르네상스시대 이래의 근세과학은 탄생될 길이 없었다. 중국에는 경험과학과 기술은 있으나 연역적 사유의 이론과학이 부족했다. 실천이성은 발달되었으되 사변이성이 부족했고, 근대적 사유는 성숙했으나 그 사유를 떠받쳐줄 수 있는 근대적 과학이 결손되어 있었다. 주희의 물(物)에 대한 관심이 자연과학적 관심이 아니었다 할지라도, 주희는 광범위한 인간의 사태에 관하여(인간의 생활, 행동, 마음까지도 주희는 "물物"로 본다) 어떤 객관적·사회과학적 법칙을 찾기를 원했을 것이다. 인간을 도덕적으로 정당하게 만들 수 있는 광범위한 물의 법칙의 이해를 요청하고 있었다. 그러나 주희의 "격물"에 대한 이러한 진지한 요청은 남송의 군주제도 하에서, 그리고 갈릴레오·뉴튼과 같은, 전혀 중세기의 인간들과는 질적으로 다른 지식계급의 형성이 이루어지지 않았기 때문에 또다시 경학의 테두리로 후퇴하지 않을 수 없었다. 즉 격물의 물이 누구도 알지 못했던 새로운 사실의 발견이 아니라, 경서(經書)에 쓰여져있는 사태로서의 물이 되어버리고 마는 것이다.

예수의 그리스도화, 주희의 주자화

격물이 또다시 경전의 공부가 되고 말면, 인간의 지식의 추구는 지극히 제한된 사물의 인식이 되며, 그것은 고전이나 전통의 속박을 벗어나는 창조적 활동이 되기가 어렵다. 예수가 그리스도가 되면서 역사적 예수의 바이탤리티가 상실되었듯이, 주희(朱熹)는 주자(朱子)가 되면서 그 학문이 소기하였던 활기를 다 잃어버리고 구약적 세계로 다시 후퇴해버리고 만 것이다.

물리(物理)는 심리(心理)다: 지행합일의 변증법

주자학이 관학화된 시대적 환경을 배경으로 왕수인(王守仁: 왕양명의 이름)은 격물의 물이 물리(物理)가 되면, 심(心)과 물(物)이 격절되어 물이 인간주체로부터 떨어져 나가기 때문에 아무런 의미가 없는 물이 되고 만다는 반론을 제기했다. 궁극적으로 물리(物理)는 심리(心理)가 될 수밖에 없다고 왕수인은 생각했던 것이다. 주희는 심(心)에 대해서도, 인심(人心)과 도심(道心)의 구분을 견지했기 때문에, 심 전체에 대하여 다짜고짜 리(理)를 부여할 수 없었다. 그러나 왕양명은 심의 주체적 통일을 주장했으며 강렬한 지행합일(知行合一)의 변증법을 제시했다.

치지(致知)는 객관적 탐구가 아니라 치양지(致良知)일 뿐이다

주희의 격물이 결국 경전공부가 되고 만다면, 경전의 사태를 이해하는 것은 결국 나의 마음의 도덕적 자각이기 때문에 물의 리(物之理)가 결국 심의 리(心之理)라는 양명의 주장은 주자학에 대한 반동이라기보다는 주자학의 논리를 현실적으로 심화시킨 내성적 통찰일 수도 있다. 따라서 "격물치지"에 있어서 주희가 어디까지나 "격물"의 참신성을 강조한데 반해, 왕양명은 "치지"의 근원성을 강조했다. "치지"는 격물을 통해서 달성하는 것이 아니라, 내 마음에 이미 구유되어 있는 선험적 능력인 "양지良知"의 발현이라고 생각했다. 주희는 "치지"의 "지知"를 어디까지나 "지식知識"(후천적으로 습득되는 분별적 앎의 축적)으로 생각했지만, 왕양명은 "지"를 선험적 "양지良知"로 생각한 것이다. 그러니까 "치지"는 "치양지致良知"가 된다. 주희의 "치지致知"의 "치致"는 "극대화한다推極"라고 해석되어 전체적으로 "후천적 지식을 극대화한다"라는 의미가 되지만, 왕양명의 "치지"는 선험적 명덕(明德)의 본체인 양지(良知)를 발양시킨다(致)는 의미가 되어버린다. 양지는 심(心)의 본체이며 타물의 힘을 빌리지 않고도, 그 자체로써 선·악을 인식하고 물사(物事)의 정(正)·부정(不正)을 판단한다. 따라서 격물이란 치지에 부속되는 사태이며 그것은 지리멸렬한 궁리(窮理: 객관적 탐색)가 아니라, 양지가 발현되어 물사를 바르게 하는 것이다.

"격물格物"의 "격"은 "정正," 즉 "바르게 한다"이다

그래서 "격물"의 "격格"을 주희가 "이른다至"라고 한데 반하여 양명은 "바르게 한다正"라고 훈(訓)하게 되는 것이다. 조금 맥락은 다르지만 결국 사마광의 격물론으로 후퇴한 느낌이 든다. 사마광의 격물이 소극적인 한어(扞禦)인데 반해 왕수인의 격물은 적극적인 발현이기는 하지만, 결국 양자가 물을 도덕적 범주 내에 묶어 놓았다는 것이다. 그리고 치지의 의미가 치양지가 되면 치양지의 실내용은 "정심성의"의 차원으로 격상되지 않을 수 없기 때문에 왕수인은 격물치지보다는 정심성의를 보다 본질적인 『대학』의 핵심으로 파악했다고 볼 수 있다. 그에게 있어서 앎은 함의 시작이며, 함은 앎의 완성이었다. 그에게 있어서 지행합일이라는 것은 지와 행이 하나의 등식으로 일치하는 등가이론이 아니라, 매우 격렬한 삶의 실천 속에서 일어나는 변증법적 과정이었다. 그래서 함과 앎은 항상 동시에 중요하지만 함이라고 하는 실천의 전제가 없이 학문은 무의미했다: "천하의 학문을 다 통틀어도 행(行)을 하지 아니 하면서 학문이라고 말할 수 있는 것이라고는 없다. 그러니 학문의 첫 시작이 이미 행(行)일 뿐이다. 盡天下之學無有不行而可以言學者, 則學之始固已卽是行矣。『傳習錄』中, 答顧東橋書." 이러한 지행합일의 변증과정에서 보다 중요한 것은 주체의 내면적 결단이며, 그것은 결국 정심성의의 문제가 되고 만다. 성인이 되고자하는 마음가짐, 그 의지가 양명에게는 가장 핵심적 과제상황이었던 것이다.

왕양명의『대학』해석은 텍스트비평 아닌 주관적 철학의 발현

그러나 과연 양명의『대학』해석이 주희의 해석에 비해 보다 "고본대학"이라는 텍스트에 충실한 해석일까? 양명의『대학』해석은 기실 텍스트 자체에 즉해서 말한다면 주희의 것에 못미치는 것일 수도 있다. 그가 "고본대학"의 문제를 제기한 것은 "고본"이라는 엄밀한 텍스트 자체에 관한 경학적 관심 때문이 아니라, 단지 자신의 주관적 견해를 정당화하기 위한 구실에 불과하다. "겨格"을 "정正"이라고 훈한 것은 "지至"라고 한 주희의 훈보다도 더 근거가 없는 임의적 해석이다. 엄밀한 학문적 입장에서 주희와 수인을 같은 차원에서 비교하기는 어렵다. 우리나라에서는 조선왕조를 통하여 주자학 절대주의가 판을 쳤기 때문에, 가냘픈 싹이라도 양명학의 흐름이 엿보이면 그 흐름에 대해 매우 긍정적인 시각을 보이는 경향이 있다. 현금의 조선사상사 연구가들에게는 양명학에 대한 막연한 동정이나 동경이 있는 것이다. 장유(張維, 1587~1638), 최명길(崔鳴吉, 1583~1647)을 거쳐 하곡(霞谷) 정제두(鄭齊斗, 1649~1736)에 이르러 그 절정에 이르렀다는 양명학의 줄기는 전혀 양명학의 본질과는 거리가 멀다. 그것은 단순히『전습록傳習錄』이나 그의 문집류에 나타나는 사상결구를 주자학적 논리에 대한 대안 내지는 심학(心學)적인 성리학논리의 심화로 보는 매우 이론적인 수용일 뿐 양명학이 명대역사에서 가지는 강렬한 사회적 맥락을 옮겨놓고 있질 못하다. 주자학은 분명한 하나의 학구적 이론체계이지만 양명학은 본시 이론이 아니다. 그것은 이론이 아니라 실천이며 사회적 운동이며 일종의 대중혁명과도 같은 것이다. 주희는 매우 차분한 문인학자였지만, 수인은 아주 정열적인 군인이었으며, 군사전략을 전문으로 공부한 탁월한 실전의 장수였다. 우리나라『선조실록』에도 "양명으로 하여금 오늘의 일을 경략하게 하면 왜적을 소탕할 수 있으리라"는 말이 나오는데 양명의 생평에 관한 정확한 인상을 전하는 말이다. 양명은 과거에서 장원급제를 한 아버지 용산공(龍山公) 왕화(王華) 때문에 중앙권력과 가까이 할 기회가 많았지만 그는 생애를 통하여 일관되게 "성인"이 되고자 하는 종교적 열망에 불타 있었던 열렬한 수도인이었다. 그리고 자기가 깨달은 바를 남에게 전파하는 전도의 사명을 가지고 있었으며 또 조직적으로 학생을 가르치고 그들로 하여금 자신의 대각(大覺)을 전파하도록 했다. 그러니까 양명학은 주자학과는 근원적으로 성격이 다른 것이다.

양명학은 결코 육상산 심학의 계승이 아니다

양명학을 육상산의 이론을 계승한 심학의 한 유파로 보는 것은 매우 피상적인 치졸한 견해이다. 왕양명의 사상은 그가 처한 명대 사회의 계층적 변화 구도 속에서 독자적인 문제의식을 가지고 천착한 결과로 태동된 참신한 사상운동이라는 것을 알아야 한다. 그는 "성인이 되고자 하는 열망"을 사(士)라고 하는 사대부 지배계급의 전유물이라는 의식으로부터 해방시켜, 농·공·상의 모든 계층으로 확산시켰다. "길거리에 깔린 사람이 모두 성인"이라고 말하는 그는 보편적 양지(良知)를 지닌 모든 인간들이 그들이 처한 천하의 모습에 대하여 같이 책임이 있다고 보았다. 그만큼 비천한 필부까지도 사회질서의 구성원으로서 자리매김된다고 보았기에 배움이란 모든 사람에게 쉽게 이해되고 실천될 수 있는 것이어야 했다. 성인이란 배워서 달성될 수 있는 것이며, 그것은 인간내면에 고유한 양지(良知)의 발현으로 이루어지는 것이므로 육경(六經)의 도움을 굳이 필요로 하지 않는 것이다. 여기서 주자학의 사대부 엘리티즘의 모든 아성은 무너져버리는 것이다. 사실 상인계급이 새로운 사회주도계급으로 성숙하지 못한 조선양반사회에서 양명학이 수용되지 못한 것은 너무도 당연한 것이다. 양명이 수용될 수 있는 사회적 기반이 없었던 것이다. 양명학에 대한 논의는 양명학 연구가들에게 남겨두기로 하고, 수인의 「대학고본서大學古本序」와 「대학문大學問」이라는 두 개의 문장은 『대학』 해석사에 있어서 매우 중요한 글이므로, 또 한국학계에 별로 소개된 바 없어 여기 우리 말로 옮기어 놓는다.

제8장: 왕양명「대학고본서大學古本序」역주

大學古本序 戊寅

大學之要, 誠意而已矣。誠意之功, 格物而已矣。誠意之極, 止至善而已矣。止至善之則, 致知而已矣。正心, 復其體也; 修身, 著其用也。以言乎己, 謂之明德; 以言乎人, 謂之親民; 以言乎天地之間, 則備矣。

대학고본서 무인년(1518) 간행

『대학』의 요체는 "성의誠意"에 있을 뿐이다. 성의의 공(功)은 "격물"일 뿐이다. 성의의 극치는 지선(至善)에 이르는 것이다. 지선에 이르는 법칙이 "치지"일 뿐이다. 심을 바르게 한다(正心)는 것은 심의 본체를 회복한다는 것이다. 몸을 닦는다(修身)는 것은 몸의 생명력을 드러나게 한다는 것이다. 자기에 대하여 말할 때는 "명덕明德"이라 일컫고, 타인에 대하여 말할 때는 "친민親民"이라 일컫고, 천지지간에 대하여 말할 때는 모든 것이 구비된다.

沃案 왕수인은 당시 위세등등했던 환관 유근(劉瑾)을 쫓아내라고 요구하여 황제의 비위를 거스른 두 관리, 대선(戴銑)과 박언휘(薄彦徽)의 수감을 비판하는 상소를 올렸다가 환관 유근의 분노를 샀다. 왕수인은 이러한 정의로운 행동에 대하여 최악의 대가를 치르게 된다. 그는 약 두 달 동안 하옥되었다가 황제를 알현하는 방에서 고위관리들이 지켜보는 가운데 공개적으로 40대의 곤장을 맞는 치욕을 겪는다. 40대의 곤장이 얼마나 지독했는지 양명은 혼절하고 말았다. 나중에 소생은 되었지만 건강이 심한 손상을 입었을 뿐 아니라 그의 정신적 곤욕이라는 것은 이루 형언할 수 없는 것이다. 그는 이러한 정의로운 행동을 통해서 용기있게 실천하는 삶의 모습을 깊게 체험하였으며, 사회의 모든 이스태블리쉬먼트의 가치관의 그릇됨을 내면으로 확인하였다. 그리고 관료로서의 삶에 대한 일말의 동경도 지니지 않게 되었다. 이때 그의 나이 35세였다. 양명은 34세 때부터 경사(京師)에서 강학을 시작했고, 정식으로 학생을 받고 있었다. 학생들에게 양명의 이러한 모습은 말뿐만이 아닌, 자기희생을 무릅쓰고 행동하는 지성의 모범을 보여주었다. 실제로 양명은 두 달 동안의 감옥 생활을 통해 죽음이 닥칠지도 모른다는 공포 속에서 처절한 정신적인 사투를 겪었다.

왕양명의 생애에 있어서 대오(大悟)의 계기

때는 무종(武宗) 원년이었는데 새로 등극한 황제는 14살밖에 안된 어린아이였고 오락을 아주 좋아하였으며 알랑거리는 환관들의 영향

권 하에서 놀아났다. 명나라는 태조 주원장이 의심이 많아 재상제도를 폐지했고 또 제위를 찬탈한 영락제가 밀정정치를 강화하기 위하여 환관을 대폭 늘렸고, 황제 개인의 에너지가 박약할 때는 황제 문서가 모두 환관의 손에서 놀아났기 때문에 환관의 전횡이 가장 극심한 왕조였다. 양명은 귀주(貴州)의 용장(龍場)으로 유배되었다. 그는 묘족(苗族) 등 말도 통하지 않는 원주민과 밀림과 독충이 우글거리는 용장이라는 낯선 환경에서 "양명소동천陽明小洞天"이라는 암자에 거하게 되었는데, 바로 이곳 암자에서 어느날 밤 그는 홀연히 "격물치지의 뜻"을 대오(大悟)하는 체험을 얻게 된다. 자정 무렵 잠 못이루고 뒤척이고 있을 때 갑자기 그는 누군가 자기에게 격물에 관하여 이야기하는 목소리를 듣는 것처럼 느꼈다. 부지불식간에 그는 큰소리로 외치며 자리를 박차고 벌떡 일어섰다. 시중드는 사람들도 모두 놀랐다. 이때 양명은 생애 처음으로 다음의 사실을 깨달았다. 성인의 길은 나의 본성에 이미 스스로 구족되어 있는 것이다. 리(理)를 밖에 있는 사물에서 구하는 것은 잘못된 것이다. 그리고 곧 자기가 외우고 있는 오경(五經)의 말들을 되씹어 깨달은 바를 증험하여 보니 들어맞지 아니 하는 것이 없었다. 그래서 『오경억설五經憶說』을 지었다(忽中夜大悟格物致知之旨, 寤寐中若有人語之者, 不覺呼躍, 從者皆驚。始知聖人之道, 吾性自足, 向之求理於事物者誤也。乃以默語五經之言證之, 莫不吻合, 因著五經憶說。『年譜』37세).

『고본대학』을 출판할 때 양명이 처했던 삶의 상황

37세 때 용장에서의 이 대오의 체험이야말로 중국철학사의 한 기념비적 사건이 되었다. 『대학고본』을 출간하게 되는 것은 이로부터 10년 후인 47세 때의 사건이었다. 그는 45세 때 도찰원좌첨도어사(都察院左僉都御史)에 임명되었고, 강서(江西)·복건(福建)·광동(廣東)·호광(湖廣) 4성의 순무(巡撫: 지방총독)가 되었으며, 강서성의 감주(贛州)에 시정부(施政府)를 연다(1517년 1월 16일). 십가패법(十家牌法: 열 집을 한 패로 조직하여 동적洞賊들의 동태를 살피는 정보조직으로 활용하고, 적을 은닉하면 열 집이 연좌로 처벌 받는다)을 행하고 민병(民兵)을 모집하여 무술이 탁월하고 담력이 출중한 용맹한 사람들로 구성된 특수진압부대를 만들어 유적(流賊)의 소탕에 나서 닥치는 대로 다 제압해버렸다. 이렇게 군통솔자로서 유적들을 다 진압하면서도 그런 지역에 근원적인 문제가 교육의 부재에 있다고 생각하여 사학(社學)을 흥립(興立)하고 이풍역속(移風易俗)의 도덕적 훈회(訓誨)를 개도(開導)하여 점차 예양(禮讓)의 아름다운 풍속을 형성시켜 주었다. 그리고 1518년 7월에는 『고본대학古本大學』을 각하였는데 여기 번역하는 텍스트는 바로 그가 각한 『고본대학』의 서문이다.

그는 용장(龍場)에 있을 때 이미 주자의 『대학장구』가 성문(聖門)의 본지(本旨)가 아니라고 생각하여 "고본"을 손수 기록하여 두고두고 복독(伏讀)하고 정밀하게 사유를 거듭한 결과, 비로소 성인의 학문은 본래 간이(簡易)하고 명백(明白)한 것이라는 확신을 갖게 되었다. 『대학』은 단지『예기』의 한 편으로서 전체가 하나로 되어 있으며, 원래 경·전의 구분이 없었다. "격치格致"도 본시 "성의誠意"에 근본을 둘 때에만 의미를 가지는 것이며, 그 자체로서 독립될 성격이 아니니 보(補)해야 할 전(傳)이 원래 없는 것이다. "성의"를 주체로 삼아 "치지격물"의 공효를 말할 뿐이니 한 글자도 더 더할 필요가 없다(先生在龍場時, 疑朱子大學章句非聖門本旨, 手錄古本, 伏讀精思, 始信聖人之學本簡易明白。其書止爲一篇, 原無經傳之分。格致本於誠意, 原無缺傳可補。而誠意爲主, 而爲致知格物之功, 故不必增一敬字。『年譜』47세).

이 해(戊寅) 7월『고본대학』을 각한 후에, 그 말썽많은『주자만년정론朱子晚年定論』을 각하였다. 그리고 8월에는 문인 설간(薛侃)으로 하여금『전습록傳習錄』을 각하게 하였다. 9월에는 염계서원(濂溪書院)을 보수하였고, 10월에는 향약을 실시한다.

대학의 요체는 성의에 있다

「대학고본서大學古本序」의 첫머리에서 이미『대학』의 추요(樞要)가 "성의誠意"에 있다는 것을 밝히고 있다. "격물"에서 "지지선止至善"까지가 모두 성의라는 개념과 관련된 것임을 밝히고 있다. "즉비의則備矣"라는 표현은『주역』「계사」하에 있다.

是故至善也者, 心之本體也。動而後有不善, 而本體之知, 未嘗不知也。意者, 其動也。物者, 其事也。至其本體之知, 而動無

不善。然非卽其事而格之, 則亦無以致其知。故致知者, 誠意之本也。格物者, 致知之實也。物格則知致意誠, 而有以復其本體, 是之謂止至善。聖人懼人之求之於外也, 而反覆其辭。舊本析而聖人之意亡矣。是故不務於誠意而徒以格物者, 謂之支; 不事於格物而徒以誠意者, 謂之虛; 不本於致知而徒以格物誠意者, 謂之妄。支與虛與妄, 其於至善也遠矣。合之以敬而益綴, 補之以傳而益離。吾懼學之日遠於至善也, 去分章而復舊本, 傍爲之什, 以引其義。庶幾復見聖人之心, 而求之者有其要。噫! 乃若致知, 則存乎心; 悟致知焉, 盡矣。

그러므로 지극한 선(至善)이라고 하는 것은 사람의 마음의 본체(本體)이다. 그것이 동(動)한 후에나 불선(不善)이 있게 되는 것이다. 그러니까 본체의 앎(知)이라는 것은 모르는 것이 없는 온전한 것이다. 의(意)라고 하는 것은 마음이 동하는 상태를 일컫는다. 물(物)이라고 하는 것은 보다 넓은 의미에서의 사(事)이다. 본체의 앎을 발현하면, 동하여도 선하지 않음이 없다. 그러나 구체인 사물에 즉하여 격(格)하지 않으면 지(知)를 발현시킬 도리가 없다. 그러므로 "지를 발현시킨다"(致知)고 하는 것은 성의(誠意)의 근본이며, 격물이라고 하는 것은 치지(致知)의 결실이다. 물(物)이 격하게 되면, 앎이 발현되고, 의(意)가 성실하게 되며, 또한 우리의 마음이 그 본체를 회복하게 된다. 이것을 일컬어 "지선에 이른다止至善"라고 한 것이다(沃案. "지지선"도 주관주의적으로 해석해버렸다). 성인께서는 사람들이 이것을 밖에서 구하는 것을 두려워하여, 그 말씀을 반복해서 하시었다. 『예기』의 원래 구본(舊本)을 갈기갈기 찢어놓는 바람에 성인의 뜻이 사라지고 만 것이다(沃案. 주희의 장구를 비판하는 말이다). 그러므로 성의에 힘쓰지 아니 하고 쓸데없이 격물에 집착하는 것을 지리멸렬하다(支)고 일컫는다. 격물에 종사치 아니 하고 오직 성의에만 매달리는 것을 허황되다(虛)고 일컫는다. 치지에 근본하지 아니 하고 쓸데없이 격물성의만 말하는 것을 망령되다(妄)고 일컫는다. 지리멸렬하고, 허황되고, 망령된 자세는 지극한 선(至善)으로부터 너무 거리가 먼 것이다. 이런 오류들을 합하여 경(敬)의 공부로써 한다 한들 쓸데없이 점점 복잡해지기만 하고, 보충한다 하여 전(傳)을 날조하니 점점 원래모습에서 멀어지기만 할 뿐이다. 나는 학문이 본래의 지선으로부터 날로 멀어지는 것을 두려워한다. 그래서 분장을 없애버리고 구본을 회복하며, 옆에다가 약간의 주석을 보태어 그 뜻이 이해되기 쉽도록 하였다. 성인의 마음을 다시 볼 수 있게 하고 본질을 추구하는 자들이 그 핵심을 얻게 하였다. 아! 치지(致知)라는 것은 결국 내 마음에 존(存)하는 것이다. 치지를 이해하면 모든 것은 다 해결된다(沃案. 결국 "치양지"로 귀결시켰다).

沃案 "합지이경이익철合之以敬而益綴"이라는 말이 좀 어려울 수 있는데 역시 부정적인 함의를 내포하는 것으로 해석되어야 할 것 같다. 주희는 "격물"에 대해서도 "경"의 공부를 게을리하면 그 진짜 핵심을 놓칠 수 있다고 경고한다. 이것은 정이천이 말한 "함양수용경涵養須用敬, 진학즉재치지進學則在致知"라는 유명한 구절을 답습한 것이다. 주희는 말한다: "학자의 공부는 오로지 거경(居敬)과 궁리(窮理) 두 사태에 있다. 이 두 사태는 서로를 발현시킨다. 궁리를 잘할 수 있으면 거경공부가 날로 진보하고, 거경을 잘할 수 있으면 궁리공부가 날로 치밀해진다. 學者工夫, 唯在居敬窮理二事。此二事互相發。能窮理, 則

居敬工夫日益進; 能居敬, 則窮理工夫日益密。"(『語類』卷第九, 廣錄).

그리고 또 말한다: "주경과 궁리는 두 개 같지만 기실은 한 근본이다. 主敬窮理雖二端, 其實一體。"

또 말한다: "지경은 궁리의 근본이다. 사물의 이치를 명백하게 규명하면 마음을 기르는 데 큰 도움이 된다. 持敬是窮理之本, 窮得理明, 又是養心之助。"(『語類』卷第九, 夔孫錄). 그리고 또 치지(致知)와 경(敬), 극기(克己), 삼사(三事)를 일가(一家)에 비유하여, 경은 대문깐을 지키는 사람이고, 극기는 도둑을 막는 행위이고, 치지는 집안의 구조와 밖에서 들어오는 물건들을 잘 살피는 것이라 했는데, 왕양명은 이러한 "경敬"의 공부도 결국 소극적인 방어의 문제이며, 도덕적 엄격주의의 소치이므로 별로 달갑게 생각하지 않는다. 그래서 경(敬) 운운해봐야 괜히 쓸데없는 것만 더 늘어놓은 꼴이라 하여 "첨철"이라고 말한 것이다. 앞단의 주석에서『연보』에 있는 말에, "경 한 글자도 보탤 필요가 없다 不必增一敬字"라고 했는데 바로 이러한 양밍의 생각을 단적으로 표현한 것이다. 이 짧은 서문 하나만으로도 양명학의 대강을 짐작할 수 있다.

"방위지십傍爲之什"의 "십"은『시경』의 아(雅)와 송(頌)이 10편씩 묶여서 한권을 이루는 데서 온 말인데, 여기서는 "주석"을 의미한다.

제9장: 왕양명「대학문大學問」역주

大學問

吾師接初見之士, 必借學庸首章以指示聖學之全功, 使知從入之路。
師征思、田將發, 先授大學問, 德洪受而錄之。

"大學者, 昔儒以爲大人之學矣。敢問大人之學何以在於明明德乎?"

陽明子曰: "大人者, 以天地萬物爲一體者也, 其視天下猶一家, 中國猶一人焉。若夫間形骸而分爾我者, 小人矣。大人之能以天地萬物爲一體也, 非意之也, 其心之仁本若是, 其與天地萬物而爲一也。豈惟大人, 雖小人之心亦莫不然, 彼顧自小之耳。是故見孺子之入井, 而必有怵惕惻隱之心焉, 是其仁之與孺子而爲一體也。孺子猶同類者也。見鳥獸之哀鳴觳觫, 而必有不忍之心焉, 是其仁之與鳥獸而爲一體也。鳥獸猶有知覺者也。見草木之摧折而必有憫恤之心焉, 是其仁之與草木而爲一體也。草木猶有

生意者也。見瓦石之毀壞而必有顧惜之心焉,是其仁之與瓦石而
爲一體也。是其一體之仁也。雖小人之心亦必有之。是乃根於天
命之性,而自然靈昭不昧者也,是故謂之明德。小人之心旣已分
隔隘陋矣,而其一體之仁猶能不昧若此者,是其未動於欲,而未
蔽於私之時也。及其動於欲,蔽於私,而利害相攻,忿怒相激,則
將戕物圮類,無所不爲,其甚至有骨肉相殘者,而一體之仁亡矣。
是故苟無私欲之蔽,則雖小人之心,而其一體之仁猶大人也。一
有私欲之蔽,則雖大人之心,而其分隔隘陋猶小人矣。故夫爲大
人之學者,亦惟去其私欲之蔽,以自明其明德,復其天地萬物一
體之本然而已耳。非能於本體之外而有所增益之也。"

대학문

우리 스승께서 처음 만나는 선비들을 만나 가르치실 때는 반드시 『대학』과 『중용』의 수장(首章)을 빌어 성학(=유교)의 전체 공력을 드러내시어 사람들로 하여금 성학으로 제대로 들어가는 길을 알게 하시었다. 선생님은 광서(廣西)의 사은부(思恩府)와 전주(田州)의 폭도들을 정벌하러 떠나려 하실 때에 먼저 『대학문』을 가르치셨다. 문제(門弟) 전덕홍(錢德洪, 치엔 떠훙, Qian De-hong, 1496~1574: 호는 서산緖山)이 이를 받아 기록하였다.

"『대학』이라고 하는 것은 지난날의 유자가 대인의 배움(大人之學)으로 생각하였던 것입니다(沃案. 여기 석유昔儒는 주희이다. 주희가 "大學者, 大人之學也"라고 주해한 것을 의식하고 있다). 감히 묻겠습니다만 대인의 배움이 어찌하여 명덕을 밝히는 데(明明德) 있다고 할 수 있는 것이오니이까?" 양명자께서 말씀하시었다: "대인(大人)이라고 하는 것은 천지만물과 한 몸이 된 사람이다. 그는 천하를 일가(一家)처럼 바라보고, 중국을 한 사람과 같이 여긴다. 인간의 형해(形骸) 하나도 갈갈이 찢어벌려 생각하고, 이 '나'라는 몸덩어리 하나도 나누어 생각하는 자는 소인(小人)이다. 대인이 능히 천지만물과 더불어 일체가 된다고 하는 것은 인위적으로 의도하여 그렇게 된 것이 아니라, 그 마음에 내재하는 인(仁)이 본래 그러한 것으로, 자연스럽게 천지만물과 더불어 하나가 되는 것이다. 어찌 오직 대인만이 그러하랴! 소인의 마음(小人之心)이라도 또한 그러하지 아니 할 수가 없는 것이다. 그들은 그들 스스로 자신들의 마음을 작게 만들 뿐이다. 그러하므로 유자(孺子: 어린아이)가 우물로 기어들어가는 것을 보면 반드시 출척(怵惕)하여 측은한 마음이 발현되지 않을 수 없는 것이니, 이것은 그 인한 마음이 유자(어린아이)와 한 몸이 되기 때문이다. 유자(어린아이)는 나와 류(類)를 같이하는 존재이다(沃案. 『맹자』 「공손추상」).

새나 짐승이라도 죽음을 앞두고 슬피 울며 두려워 벌벌떠는 모습을 보면 반드시 차마 어찌 할 수 없는 마음(不忍之心)이 생겨나는 것이니, 이것은 그 인한 마음이 새·짐승과 더불어 한 몸이 되기 때문이다. 새·짐승도 지각이 있는 존재이다(『맹자』 「양혜왕상」). 초목이 꺾이고 잘리는 것만 보아도 반드시 민휼(憫恤: 안됐다고 슬피 여김)한 마음이 생겨나게 마련이니, 이것은 그 인한 마음이 초목과 더불어 한 몸이 되기 때문이다. 초목 또한 생명의 의지를 가진 존재(有生意者)이다. 개와나 돌이 부서지고 훼손되는 것만 보아도 반드시 아까운 마음이 생겨나는 것이니, 이것은 그 인한 마음이 개와나 돌과도 한 몸이 되기 때문이다. 이런 것들도 다 한 몸의 인(一體之仁)이다. 소인의 마음이라 할지라도 이 인을 반드시 가지고 있는 것이다. 이것은 하늘이 명한 본성(天命之性)에 뿌리박고 있는 것이며, 스스로 그러하여 영험스럽고 밝아 어둡지 아니 한 것(靈昭不昧者)이다. 그래서 이를 일컬어

'명덕'이라고 한 것이다. 소인의 마음은 이미 나뉘어 막히고, 협애하여 고루하나, 그 한 몸 된 인이 아직은 이와 같이 어둡지 아니 하면, 아직 욕심에 동하지 아니 하고 또 사사로움에 물들지 않은 상황도 얼마든지 있다. 그러나 욕심에 동하게 되고, 사사로움에 덮이게 되어, 이해가 상공(相攻)하고, 분노가 상격(相激)하면, 주변의 사물을 다 해치고 동류의 인간까지도 훼손시키며 못하는 짓이 없어지고, 심지어는 골육(骨肉)까지도 상잔(相殘)케 되는 것이니, 이렇게 되면 한 몸의 인은 다 사라지고 마는 것이다. 그러므로 사욕의 덮임(私欲之蔽)만 없다면 비록 소인의 마음이라도 그 한 몸의 인은 대인과 같다고 말할 수 있다. 그러나 일단 누구든지 사욕에 물들어버리면 대인의 마음이라 할지라도 그 분격애루(分隔隘陋)함이 소인보다 나을 바가 없다. 그러므로 대저 대인의 배움을 행하는 자는 또한 그 사욕의 덮임을 제거함으로써 스스로 그 밝은 덕을 밝히고, 천지만물과 일체 되는 그 본연을 회복할 뿐이다. 마음의 본체 이외로 또다시 증익(增益)할 바가 있는 것이 아니다."

沃案 "대학문大學問"은 "『대학』에 관하여 묻다"라는 뜻이다. 이것은 가정(嘉靖) 6년, 1527년 여름에 쓰여진 것이다. 때는 왕양명의 나이 56세, 그 이듬해로 양명은 세상을 뜬다. 아주 완숙한 경지를 나타내는 작품이며, 제목으로 보아 주희의 『대학혹문大學或問』을 의식하여 저술된 것이다.

서산 전덕홍에 관하여

서산(緒山) 전덕홍(錢德洪)은 절강성 여요(余姚)의 사람인데 왕룡계(王龍溪, 왕 룽시, Wang Long-xi, 1498~1583: 이름은 기畿, 자는 여중汝中)와 더불어 왕문(王門)의 쌍벽으로 불리운다. 왕양명과 전·왕 사이에서 이루어진 "천천교문답天泉橋問答"이 유명한데, 이것도 바로 「대학문」이 쓰여지고 난 다음, 사(思)·전(田)의 난을 평정하러 떠나기 전날 밤에 일어난 사건이다. 전덕홍은 매우 돈독한 성격의 소유자로서 왕양명의 작품을 후세에 전하는 데 지대한 공헌을 했다.

대인지학(大人之學)

「대학문」은 「대학고본문大學古本問」으로도 불려지는데 결코 『대학』 본래의 텍스트에 즉한 해석이라고 말할 수는 없지만, 왕양명이라는 사상가의 웅혼한 정신을 잘 나타내주는 명문장으로써 『대학』을 통해 발현된 시대정신을 우리에게 전해주는 동시에, 『대학』의 이면에 깔린 어떤 심층의 정신을 드러내고 있다. 대인을 천지만물과 한 몸이 된 "일체지인一體之仁"의 존재로서 접근하는 그의 우주론적 스케일은 범아일체적이다. 또 오늘날 토목공사로써 천지만물을 함부로 파괴하는 천박한 자본주의 논리에만 충실한 세계 정치인·기업인들에게 던지는 경종의 언사라고 해야 할 것이다. 대인을 말하면서도 소인과의 이분(bifurcation)을 말하지 않는 그의 논리는 주자학보다는 훨씬 더 보편주의적 인간관을 가지고 있다는 것을 말해주고 있다.

曰：" 然則何以在親民乎？"
曰：" 明明德者, 立其天地萬物一體之體也； 親民者, 達其天地萬物一體之用也。故明明德必在於親民, 而親民乃所以明其明德也。是故親吾之父, 以及人之父, 以及天下人之父, 而後吾之仁實與吾之父人之父與天下人之父而爲一體矣; 實與之爲一體, 而後孝之明德始明矣! 親吾之兄, 以及人之兄, 以及天下人之兄, 而後吾之仁實與吾之兄人之兄與天下人之兄而爲一體矣; 實與之爲一體, 而後弟之明德始明矣! 君臣也, 夫婦也, 朋友也, 以至於山川鬼神鳥獸草木也, 莫不實有以親之, 以達吾一體之仁。然後吾之明德始無不明, 而眞能以天地萬物爲一體矣。夫是之謂明明德於天下, 是之謂家齊國治而天下平, 是之謂盡性。"

묻는다: "그렇다면 무엇을 가지고써 친민(親民)에 있다고 말한 것이오니이까?"

양명자께서 말씀하시었다: "명명덕(明明德)이라 하는 것은 천지만물일체(天地萬物一體)의 체(體: 근본, 본질)를 세우는 것인데 비하여, 친민(親民)이라고 하는 것은 천지만물일체의 용(用: 관계론적 기능, 효용)을 달성하는 것이다. 그러므로 명명덕(明明德)은 친민에 있어서 비로소 그 효용이 드러나는 것이며, 친민(親民)은 우리가 왜 그 밝은 덕을 밝혀야 하는지(明其明德), 그 왜를 가르쳐준다. 그러므로 먼저 나의 아버지를 친하게 함으로써 남의 아버지에게 미치고 또 천하사람들의 모든 아버지에 미친다. 이렇게 한 후에 비로소 나의 인(仁)함이 실제로 나의 아버지와 타인의 아버지와 천하사람들의 아버지와 더불어 일체(一體)가 되는 것이다. 실제로 더불어 일체가 되는 체험을 하고난 후에야 비로소 효(孝)의 명덕이 밝아지게 되는 것이다.

나의 형을 먼저 친하게 함으로써 타인의 형에게 미치고 또 천하사람들의 형에게 미친다. 이렇게 한 후에 비로소 나의 인함이 실제로 나의 형과 타인의 형과 천하사람들의 형과 더불어 일체가 되는 것이다. 실제로 더불어 일체가 되는 체험을 하고난 후에야 비로소 제(弟: 우애로움)의 명덕이 밝아지게 되는 것이다.

군신의 문제에 있어서도, 부부의 문제에 있어서도, 붕우의 문제에 있어서도, 그리고 산천·귀신·조수·초목의 문제에 이르기까지 실제로 친해져서 나의 일체의 인(一體之仁)을 달성해야 하는 것이다. 그리고 난 후에야 나의 명덕(明德)이 밝지 아니 함이 없다는 것을 깨닫게 되며 진실로 능히 천지만물과 일체가 되는 것이다. 대저 이것을 일컬어 '명명덕어천하明明德於天下'라고 한 것이며, 또한 '집안이 고르게 되고, 나라가 다스려지며, 천하가 평온하게 된다 家齊國治而天下平'라고 말한 것이다. 이것이 바로 인간이 자기의 본성을 다 발현한다(盡性)라고 하는 것이다."

沃案 여기 핵심적 주제는 "친민親民"의 문제인데, 주희가 이천이 "친민"을 "신민新民"으로 바꾸어 해석해야 한다고 주장한 것을 충실히 계승한 것에 반대하여 양명은 "친민"으로 되돌려 해석하고 있다. 얼핏 생각하면 "친민"은 위정자가 백성을 어여삐 여겨 친하게 대한다는 식의 하향식 통치를 말하는 것 같고, "신민"은 "백성을 끊임없이 새롭게 만든다"라는 뜻이 되어 매우 과정철학적이고 또 개혁지향적인 이념이 들어있는 것처럼 보일 수도 있다. 그러나 실상은 그 반대다. 주희는 어디까지나 관료사대부를 민중 위에 군림하는 책임있는 지도나 교화의 주체로 놓고 그들의 입장에서 민을 새롭게 만드는 것이 "신민"이라고 보는 것이다. 그러나 양명은 그러한 "신민"의 사상

은 주지주의적이고 권위주의적인 분별심의 오류라고 보고 있다.

친민의 참뜻

양명은 오히려 민중 속에서 우러나오는 지도자야말로 진정한 지도자이며 학문의 담당자라고 생각한다. 그래서 민중에 군림하는 것이 아니라, 다시 말해서, 그들을 타자화하여 그들을 새롭게 만드는 것이 아니라, 민중 속에서 민중과 일체 즉 한 몸이 되어 민중의 내재적 도덕성을 유발시키는 것이 "친민"의 참뜻이라고 주장한다. 『전습록傳習錄』 하(황성증록黃省曾錄)에 있는 다음과 같은 말들은 이러한 양명의 입장을 단적으로 나타내주고 있다: "필부필부와 더불어 같은 지평에 서는 것을 동덕이라 하고, 필부필부와 더불어 다른 지평에 서는 것을 이단이라고 한다. 與愚夫愚婦同的是謂同德, 與愚夫愚婦異的是謂異端。" "너희들은 성인을 간판으로 내세워 일반인들에게 학문을 강론하기 때문에, 그들은 성인이 무서워서 다 도망가버리고 만다. 이렇게 하면 도대체 어떻게 강학이 가능할 수 있겠는가! 너희들 자신이 스스로 필부필부가 되어야만 비로소 사람들과 더불어 학문을 강론할 수 있게 되는 것이다. 你們拏一個聖人去與人講學, 人見聖人來, 都怕走了, 如何講得行? 須做得個愚夫愚婦, 方可與人講學。"

나의 명덕(明德)의 본질을 천지만물과 일체됨으로 파악하여 그 일체됨 속에서 나의 부모, 나의 형, 나의 모든 오륜의 대상 및 산천귀신 조수초목과 인(仁)한 교감·소통을 하는 것을 "친민親民"이라고 간파하는 것이다. 이러한 친민이야말로『중용』에서 말하는 "진성盡性"의 실내용이다.

曰:"然則又烏在其爲止至善乎?"
曰:"至善者, 明德親民之極則也。天命之性, 粹然至善, 其靈昭不昧者, 此其至善之發見。是乃明德之本體, 而卽所謂良知也。至善之發見, 是而是焉, 非而非焉。輕重厚薄, 隨感隨應, 變動不居, 而亦莫不自有天然之中, 是乃民彝物則之極, 而不容少有議擬增損於其間也。少有擬議增損於其間, 則是私意小智, 而非至善之謂矣。自非愼獨之至, 惟精惟一者, 其孰能與於此乎? 後之人惟其不知至善之在吾心, 而用其私智以揣摸測度於其外, 以爲事事物物各有定理也, 是以昧其是非之則, 支離決裂, 人欲肆而天理亡, 明德親民之學遂大亂於天下。蓋昔之人, 固有欲明其明德者矣。然惟不知止於至善, 而騖其私心於過高, 是以失之虛罔空寂, 而無有乎家國天下之施, 則二氏之流是矣。固有欲親其民者矣, 然惟不知止於至善, 而溺其私心於卑瑣, 是以失之權謀智術, 而無有乎仁愛惻怛之誠, 則五伯功利之徒是矣。是皆不知止於至善之過也。
故止至善之於明德親民也, 猶之規矩之於方圓也, 尺度之於長短也, 權衡之於輕重也。故方圓而不止於規矩, 爽其則矣; 長短而不止於尺度, 乖其劑矣; 輕重而不止於權衡, 失其准矣。明明德親民, 而不止於至善, 亡其本矣。故止於至善以親民, 而明其明德, 是之謂大人之學."

묻는다: "그렇다면 또한 어떻게 하는 것이 지선에 이른다(止至善)는 것을 실천케 하오나이까?"
양명자께서 말씀하시었다: "지선(至善)이라고 하는 것은 명덕(明德)과 친민(親民)의 극상의 준칙(極則)이다. 하늘이 명한 본성(天命之性)이라는 것은 순수하고 지극히 선하여 영소불매(靈昭不昧: 영험스럽고 밝아 어둡지 않다)한 것이니, 이것이야말로 지선(至善)의 발현(發見)이다. 이것이 곧 명덕(明德)의 본체(本體)이니, 내가 말하는 양지(良知)라는 것이 바로 이것을 두고 하는 말이다. 지선의 발현이라고 하는 것은 옳은 것을 어김없이 옳다 하고, 그른 것을 어김없이 그르다 하는 것이다. 가볍고 무겁고, 두텁고 얇은 것이 모두 상황에 따라 알맞게 감응하면서 또 끊임없이 변하면서 하나의 상태로 고집부리고 머물러 있질 않는다. 그리하여 천연 그대로의 중도(天然之中)에 어긋남이 없으니, 이것이야말로 백성들이 항상스럽게 의존하는 사물법칙의 지극한 것이며, 또한 그 사이에 어떠한 의심이나 증손(增損: 더하고 뺀다. 타협)도 허용되지 않는다. 조금이라도 그 사이에 의심이나 증손이 있다면 그것은 사적인 의도나 사소한 꾀가 개입된 것이니 지선(至善)이라 말할 수 없는 것이다. 신독의 지극함(愼獨之至), 그리고 유정유일(惟精惟一: 순임금이 우에게 제위를 주면서 하는 말이다. 인심·도심의 이야기가 나오고 오직 정하고 오직 일하여 그 중도를 잡으라 人心惟危, 道心惟微, 惟精惟一, 允執厥中 고 말한다. 정밀하고 한결같다는 뜻이다) 함이 아니라면 그 누가 감히 이와 더불어 할 수 있으리오? 후대의 사람(沃案. 주희를 가리킨다. 구체적으로는 주희의 『대학혹문』에 "能知所止, 則方寸之間, 事事物物, 皆有定理矣"라고 한 것을

비판하고 있다)이 오직 그 지선(至善)이 내 마음(吾心) 속에 있다는 것을 깨닫지 못하고 사사로운 지혜를 동원하여 밖의 세계를 추론하고 억측하고 사사물물(事事物物)이 제각기 다 정해진 이치(各有定理)를 가지고 있다고 주장하게 되었으니, 이로써 시비의 기준(是非之則)이 흐려지고 지리결렬(支離決裂: "지리멸렬"과 같은 말. 심학계열에서 주희의 격물사상을 비판할 때 항상 동원하는 술어)하여져서, 인욕(人欲)이 방자하게 풀어지고 천리(天理)가 망하여, 명덕(明德)과 친민(親民)의 위대한 학문조차도 이에 천하에 대란(大亂)케 되었다. 대저 지난 사상가들 중에서도 본시 밝은 덕을 밝히고자 했던 괜찮은 사람들도 있었다. 그러나 단지 지선에 이른다(止於至善)고 하는 그 핵심적 의미를 파악하지 못해, 사심(私心)을 과도하게 높게 발현시키고 허망공적(虛罔空寂)한 데 빠져버려 가·국·천하의 베품에 아무런 도움을 줄 수 없는 이론이 되고 말았으니 이것이 바로 정명도·정이천의 유폐(流弊)이다. 그리고 또한 백성들을 친하게 하고자 하는 괜찮은 사람들도 있었다. 그러나 단지 지선에 이른다고 하는 그 핵심적 의미를 파악하지 못해, 사심을 비천하고 하찮은 데 빠지게 하고 권모지술(權謀之術)에 놀아나 인애측달(仁愛惻怛)의 성(誠)에 아무런 도움을 주지 못했으니, 오백(五伯: 『맹자』「고자」하에 나오는 오패五霸를 말한다. 五霸者, 三王之罪人也。 조기趙岐는 오패를 제환齊桓·진문晋文·진무秦繆·송양宋襄·초장楚莊으로 보았다)과 같은 공리의 무리(功利之徒)가 바로 이에 해당된다. 이것은 모두 지어지선(止於至善)을 모르는 허물이다. 그러므로 지지선(止至善)의 명덕(明德)·친민(親民)과의 관계는, 콤파스·곡척의 원·사각형과의 관계와 같고, 자의 길이(長短)와의 관계와 같고, 저울의 무게(輕重)와의 관계와 같다. 원이나 사각형을 그리려 하면서 콤파스·곡척에 의존하지 않으면 법칙에 어그러지고, 길이를 재려고 하면서 자에 의존하지 않으면 그 정확함에서 빠그러지고, 무게를 재려고 하면서 저울에 의존하지 않으면 그 기준을 상실한다. 명덕을 밝히고 백성을 친하게 하면서 지선(至善)에 의존하지 않으면 그 근본을 잃어버리게 되는 것이다. 그러므로 지선에 이름으로 해서 백성을 친하게 하고 그 명덕을 밝히는 것, 이것을 일컬어 대인의 배움(大人之學)이라고 하는 것이다."

沃案 『대학』 3강령 중에서 제일 마지막에 해당되는 "지어지선止於至善"의 "지止"는 "그치다" "이르다" "의존하다"는 뜻이 있는데 그 자세한 의미는 내가 본문해설할 때 다시 논하겠다. 전체적으로 보면, 무엇을 목표로 매진하여 달성한다는 뜻이 있다. 나는 "지어지선"을 보다 사회적 맥락에서 해석하는데, 왕양명은 그것을 철저히 인간의 내면적 순수함, 즉 천명지성(天命之性)의 수연지선(粹然之善: 순수하여 지극히 선함)으로 해석하고 있다. 주희의 해석과 실제적으로는 크게 차이나지 않는다.

曰: "知止而后有定, 定而后能靜, 靜而后能安, 安而后能慮, 慮而后能得, 其說何也?"
曰: "人惟不知至善之在吾心, 而求之於其外, 以爲事事物物皆有定理也, 而求至善於事事物物之中, 是以支離決裂、錯雜紛紜, 而莫知有一定之向。今焉旣知至善之在吾心, 而不假於外求, 則志有定向, 而無支離決裂、錯雜紛紜之患矣。無支離決裂、錯雜紛紜之患, 則心不妄動而能靜矣。心不妄動而能靜, 則其日用之間,從容閑暇而能安矣。能安, 則凡一念之發, 一事之感, 其爲至善乎? 其非至善乎? 吾心之良知自有以詳審精察之, 而能慮矣。能慮則擇之無不精, 處之無不當, 而至善於是乎可得矣。"

묻는다: "'도달함이 있은 후에 정(定)함이 있고, 정한 후에 고요할 수 있고, 고요해진 후에 편안할 수 있고, 편안해진 후에 사려할 수 있고, 사려한 후에 얻을 수 있다'라고 『대학』에 말했는데 이에 대한 선생님의 해설은 무엇이오니이까?"

양명자께서 말씀하시었다: "사람들은 오직 지선(至善)이 내 마음(吾心)에 내재한다는 것을 깨닫지 못하고, 그것을 밖에서 구하면서, 사사물물(事事物物)이 다 정해진 이치(定理)가 있다고 생각한다. 그리고 어리석게도 지선을 사사물물 속에서 구하려고 하니 이렇게 되면 지리결렬해지고, 착잡분운(錯雜紛紜: 엉크러져 무질서해지고 말이 많아짐) 해지니 일정한 방향이 있을 수 없게 된다. 그러나 내 설에 의하자면, 이미 지극한 선이 내 마음 안에 있다는 것을 알게 되므로 밖에서 구할 하등의 필요가 없게 됨으로 그 뜻(志)이 일정한 방향을 갖게 된다. 그래서 지리결렬함이나 착잡분운의 걱정이 없어지게 된다. 지리결렬함과 착잡분운의 걱정이 없어지게 되면 마음이 망동(妄動)하지 않아 능히 고요해질 수 있다. 마음이 망동치 아니 하고 능히 고요하게 되면, 일용지간(日用之間)에 종용한가(從容閑暇: 느긋하고 여유로움)해져서 능히 편안해진다. 능히 편안해지면 무릇 한 순간의 생각의 발출이나 한 사건의 감회가 지극히 선할까, 지극히 선하지 않을까를 내 마음의 양지가 스스로 상심정찰(詳審精察: 상세히 심사하고 정밀하게 살핌)할 수 있게 되니 능히 사려가 깊게 된다. 사려가 깊게 되면 그 선택함이 정밀치 아니 함이 없고, 사태를 처리함이 마땅치 아니 함이 없으니

이에 지선(至善)이 얻어지게 되는 것이다."

沃案 "지지이후유정知止而后有定"의 논리를 끌어내는 방식이 독특하다. 그리고 마지막의 "득得"을 "지선을 얻는다得至善"로 본 것도 양명다운 특이한 해석이다. 고주(古注)인 정주(鄭注)는 "득"을 "사물의 마땅함을 얻는다 得, 謂得事之宜也"라고 풀이하였다.

曰: "物有本末: 先儒以明德爲本, 新民爲末, 兩物而內外相對也。事有終始: 先儒以知止爲始, 能得爲終, 一事而首尾相因也。如子之說, 以新民爲親民, 則本末之說亦有所未然歟?"
曰: "終始之說, 大略是矣。卽以新民爲親民, 而曰明德爲本, 親民爲末, 其說亦未爲不可, 但不當分本末爲兩物耳。夫木之幹, 謂之本; 木之梢, 謂之末。惟其一物也, 是以謂之本末。若曰兩物, 則旣爲兩物矣, 又何可以言本末乎? 新民之意, 旣與親民不同, 則明德之功, 自與新民爲二。若知明明德以親其民, 而親民以明其明德, 則民[明]德親民焉可析而爲兩乎? 先儒之說, 是蓋不知明德親民之本爲一事, 而認以爲兩事。是以雖知本末之當爲一物, 而亦不得不分爲兩物也。"

묻는다: "'물(物)에는 본말(本末)이 있다'라고 『대학』에 말했는데 선유(先儒: 주희를 일컫는다)께서는 명덕(明德)을 본으로 삼고, 신민(新民)을 말로 삼아, 본과 말이 두 개의 독립된 사물이며 안과 밖으로 서

로 대립하고 있는 것처럼 말씀하셨습니다. 그리고 또 '사(事)에 종시(終始)가 있다'라고 말한 것에 관해서도, 선유께서는 지지(知止)를 시(始)로 볼 수 있고 능득(能得)을 종(終)으로 볼 수 있으니, 이 경우는 하나의 일관된 사태이며 수미(首尾)가 상인(相因)하니 시종(始終)이라 표현한 것이다라고 말씀하셨습니다. 그러나 선생님의 설에 따르자면 신민(新民)은 친민(親民)이 되어야 하므로, 본말에 관한 설명도 다르게 되어야 할 것이 아니오니이까?"(沃案. 이 질문의 내용은 주희의 『대학집주』해석과 『대학혹문』해석 두 개를 합쳐서 지시한 것이다. 『집주』에는 "明德爲本, 新民爲末; 知止爲始, 能得爲終。本始所先, 末終所後。此結上文兩節之意"라고 되어있다. 그리고 『혹문』에는 "明德新民, 兩物而內外相對, 故曰本末; 知止能得, 一事而首尾相因, 故曰終始"라고 되어있다.)

양명자께서 말씀하시었다: "주자의 해설 중에서 종시(終始)에 관한 설명은 대체적으로 괜찮다. 신민(新民)을 친민(親民)으로 되돌린다 해도, 명덕(明德)이 본(本)이고 친민(親民)이 말(末)이라는 주자의 설까지 불가라고 말할 필요는 없다. 단 본과 말을 나누어 '양물兩物'(두 개의 다른 사태)이라고 한 것은 문제가 있다. 대저 한 나무에서 뿌리 쪽을 본(本)이라 말하는 것이고 가지 끝쪽을 말(末)이라 말하는 것이다. 그러나 나무는 어디까지나 하나의 물(一物)이다. 그래서 본과 말이라고 하는 것이다. 만약 '양물兩物'이라고 말해버리면 이것은 정말 두 개의 다른 물건이 되는 것이니 어찌 또한 본말을 말할 수 있겠는가? 신민(新民)의 뜻 또한 친민(親民)과 다르게 해석해 버리면, 명덕의 공(明德之功)이 스스로 신민(新民)과 다른 별개의 사태가 되어버린다. 만약 명덕을 밝힘으로써 그 백성을 친하게 하고, 또 그 백성을 친하게 함으로써 그 명덕을 밝히게 된다는 것을 깨닫는다면, 명덕과 친민을 어떻게 갈라서 두 개로 이해할 수가 있겠는가? 선유(주희)의 설은 대저 명덕과 친민이 그 근본에 있어서 하나의 사태라는 것을 깨닫지 못했기 때문에 그것을 두 개의 사태로 간주해 버렸다. 그리하여 비록 본과 말이 당연히 하나의 물(一物)이라는 것을 알고 있으면서 부득불 나누어 양물(兩物)로 만들지 않을 수 없었던 것이다."

沃案 주희의 집주에 나타난 해석의 문구에 관한 비판으로 그렇게 대단한 내용은 없다. 본말의 문제는 3강령을 논한 경문의 제1절에 해당되고 시종의 문제는 지지(知止)에서 능득(能得)에 이르는 제2절에 해당된다. 시종을 수미일관하게 본 것은 괜찮으나 본말을 "양물兩物"이라고 말한 것은 오류라는 것이다. 그렇게 되면 명명덕과 신민이 양물이 되어버릴 수밖에 없기 때문이다. 이러한 양명의 비판을 따라가면서 주희의 장구주석을 이해하면, 주희의 입장이 보다 명료하게 읽힐 수도 있다.

曰: "古之欲明明德於天下者, 以至於先修其身, 以吾子明德親民之說通之, 亦旣可得而知矣。敢問欲修其身, 以至於致知在格物, 其工夫次第又何如其用力歟?"
曰: "此正詳言明德、親民、止至善之功也。蓋身、心、意、知、物者, 是其工夫所用之條理。雖亦各有其所, 而其實只是一物。格、致、誠、正、修者, 是其條理所用之工夫。雖亦皆有其名, 而其實只是一事。

何謂身？心之形體運用之謂也。何謂心？身之靈明主宰之謂也。何謂修身？爲善而去惡之謂也。吾身自能爲善而去惡乎？必其靈明主宰者欲爲善而去惡, 然後其形體運用者始能爲善而去惡也。故欲修其身者, 必在於先正其心也。然心之本體則性也。性無不善, 則心之本體本無不正也。何從而用其正之之功乎？

蓋心之本體本無不正, 自其意念發動, 而後有不正。故欲正其心者, 必就其意念之所發而正之。凡其發一念而善也, 好之眞如好好色；發一念而惡也, 惡之眞如惡惡臭；則意無不誠, 而心可正矣。然意之所發, 有善有惡, 不有以明其善惡之分, 亦將眞妄錯雜, 雖欲誠之, 不可得而誠矣。

故欲誠其意者, 必在於致知焉。致者, 至也, 如云'喪致乎哀'之致。易言'知至至之,' 知至者, 知也；至之者, 致也。致知云者, 非若後儒所謂充廣其知識之謂也, 致吾心之良知焉耳。良知者, 孟子所謂'是非之心, 人皆有之'者也。是非之心, 不待慮而知, 不待學而能, 是故謂之良知。是乃天命之性, 吾心之本體, 自然靈昭明覺者也。凡意念之發, 吾心之良知無有不自知者。其善歟, 惟吾心之良知自知之；其不善歟, 亦惟吾心之良知自知之；是皆無所與於他人者也。

故雖小人之爲不善, 旣已無所不至, 然其見君子, 則必厭然揜其不善, 而著其善者, 是亦可以見其良知之有不容於自昧者也。

今欲別善惡以誠其意, 惟在致其良知之所知焉爾。何則意念之發, 吾心之良知旣知其爲善矣。使其不能誠有以好之, 而復背而去之, 則是以善爲惡, 而自昧其知善之良知矣。

意念之所發, 吾之良知旣知其爲不善矣, 使其不能誠有以惡之,
而復蹈而爲之, 則是以惡爲善, 而自昧其知惡之良知矣。
若是則雖曰知之, 猶不知也, 意其可得而誠乎! 今於良知之善惡
者, 無不誠好而誠惡之, 則不自欺其良知而意可誠也已。
然欲致其良知, 亦豈影響恍惚而懸空無實之謂乎? 是必實有其事
矣。故致知必在於格物。
物者, 事也, 凡意之所發必有其事, 意所在之事謂之物。
格者, 正也, 正其不正以歸於正之謂也。正其不正者, 去惡之謂
也。歸於正者, 爲善之謂也。夫是之謂格。書言'格於上下,' '格
於文祖,' '格其非心,' 格物之格實兼其義也。良知所知之善, 雖
誠欲好之矣, 苟不卽其意之所在之物而實有以爲之, 則是物有未
格, 而好之之意猶爲未誠也。良知所知之惡, 雖誠欲惡之矣, 苟
不卽其意之所在之物而實有以去之, 則是物有未格, 而惡之之意
猶爲未誠也。
今焉於其良知所知之善者, 卽其意之所在之物而實爲之, 無有乎
不盡; 於其良知所知之惡者, 卽其意之所在之物而實去之, 無有
乎不盡。
然後物無不格, 而吾良知之所知者無有虧缺障蔽, 而得以極其至
矣。夫然後吾心快然無復餘憾而自謙矣; 夫然後意之所發者, 始
無自欺而可以謂之誠矣。故曰: '物格而后知至, 知至而后意誠,
意誠而后心正, 心正而后身修。' 蓋其功夫條理雖有先後次序之
可言, 而其體之惟一, 實無先後次序之可分。其條理功夫雖無先
後次序之可分, 而其用之惟精, 固有纖毫不可得而缺焉者。此格

致誠正之說, 所以闡堯舜之正傳而爲孔氏之心印也。"

묻는다: "'예로부터 명덕을 천하에 밝히고자 하는 자는 古之欲明明德於天下者'이라는 대목부터 '먼저 그 몸을 닦아야 하고 先修其身'이라는 대목에 이르기까지는 우리 선생님의 명덕·친민의 설로써 충분히 설명된다는 것을 이제 깨달았습니다. 그러나 감히 묻겠나이다. '그 몸을 닦고자 하는 자는 欲修其身者'이라는 대목으로부터 '치지는 격물에 있다 致知在格物'라는 대목에 이르기까지에 관해서는, 그 공부의 차제(次第: 순서)와 또한 어떤 방식으로 공부를 해야 할 것인지를 알고 싶나이다."

양명자께서 말씀하시었다: "그대가 묻는 그 대목이야말로 실상은 명덕(明德)·친민(親民)·지지선(止至善)의 공부방법을 자세히 말하고 있는 것이다. 대저 신(身)·심(心)·의(意)·지(知)·물(物)이라고 하는 것은 우리의 공부가 적용되어야 할 대상의 조리(條理: 질서)이다. 비록 제각기 그 대상의 자리가 있지만 그 실상은 단지 일물(一物)일 뿐이다. 격(格)·치(致)·성(誠)·정(正)·수(修)는 그 조리가 적용되는 공부, 그 행위과정을 나타내는 말이다. 비록 다른 이름이 있기는 하지만 그 실상은 단지 일사(一事: 하나의 이벤트)일 뿐이다.

신(身)이란 무엇인가? 그것은 심(心)의 형체이며 심이 운용(運用)되는 바탕을 일컫는 것이다. 심(心)이란 무엇인가? 그것은 몸(身)의 영명(靈明)한 측면이며 또 몸을 주재(主宰)하는 것을 일컫는 것이다. 그렇다면 수신(修身)이란 무엇인가? 그것은 선을 행하고 악을 제거하는 것을 일컫는 것이다. 그렇다면 내 몸(吾身)이 스스로 선을 행하고 악을 제거할 수 있는가? 그렇지 아니 하다. 반드시 그 영명한 주재자가 선을 행하고 악을 제거하려고 노력해야만 비로소 그 바탕이 되는 형체운용자(形體運用者)가 선을 행하고 악을 제거하게 되는 것이다. 그러므로 그 몸을 닦고자 하는 자는 반드시 먼저 그 마음을 바르게 해야 하는 것이다.

그러나 우리가 또 알아야 할 것은 심(心)의 본체는 성(性)이라는 것이다. 성이란 선하지 않음이 없는 것이니 심의 본체는 본래 바르지 아니 함이 없다. 그렇다면 도대체 어느 근거 위에서 바르게 한다고 하는 공부가 성립하는 것일까? 대저 심의 본체는 본래 바르지 아니 함이 없으나 그 심으로부터 의념(意念)이 발동하게 되면 바르지 아니 함이 있게 되는 것이다. 그러므로 그 마음을 바르게 하고자 하는 사람은 반드시 그 의념이 발동하는 사태에 즉하여 그것을 바르게 해야 하는 것이다. 대저 일념(一念)을 발동했을 때 그 일념이 선한 것이라면 그 선을 좋아하기를 참으로 아름다운 색깔을 좋아하듯이 해야하며, 일념을 발동했을 때 그 일념이 악한 것이라면 그 악을 미워하기를 참으로 악취를 미워하듯이 해야한다. 그러하면 곧 의(意)가 성실해지지 않을 수가 없고 따라서 마음도 바르게 되는 것이다.

그러나 의(意)의 발동에는 반드시 선도 있고 악도 있으니, 선과 악의 구분을 명료하게 하지 않으면, 진실과 망녕이 마구 섞이게 되어 비록 성실 케 하고자 하나 결코 성실하게 될 수 없는 것이다(沃案. 지금 이 표현은 주희의 『대학혹문』에 있는 표현이다. 그러니까 양명은 주희를 의식하면서 이 구절들을 새롭게 해석해 내려가고 있다).

그러므로 그 의(意)를 성실케 하고자 하는 사람은 반드시 치지(致知)를 해야하는 것이다. '치致'라는 것은 '이르다至'이다. 『논어』「자장」14에 '상을 당함이 지극한 슬픔에 이르게 되면 喪致乎哀'라는 표현이 있는데 이때 '치致'의 용법과도 같다. 『주역』 건괘 「문언文言」에 '이를 줄을 알아서 이것에 이른다 知至至之'라는 말이 있는데, 앞

『대학』의 바른 모습을 캐다 | 159

부분의 '이를 줄을 알아서 知至'가 바로 지(知)에 해당되고, 뒷부분의 '이것에 이른다 至之'가 치(致)에 해당된다. 치지(致知)라고 말한 것은 후세의 유자가(沃案. 주희를 가리킨다. 『대학장구』에 "推極吾之知識, 欲其所知無不盡也"라는 말을 의식하여 아래 논리가 전개된다) 이른바 그 지식을 점차 넓혀간다는 것을 일컬은 것이 아니라, 곧바로 내 마음의 양지(吾心之良知)를 발현하는 것을 일컬은 것이다. 양지(良知)라고 하는 것은 맹자가 이른바 '시비지심이란 인간이라면 누구나 다 가지고 있는 것이다 是非之心, 人皆有之'라고 한 바로 그것이다. 시비지심(是非之心)이란 사려를 기다리지 않아도 아는 것이요, 후천적 학습을 기다리지 않아도 능한 것이다. 그래서 이것을 양지(良知)라고 하는 것이다. 이것은 곧 천명지성(天命之性)이요, 오심(吾心)의 본체이며, 스스로 그러하게 영소(靈昭)하여 밝게 깨닫는 것이다. 대저 의념(意念)이 발동할 때 내 마음의 양지가 그것을 스스로 알지 못한다는 것은 있을 수가 없다. 그 발동이 선하면 내 마음의 양지가 그것을 스스로 알 수밖에 없고, 그 발동이 불선하다 해도 내 마음의 양지는 그것을 스스로 알 수밖에 없다. 이것은 진실로 타인이 간여할 건덕지가 없는 것이다.

그러므로 소인이 나쁜 짓을 할 때에 이미 안 하는 짓이 없이 다 해먹다가도 군자만 보면 계면쩍게 그 나쁜 짓을 가리고 그 선함만을 드러내려고 해도, 이는 또한 그 양지(良知)가 스스로를 속이는 일은 용납치 아니 함을 잘 보여주는 사태일 뿐이다(沃案. 이 단의 언어는 『대학』 본문 주희 장구 전6장과 관련있다. "小人閒居爲不善 … 君子·必愼其獨也"의 내용을 보라).

지금 선악을 분별하여 그 의(意)를 성실하게 하고자 하면, 이미 우리 마음에 내재하는 양지의 아는 바를 발현하는 것밖에는 도리가 없다. 왜 그러할까? 의념(意念)이 발동하는 순간에 이미 나의 마음의 양지는 그것이 선하다는 것을 즉각적으로 깨닫게 되어있다. 만약 그 순간 진실로 그 선함을 좋아하지 못하는 일이 있다고 한다면, 그리고 그 선함을 배반하여 버리는 사태가 있다고 한다면, 이것은 선을 악으로 만들어버리는 것이며, 그 선을 아는 양지(知善之良知)를 스스로 어둡게 만들어버리는 것이다. 의념(意念)이 발동하는 순간에 이미 나의 마음의 양지는 그것이 불선(不善)하다는 것을 즉각적으로 깨닫게 되어있다. 만약 그 순간 진실로 그 불선함을 미워하지 아니 하는 일이 있다고 한다면, 그리고 그 불선함을 실천하여 따르는 사태가 있다고 한다면, 이것은 악을 선으로 만들어 버리는 것이며, 그 악을 아는 양지(知惡之良知)를 스스로 어둡게 만들어버리는 것이다. 이와 같다면, 안다고 해도, 그것은 아는 것이 아니다. 의(意)가 과연 성실해질 수 있겠는가?

지금 우리 마음의 양지가 즉각적으로 판별하는 선과 악에 관하여 진실로 좋아하고 진실로 미워하지 아니 함이 없다면, 곧 우리는 우리의 양지를 기만하지 않는 것이 되며 따라서 의(意)도 성실해질 수 있는 것이다. 그러나 양지를 발현한다고 하는 것이 어찌 또한 그림자나 메아리처럼 실체가 없이 황홀하기만 하고, 허공에 붕 떠있어 아무런 열매가 없는 그러한 상태를 일컫는 것이겠는가? 양지의 발현이란 반드시 구체적이어야 하며 사물 속에 구현되어야 하는 것이다 (沃案. 이러한 구체적 물사物事의 인정이 양명학이 불교와도 또 다른 점이다. 시공의 구체성 속에서 그는 양지를 말하고 있다). 그래서 치지는 반드시 격물에 있다고 말한 것이다.

이때 물(物)이라는 것은 매우 포괄적 의미에서의 사(事: 일, 이벤트)이다. 대저 의(意)가 발동할 때에는 반드시 그 사(事)가 있다. 그리고 의(意)가 그곳에 있는 사(事)를 물(物)이라고 일컫는다. 격(格)이란 바르게 한다(正)라는 뜻이다. 바르지 않은 것(不正)을 바르게 함으로써 바름으로 되돌아가게 하는 것을 일컫는 것이다. 『서경』「요전堯典」에 '상하에 이르렀다 格于上下,'「순전舜典」에 '문조의 사당에 이르셨다 格于文祖,' 또 「경명冏命」에 '그 그릇된 마음을 바로잡는다 格其非心'이라는 용례가 있다. 격물의 격은 이 '이르다'와 '바르게 한다'의 두 가지 뜻을 같이 내포하고 있다. 양지가 즉각적으로 아는 바의 선(善)을 진실로 좋아한다 할지라도, 그 의(意)에 수반되는 구체적 사물에 즉(即)하여 실제적으로 그것을 실천하지 않으면, 물(物)은 격(格)되지 않은 것이며, 따라서 좋아한다고 하는 의(意)도 아직 성실하다 말할 수 없다. 양지가 즉각적으로 아는 바의 악(惡)을 진실로 미워한다 할지라도 그 의(意)에 수반되는 구체적 사물에 즉하여 실제적으로 그것을 제거하지 않으면, 물(物)은 격(格)되지 않은 것이며, 따라서 미워한다고 하는 의(意)도 아직 성실하다 말할 수 없다.

지금 상기의 말을 바꾸어 말하면, 양지가 아는 바의 선을 그 의(意)에 수반되는 사물에 즉하여 실제적으로 실천하면 미진함이 없다는 것이요, 또 양지가 아는 바의 악을 그 의(意)에 수반되는 사물에 즉하여 실제적으로 제거하면 미진함이 없다는 것이다. 그런 후에야 물(物)은 격(格)되지 않음이 없고, 따라서 나의 양지가 아는 바가 결손되어 있거나 장폐(障蔽)되어 있는 일이 없게 되어 그 지극함에 다다르게 되는 것이다.

대저 그런 후에나 나의 마음이 상쾌하게 되어 여한이 없어지고 스스로 만족하게 되는 것(自謙: 『대학』 본문의 말)이다. 대저 그런 후에나 의(意)의 발동하는 바가 스스로를 기만하는 일이 없어 성실하게 되는 것이다. 그러므로 말하기를, '물이 격(格)된 후에 앎이 이르게 되고, 앎이 이르게 된 후에 의(意)가 성실하게 되고, 의가 성실하게 된 후에 마음이 바르게 되고, 마음이 바르게 된 후에 몸이 닦아진다'라고 한 것이다.

대저 그 공부의 조리(身·心·意·知·物)에 관해서 비록 선후차서(先後次序)를 말할 수는 있지만, 그 체(體)는 단 하나이니(惟一: 『상서』 「대우모」의 말), 실상 그 선후차서를 나눌 수 없다. 그 조리의 공부(格·致·誠·正·修)에 관해서도 비록 선후차서를 나눌 수는 없지만, 그것을 실제로 실천하여 적용하는 관점은 매우 미묘한 것이니(惟精: 『상서』 「대우모」의 말) 털오라기라도 그 과정에 결여되는 소홀함이 있어서는 아니된다. 이상의 진술은 『대학』의 격치성정(格致誠正)의 설이야말로 요순의 바른 전승(正傳)이며 공씨(孔氏)의 가슴에 새겨진 진리(心印)임을 천명하는 것이라는 그 이유를 잘 말해주고 있다."

沃案 양명은 자기의 인생을 회고하면서 매우 간결한 어조로 다음과 같이 말한 적이 있다: "나는 평생 강학을 하였지만 그것은 단 세 글자로 요약되는 것이다: 치양지(致良知). 吾平生講學, 只是致良知三字。"(『王陽明全集』卷二十六, 續編一, 寄正憲男手墨二卷). 심학(心學)이라 하면, 그 개념이 세밀하지 않기 때문에 우리는 그 논리가 두루뭉실할 것으로 생각하지만, 양명이 "양지良知"라는 하나의 개념으로써 『대학』의 가장 핵심적 부분을 조목조목 해설해나가는 논리의 치밀성은 기존의 어떠한 사상가보다도 명료한 측면이 있다. 『대학』의 본의가 어떠하든지간에, 그 개념을 명료하게 파악하여 조금도 허튼소리가 없이 양지라는 인간의 선천적 능력을 가지고 선·악의 문제, 공부의 방법, 그 심리의 존재론적·인식론적 근거를 천착하여 유기적으로 통관하는 그

의 논리적 구성능력은 참으로 탁월하다고 할 것이다.「대학문大學問」
은『대학』해석사에 있어서 하나의 기념비적인 명문장으로 꼽힌다.

왕기의 사무설(四無說)과 전덕홍의 온건한 입장

이「대학문」이 설파된 후, 양명은 사(思)·전(田)의 반란을 진압하기 위해 떠난다. 이해 9월 초8일 전덕홍(錢德洪)과 왕기(王畿)는 양명스승의 위학종지(爲學宗旨)에 관하여 논쟁을 벌인다. 왕기는 다음과 같이 말한다:"선생님께서 지선지악(知善知惡)은 양지이고, 위선거악(爲善去惡)은 격물이라고 말씀하셨는데, 이것은 선생님의 구극적인 화두(究竟話頭)는 아니라고 본다. 先生說知善知惡是良知, 爲善去惡是格物, 此恐未是究竟話頭。"

덕홍이 물었다:"왜 그런가? 何如?"

왕기가 말하였다:"심체(心體)를 이미 무선무악(無善無惡)하다고 규정하였으니, 심체에서 발하는 의(意)도 무선무악할 것이요, 지(知)도 무선무악할 것이요, 물(物) 또한 무선무악할 것이다. 만약 의(意)가 유선유악(有善有惡)하다고 하면, 필경 인간의 심(心) 또한 무선무악할 수는 없는 것이다. 心體旣是無善無惡, 意亦是無善無惡, 知亦是無善無惡, 物亦是無善無惡。若說意有善有惡, 畢竟心亦未是無善無惡。"

사실 이러한 왕기의 사무설(四無說)이라고 불리는 이 반문은 논리적으로 타당한 측면이 있다. 이 왕기의 논리가 나중에 현성파(現性派: 즉각적으로 성인이 될 수 있다는 것을 주장하는 학파)라고 불리는 왕명좌파의 논리로 발전한 것이다. 이 왕명좌파의 논리는 명말의 사상가 이탁오(李卓吾, 1527~1602)에게까지 뻗치고 있다.

이에 대하여 전덕홍은 반론을 폈다: "심체가 원래 무선무악하다는 말은 맞다. 그러나 현실적 인간은 습염(習染)된 지가 이미 오래인지라, 심체상에도 선악이 혼재할 수 있다는 것을 깨닫고 위선거악(爲善去惡)해야만, 비로소 그 본체를 회복하는 공부라 말할 수 있다. 본체의 현실적 모습을 보고서도 단지 공부는 필요없다고 말해버리면 그것은 보기만 하는 것으로 그친 것이니 깨달음이라 말할 수 없다. 心體原來無善無惡, 今習染旣久, 覺心體上見有善惡在, 爲善去惡, 正是復那本體功夫。若見得本體如此, 只說無功夫可用, 恐只是見耳。"

전덕홍의 언급은 보다 온건한 입장으로서 현실적인 인간의 치지(致知)나 수양(修養)의 길을 강조한 것이다. 전덕홍의 입장이야말로 양명의 정통이라고 일컬어지지만 양명학은 전덕홍계열보다는 왕기계열에서 보다 발양되어 일세를 풍미하기에 이른다.

이에 왕기는 다음과 같이 말한다: "내일 선생님께서 배 타고 떠나시니깐 오늘 밤 계신 곳으로 같이 가서 이 문제를 여쭙기로 하자! 明日先生啓行, 晚可同進請問。"

왕양명의 사구종지(四句宗旨)

이날 밤 손님들이 자리를 떠난 후에 양명은 내정에 들었는데, 덕홍과 기가 정원 아래에서 기다리고 있다는 소식을 듣고 다시 나와서 천천교(天泉橋) 위로 자리를 옮기게 된다. 두 사람이 논쟁한 내용을 아뢰자 선생은 희색이 만면하여 두 사람의 입장이 서로 반대되는 것 같지만 서로 취할 것이 있다고 말한다. 결코 서로를 병(病)이 있다고 비난해서는 아니 된다(不可相病)고 말하면서 덕홍은 공부(功夫)에 강조점이 있고, 왕기는 본체(本體)에 강조점이 있다고 말한다. 그러면 그 유명한 사구종지(四句宗旨)를 선포한다: "무선무악은 심(心)의 체(體)이고, 유선유악은 의(意)의 동(動)이며, 지선지악은 곧 양지이고, 위선거악(爲善去惡)은 격물이다. 無善無惡心之體, 有善有惡意之動, 知善知惡是良知, 爲善去惡是格物."

양명 생애의 마지막 순간

다음 해, 무자(1528, 양명 57세) 2월, 양명은 끊임없는 전역(戰役)으로 지친 몸을 이끌고 사전(思田)의 난을 평정한다. 그리고 그곳에 학교를 세우고 백성들을 위로한다. 그리고 7월에는 팔채(八寨)와 단등협(斷藤峽)의 수만 명이 우글거리는 유적 소굴을 기습하여 격파시켜버린다. 팔채와 단등협은 전략상 요충지였기 때문에 그 일대의 유적이 다 무너지는 결과를 낳았다. 양명은 백성들의 신망을 얻었으므로 양명이 지휘하면 민병을 포함한 군대의 결집이 용이하였고, 전략상 요충지를 기습하여 헤드쿼터를 붕괴시킴으로 주범을 처단하여 전역기간을 단축시키고 민폐를 최소화시켰으며 중심을 잃은 힘없는 유적들은 모두 양민화시키는 아량을 베풀었다. 양명은 남방의 악천후 속에서 염독(炎毒)에 중독되어 해소와 이질이 극심하였으므로 병가를 끊임없이 요청하였으나 허락되질 않았다. 양명을 대신할 수 있는 덕망있고 전략이 탁월한 장수가 없었기 때문이었다.

양명은 11월 25일, 강서성 매령(梅嶺)을 넘어 남안(南安)에 이르렀다. 남안에서 남창(南昌)으로 가는 배를 탔는데 양명의 문인으로서 남안의 추관(推官: 절도節度·감찰監察의 양사兩使를 겸한 군사직책. 각 부府에 일인一人이 있었다)인 주적(周積)이 동반키 위해 올라탔다. 주적이 선생께 문안드리자, 선생은 일어나 앉았으나 해소천식이 그치질 않았다. 이때 선생은 천천히 입을 열었다: "그대 근래 학문에 정진함이 어떠한고? 近來進學如何?" 주적은 자기가 겪고 있는 정사(政事)로서 대답하였다. 그리고 주적은 도체(道體)가 무양(無恙)하신가 하고 여쭈었다. 그랬더니 선생은 다음과 같이 떠듬떠듬 말씀하시었다: "병세가 위극함에도 아직 죽지않고 살아있는 것은 원기가 남아있기 때문이지. 病勢危亟, 所未死者, 元氣耳。" 주적이 물러나와 의사를 데리고 와서 진맥하고 투약하였다. 사흘이 지난 28일 밤 배가 어딘가에 정박하였다. 선생은 물으셨다: "어디인고? 何地?" 시종드는 사람이 말했다: "청룡포에 도착했습니다. 青龍舖。" 그렇게 밤이 흘렀다. 이튿날 날이 개자 선생은 주적을 불러 들라 하였다. 한참을 지나고 나서 눈꺼풀을 치켜 세우고 물끄러미 주적을 바라보시더니 입을 여시었다: "내가 가는구나!

吾去矣!"주적은 호곡하며 머리를 숙이고 눈물을 떨구었다. 그리고 아뢰었다:"남기실 말씀 없사옵나이까? 何遺言?"이때 선생께서 환히 미소 지으며 말씀하시었다:"이 내 마음이 광명한데 또 다시 무슨 말을 하겠느뇨? 此心光明, 亦復何言?"그리고 잠깐 시간이 흘렀다. 그리고 눈을 감으시고 운명하시었다. 때는 1528년 11월 29일 진시(辰時)였다.

우리나라 최초의 서원 백운동서원白雲洞書院. 경북 영주시 순흥면. 주자학을 최초로 도입한 안향(安珦, 1243~1306)이 공부하였던 숙수사宿水寺 절터에 풍기군수 주세붕이 중종 37년(1542)에 세웠다. 하바드대학의 설립(1636)보다도 94년이 빠르다. 그 뒤로 퇴계 이황이 풍기군수로 재임하는 동안 국가에 사액賜額과 재정지원을 요청하여 1550년 소수서원紹修書院이라는 사액을 받았다. 국가재정지원과 하사된 서적을 확보하고 명실공이 공인된 교육기관이 되어 향후 서원들의 설립에 막대한 영향을 주었다. 퇴계의 초기 제자들은 이곳에서 배출된 것이다. 이러한 교육기관이 근대적 대학으로 발전했다면 우리나라 교육의 전통이 색다른 면모를 과시했을 것이다. 그러나 조선 후기 서원의 폐해는 실로 컸다. 좌로부터 강학당, 장서각, 학구재.

제10장: 타케우찌의 『대학』성립시기론

청유들과 나카 미찌타카의 견해

이제 우리가 할 일은 송·명 유자들의 논의를 뛰어넘어 『대학』이라는 텍스트 그 자체로 진입하는 것이다. 양명이후로도 많은 사람들이 『대학』이라는 텍스트의 재구성을 시도하였고 또 새로운 해석을 운운하였지만 결국 지류적인 췌설일 뿐, 양명의 「대학문」에서 이미 근세유학의 논리는 극점에 도달하였다고 보아야 할 것이다.

『대학』은 도대체 누가 언제 어떤 목적으로 쓴 책일까? 근자에 이 문제에 관하여 가장 설득력 있는 설을 제시한 사람은 쿄오토학파의 거장으로서 다년간 토오호쿠테이다이(東北帝大)에서 교편을 잡았던 타케우찌 요시오(武內義雄, 1886~1966)였다. 타케우찌는 청유(淸儒), 진례(陳澧, 1810~1882), 강조석(姜兆錫, 1666~1745), 육규훈(陸奎勳, 1663~1738), 유정섭(俞正燮, 1775~1840)의 다양한 견해를 종합하고, 또 일본에서 최초로 근대적 의미에서의 중국통사를 쓴 동양사학자 나카 미찌요(那珂通世, 1851~1908: 內藤湖南의 친구)의 양부(養父)이며, 모리오카한(盛岡藩) 번교(藩校)의 교수인 고로오오오(梧樓翁) 나카 미찌타카(那珂通高, 1827~1879)의 설(「大學非周人所作辨」)에 의거하여, 『대학』은 한대의 작품일 수밖에 없으며, 특히 한무제가 대학(大學)이라는 교육기관을 만들었을 때 그 교육이념을 천명한 책이라고 못박는다. 타케우찌의 설파를 직접 들어보자.

「학기」편에는 세 번 『상서』의 「열명兌命」(說命의 誤記)을 인용했고, 「대학」편에는 한 번 「태갑太甲」의 문장을 인용했는데, 이 편들은 한초에 전해진 금문상서(今文尙書) 28편 중에는 들어있지 않은 문장이었으며, 한 무제의 시대에 공벽(孔壁)으로부터 고문상서가 나오면서 다시 세상에 나오게 된 편들이다. 그러므로 이 편들을 징인(徵引)하고 있는 「학기」나 「대학」도 또한 한 무제 이후의 작품이라고 생각하지 않으면 안 된다. 그리고 「학기」「대학」양편을 채록한 『예기』의 편자인 대성(戴聖)은 선제(宣帝) 시대의 학자이므로, 이 두 편의 성립연대는 전한의 무제(武帝) 때로부터 선제(宣帝) 때에 이르는 약 100년간에 국한된다. 『한서漢書』「무제기武帝紀」찬(贊)에 다음과 같은 말이 있다: "한나라는 온갖 왕들의 폐해를 계승하였기에 한 고조는 세상의 어지러움을 제압하여 정도로 돌아가게 만들었고(撥亂反正), 문제(文帝)와 경제(景帝)는 백성들을 기르는 데 힘썼다. 그러나 옛 예문(禮文)을 계고하는 데 있어서는 부족함이 많았다. 효무제(孝武帝)가 처음 등극하자마자 결연히 백가(百家)를 파출(罷黜)하고 육경(六經)을 내세웠다. 그리고 많은 사람들의 의견을 물어 훌륭한 준재들을 발탁하여 그들과 더불어 공을 세웠다. 그리고 대학(太學)을 일으켜 교사(郊祀)를 보수하고 정삭(正朔)을 개선하고, 역수(曆數)를 정하였으며, 음률(音律)을 조화시키고, 시악(詩樂)을 지으며, 봉단(封禪)을 건립하고, 백신(百神)을 예배하여 주나라의 적통을 이었으니, 호령문장(號令文章)이 찬란하게 기술되게 되었다."

그러니까 한시대에 이르러 대학(大學)이 세워진 것은 무제(武帝)의 시대이므로, 「학기」와 「대학」이 지어진 것도 아마도 이 즈음이라고 생각된다. 다시 말해서, 「학기」는 한대에 있어서의 학교의 제도와 교육의 방법을 기술하였고, 「대학」은 대학교육의 정신이 어디에 있는가를 천명한 것으로 이 두 편은 서로 보완하며 한대의 학문과 그 이상(理想)을 규탐케 하는 좋은 자료라고 할 것이다(『學記·大學』 17~18).

이러한 타케우찌의 설은 상당히 설득력이 있으며, 1943년 이와나미문고를 통해 세상에 선보인 이래 많은 논란을 유발시켰다. 일본학계에서는 타케우찌의 설이 거의 정론(定論)인 것처럼 수용되고 있는 느낌도 없지 않지만 그것을 그렇게 시인하기에는 많은 문제점이 있다.

대학은 교육기관이라기보다는 큰 배움이라는 추상적 의제일 수도 있다

우선 『상서』의 인용에 관한 문제는 설득력 있는 논의이기는 하지만 고문상서와 금문상서의 문제 자체도 하도 이설이 많기 때문에 정밀한 시차를 가리는 기준으로 사용하기에는 결정적 단서가 된다고 말하기는 어렵다. 그리고 최대의 쟁점이 될 수 있는 것은 "대학"의 성격에 관한 문제인데, 과연 『대학』이라는 텍스트가 "대학"이라고 하는 고등교육기관의 존립을 전제로 해야만 성립하는가, 하는 것은 의론의 여지가 있다. 다시 말해서 "대학大學"이라는 말 자체가 교육제도나 기관이 아닌 "큰 배움, Great Learning"이라는 추상명사일 수도 있으며, 『대학』이 대학이라는 교육기관의 존립을 정당화하기 위한 교육이념이나 교육강령을 압축적으로 기술한 책이라기보다는, 다시 말해서 대학이라는 교육기관이 설립되고 난 후의 사건이라기보다는, 대학이라는 교육기관이 성립되어가는 과정에서 산발적으로 논의된 사상가들의 추상적 논설일 수도 있다는 것이다. 그러니까 한 무제 때의 대학설립 이전의 책일 수도 있으며, 『대학』과 같은 이념서 때문에 후대에 한 무제의 대학이 만들어졌다고도, 얼마든지 논증할 수 있다. 대체적으로 타케우찌의 설은 『대학』이라는 텍스트에 관한 주희류의 막연한 이념적 규정에 대한 강력한 반론을 제기했다는 면에서 매우 공이 크지만 그것은 『대학』의 성립시기에 관한 정설이 될 수가 없다. 현재는 세계의 중국철학계에서 그 설을 수용하는 입장을 취하고 있지 않다.

의고(疑古)에서 숭고(崇古)로 복귀하면 안된다

더구나 곽점죽간 중에 『예기』「치의緇衣」편과 거의 내용이 일치되는 다른 전승의 판본이 발견됨으로써 『예기』에 수용된 편들의 상한선을 올려잡는 추세가 생겨났다. 그러나 요즈음 젊은 중국학자들이 고문헌의 성립시기를 마구 올려잡는 낭설에 현혹되면 안된다. 최근에 나온 왕어(王鍔)의 『예기성서고禮記成書考』(2007)라는 책을 보면, "우리는 주희의 관점에 동의한다. 『대학』에는 경과 전이 있으며, 경은 공자의 말을 증자가 기술한 것이고, 전은 증자의 뜻을 문인들이 기록한 것이다. 아무리 늦어도 전국 전기의 작품이라고 확신한다"(59)라고 적혀있는데, 참으로 놀랍게 황당한 발언이라고 생각한다. 그 논의를 보면 일말의 치밀한 문헌적 근거가 없다. 그냥 재래적 관점을 선포하고 있는 것이다. 의고(疑古)를 비판하는 것은 정당한 일이지만 1세기가 지난 오늘 다시 근거없는 숭고(崇古)로 복귀하는 자세는 학문이라기보다는 새로운 종교라는 느낌이 든다.

이러한 문제에 관하여 이미 사계(斯界)에서 충분히 심도있는 논의들이 많은 석학들에 의하여 제기되었기 때문에 내가 그 많은 논의를 조목조목 따져서 여기 반복한다는 것은 좀 끔찍한 일이라는 생각이 든다. 나 자신의 관점만, 다시 말해서 『대학』의 성립시기와 그 성격에 관한 최종적 결론만을 간결하게 논술하겠다.

제11장:『대학』과 순자학파

『대학』은 결코 사대부의 윤리강령이 아니다

우선 『대학』이 일반 사대부의 윤리강령을 적어놓은 책이라는 생각이 매우 일반화되어 있는데 그것은 기실 주자학의 관점에서 비롯되는 것이다. 우리가 이미 고찰하였듯이 왕수인은 그러한 주희의 사대부 엘리티즘을 타파하고 그것을 사·농·공·상 모두의 윤리적 성찰로 확대하였고, 성인은 누구든지 배워서 도달할 수 있다는 보편주의적 신념을 확산시켰다. 왕룡계(王龍溪)와 같은 양명좌파는 양명의 사구종지(四句宗旨)를 사무설(四無說)의 입장에서 순화시키면서 인간의 양지는 수증(修証)을 기다려서 완전하게 되는 것이 아니라, 현재 당장 완성되는 것이라는 양지현성론(良知現成論)을 주장하기에 이르렀다. 그는 심즉리(心卽理)의 사상을 철저하게 밀고 가면서 기존의 모든 권위주의적 가치판단이나 도덕의식으로부터 인간을 해방시키려고 노력했다. 이쯤되면 직지인심(直指人心)하면 곧 차심즉불(此心卽佛)이라고 외치는 교외별전(敎外別傳)의 선종(禪宗)과 크게 다를 바가 없다. 견성성불(見性成佛)을 견명덕즉성성인(見明德卽成聖人)이라고 말하는 것과 별 차이가 없게 된다. 시대적 가치관의 변화에 수반되는 이러한 유교의 변용은 그 나름대로 역사적 의미가 있다. 그러나 한초나 그 이전의 전국시대에 성립한 『대학』이라는 문헌이 이러한 보편주의적 맥락에서 논의된 사상적 결실이라고 상정하는 것은 맥락을 상실한 망언에 불과하다. 『대학』은 결코 사대부의 개인수양이나 교육을 위해서 쓰여진 책이 아닌 것이다.

휭 여우란의 선구적 『대학』 논의

그렇다면 『대학』은 누가 누구를 위하여 쓴 것인가? 우선 『대학』이라는 문헌에 나오는 언어적 개념이나 그 논리적 함의가 유사한 형태로 가장 많이 포함되어 있는 문헌은 『순자荀子』라는 사실에 이의를 달기가 어렵다. 『대학』의 대부분의 주요개념이 『순자』에 직·간접으로 뿌리를 두고 있다. 이에 관하여서는 휭 여우란(馮友蘭)의 논의가 매우 정밀하다. 아쉬운 대로 그의 『중국철학사中國哲學史』 제14장 진한지제지유가(秦漢之際之儒家)에 있는 제7절 『대학大學』을 들여다보아도 그 논지의 대강을 파악할 수 있을 것이다. 휭 여우란은 『대학』을 순자학파의 산물로 단정짓고 있다. 나는 『대학』을 순자학파의 산물이라고 단정지을 필요는 없다고 생각하지만, 순자계열의 어떤 사상가의 작품이라는 생각은 떨쳐버리기가 어렵다. 문제는 순자계열의 사상가라 할지라도, 순자 이외의 다양한 학파, 다시 말해서 맹자, 묵자, 한비자 등등의 폭넓은 생각을 종합할 수 있다는 데 있다.

공자의 호학정신이 순자의 지식에 관한 인식론적 성찰을 거치면 『대학』이 된다

공자는 "호학好學"을 생애의 가장 기본적 신념, 그리고 윤리적 노력의 바탕으로 삼았지만 지식의 문제에 관하여 어떤 인식론적 정당성을 추구하는 물음을 가진 사람은 아니었다. 이러한 공자의 호학정신은 제자백가 모든 학파의 저변에 깔려있지만, 그 중에서도 가장 인간의 지식의 인식론적 정당성에 관한 깊은 성찰을 가진 사상가는 순자라고 말할 수 있다. 그러한 성찰의 대표적인 작품이 『순자』의 「해폐解蔽」편이다. 사실 「해폐」를 읽지 아니 하고 『대학』을 논할 수는 없다. 그 외로도 「권학勸學」편, 「수신修身」편, 「정명正名」편, 「불구不苟」편, 「비상非相」편 등이 『대학』의 문장과 직접 관련되는데, 이러한 순자의 논의를 읽다보면 순자의 인식론적 성찰의 필터를 거쳐서 『대학』이라는 작품이 성립했다는 확신을 갖게 된다. 어떤 시대정신의 명료한 공통분모가 독자의 의식 속에 확연하게 부상케 된다.

교육기관으로서의 "대학"이라는 명칭은 고경에 없다

"대학大學"이라는 말 자체가 가장 확실한 고경(古經)인 『시詩』, 『서書』에 나오지 않는다. 그리고 『논어』에도 나오지 않으며, 『맹자』에도 나오지 않는다. "대학"에 해당되는 다양한 이름의 교육기관은 고대로부터 존재했지만, "대학"이라는 이름의 교육기관은 존재하지 않았다는 것이다. 교육기관으로서의 "대학"이라는 명칭은 『순자』「대략大略」편에 최초로 나타난다.

立大學, 設庠序, 脩六禮, 明十敎, 所以道之也。

대학을 세우고 상서를 설립하여 육례를 닦고 십교를 밝히고,
이렇게 하여 백성들을 인도한다.

그런데 여기 "대학大學"과 "상서庠序"의 성격에 대한 명확한 규정이 없다. 흔히 후대의 주석가들이 쉽게 해석하듯이 상서를 대학에 대비되는 소학이라고 볼 수는 없다. 상(庠)과 서(序)는 전통적으로 있던 명칭이며, 그것 또한 일반적인 고등교육기관의 명칭으로 보아야 할 것이다(『맹자』「등문공」상에 나오는 상(庠)·서(序)·학(學)·교(校)의 규정을 참고하라). 그렇다면 여기 "대학"은 상서라는 전통적 교육기관의 상위개념으로서 새롭게 설정된 것이다. 그러나 「대략」편은 순자 본인의 저술이 아니다. 그것은 순자의 말이라고 기억되는 단편들을 순자의 후학들이 기록하여 편집한 것으로 매우 잡다한 것이다. 따라서 "대학"이라는 말이 순자에게서 최초로 생겨났다는 설도 고집하기 어렵다.

『대학』과「학기」

우선 『대학』이라는 책을 펼쳐보자! 그 첫머리에 다음과 같은 말이 나온다.

大學之道, 在明明德, 在親民, 在止於至善。

이 말에서 "대학지도大學之道"란 표현은 『예기』의 또 하나의 편인 「학기學記」에 동일하게 나오고 있다. 의미도 맥락은 약간 다르지만 상통하는 내용을 담고 있다. 따라서 『대학』과 「학기」가 동시대의 패러다임에서 성립한 문헌이라는 것은 의심할 여지가 없다. 「학기」 또한 "대학"이라는 개념을 주테마로 삼고 있는 것이다.

『대학』은 맹·순의 학통을 종합

우리가 여태까지 이미 충분히 논의해왔듯이 명덕(明德: 밝은 덕)을 명(明: 밝힌다)한다 했을 때의 명덕은 인간의 내면의 덕성을 가리키는 것이며, 그것은 어떤 선천적인 고유한 인간의 능력을 지시하는 것임에는 틀림이 없다. 그렇다고 본다면 『대학』이 전체적으로 순자계열의 사상가에 의하여 집필되었다고 말해도, "계열"이라는 단서를 붙일 수밖에 없는 이유는, 명덕은 어김없이 맹학(孟學)의 정통을 이었다고 말할 수밖에 없기 때문이다. 순자는 인간에게 구비되어 있는 명덕을 인정하지 않는다. 그러나 다음에 나오는 친민(親民)은 누가 어떻게 해석을 하든지간에 사회적·후천적 차원을 지시하는 것이 확실하며, 친민의 사상이 선진 사상가들 모두에게 공통으로 깔려있기는 하지만 여기의 특수맥락에서는 순자의 학통을 이은 발언으로 간주할 수 있다.

명명덕 明明德	친민 親民
개인적 차원 individual dimension	사회적 차원 social dimension
선험적 명제 a priori proposition	후천적 명제 a posteriori proposition
맹자의 학통 Mencius's line of thought	순자의 학통 Xunzi's line of thought

지선(至善)은 인간의 내면적 덕성이 아닌 사회적 관계

그렇다면 『대학』은 애초로부터 맹·순의 학통을 종합하고 있다고 말할 수 있다. 그러나 더 큰 문제는 다음의 "지어지선止於至善"이라는 구문의 해석에 있다. "지至"라는 단어는 최상급을 나타내는 형용사적 표현이며 별 논란의 여지가 없다. "지선至善"은 "지극한 선," "최고의 선"이라는 의미가 된다. 그러나 "선善" 그 자체의 해석이, 20세기에 들어오면서 동방인의 언어가 모두 서구적 개념과 혼동되는 바람에, 왜곡되는 현상이 일어났다. 선이 철저히 명사화되고 개념화되고 실체화되면서 마치 악과 대립되는 하나의 엔티티(entity)로서 이해되고 있는 것이다. 이것은 매우 유감스러운 왜곡이다. 선은 단순히 "좋다"라는 형용사이다. 그것이 명사로서 쓰일 때도 "좋음"이라는 동명사적인 다이내믹을 내포하는 말일 뿐이며, 어떤 고정된 선(Good)·악(Evil)의 선을 나타내지는 않는다.

지(止)는 "그친다"는 뜻이 아니다

그런데 더욱 수수께끼처럼 느껴지는 것은 "지止"라는 표현이다. "지"의 가장 명백한 의미는 "그친다," "머문다"의 뜻이다. 그것은 상형자이며 갑골에 " " 이와 같은 모습으로 나타나는데 엄지발가락이 삐쳐나온 발의 자국 형상이다. 그러니까 한 발(왼발)이 한 장소에 꾹 머물러 있는 모습을 상징하고 있다. 이에 비하여 보(步)와 같은 글자는 " " 이런 모습을 하고 있는데 오른발과 왼발이 아래위로 그려져 있어, 결국 두 발로 걸어가는 동적인 모습을 나타내고 있는 것이다. 섭(涉)과 같은 글자는 냇가나 강물을 건너는 모습을 나타내는 회의자(會意字)라는 것은 두말할 나위도 없다( ).

그렇다면 "지어지선止於至善"이란 무슨 뜻인가? "지극히 좋음에 그친다"라는 뜻이 된다. 과연 이게 무슨 뜻인가? 불행하게도 경문을 주석하는 사람들은 이러한 문제에 관하여 그냥 애매하게만 해석하고 넘어가고 만다. 한글번역을 아무리 뒤져봐도 이러한 문제를 명쾌하게 해석해주는 문장이 없다. 번역자들 자신이 이러한 문제에 관한 고민이 없는 것이다. 경전이니까, 경전 그대로 외워버리고 마는 것이다. 이러한 문제는 반드시 동시대의 경전들과의 관계맥락 속에서 정확하게 해석되어야 하는 것이다. 우선 "지어지선止於至善"(지극히 좋음에 그친다)을 주희의 천리(天理) 운운하는 추상적·이념적 레토릭을 배제하고, 가장 편하게 상식적으로 생각한다면 "가장 좋을 때 그만두어라"라고 해석할 수도 있다. 최적정의 시기에 그만둘 줄 아는 것은 중용의 지혜일 수도 있고 소사과욕(少私寡欲)의 슬기일 수도 있다. 그리고 그것도 매우 어려운 일이다.『노자』에도 "지족불욕知足不辱"이라는 말이 있고, "지지불태知止不殆"라는 말이 있다. 족함을 알면 욕되지 아니하고, 그침(止)을 알면 위태롭지 아니 하다는 뜻이다. 여기서도 노자는 어김없이 "지止"라는 글자를 쓰고 있는 것이다. 그렇다면 『대학』의 "지어지선"은 노자의 "그침止"의 사상을 이어받은 것일까?

순자의「수신」편에서 규정되고 있는 지(止)의 뜻

이와 같이 『대학』의 첫 구절이 맹(孟)·순(荀)·노(老)를 종합하였다고 말할 수도 있겠으나 이런 식의 해석은 어딘가 좀 쿠린 데가 있다. 석연치 않은 것이다. 과연 "그친다"는 뜻이 무엇을 의미하는가? 이러한 의미맥락은 『순자』를 읽어야만 비로소 풀리게 되는 것이다. 『순자』를 읽지 않고서는 『대학』의 내면의 논리를 파악할 수 없다는 것은 이러한 상황에서 명백해진다. 『순자』의 「수신」편을 한번 펼쳐보자. 『대학』이 "수신"이라는 개념을 가장 주요 축으로 삼고 있다면 이미 『순자』에 같은 패러다임을 말하는 「수신」편이 독립되어 있다는 사실도 주목해야 할 사건이다.

夫驥一日而千里, 駑馬十駕則亦及之矣。將以窮無窮逐無極與? 其折骨絕筋終身不可以相及也。將有所止之, 則千里雖遠, 亦或遲或速, 或先或後, 胡爲乎其不可以相及也! 不識步道者, 將以

窮無窮逐無極與？ 意亦有所止之與？ 夫堅白同異有厚無厚之察, 非不察也, 然而君子不辯, 止之也。倚魁之行, 非不難也, 然而君子不行, 止之也。故學曰遲, 彼止而待我, 我行而就之, 則亦或遲或速, 或先或後, 胡爲乎其不可以同至也!

대저 천리마는 하루에 천리를 갈 수가 있다. 그러나 조랑말이라도 열흘만 열심히 노력하여 가면 충분히 천리를 갈 수 있다. 그런데 만약 끝도 없는 데를 끝내려 하고, 극한점이 없는 곳을 달려간다고 해보자! 아무리 천리마라 할지라도 뼈가 부러지고 근육의 힘줄이 다 끊어지도록 달린다 한들 죽을 때까지 달려도 그 목적지에 이를 수는 없을 것이다. 만약 뚜렷하게 멈추어야 할 목적지가 확고하게 있기만 하다면, 천리가 멀다한들, 늦게 가든가 빠르게 가든가 앞서거나 뒤서거나 하는 일은 있을 수 있겠지만, 어찌 그 목적지에 도달하지 못한다는 이야기가 있을 수 있겠는가? 도대체 길을 간다고 하는 사람(步道者)이 끝도 없는 데를 헤매려 하겠는가, 극한도 없는 곳을 달려가겠는가? 혹은 갈 곳, 즉 멈출 곳을 정해놓고 가겠는가? 너무도 뻔한 이야기가 아니겠는가? 학문의 길에 있어서도 마찬가지 이야기! 논리학자 공손룡(公孫龍)의 "견백堅白"론, 그리고 혜시(惠施)의 "동이同異"론, "유후무후有厚無厚"론 따위의 명제는 매우 날카로운 개념의 장난이기는 하지만, 군자가 그러한 변론에 굳이 참가하지 않는 것은 자기 학문의 멈추어야 할 바, 즉 목표가 뚜렷하기 때문이다. 기이하고 고답적인 행동들은 고난도의 흥미로운 일이기는 하지만 군자가 그런 것들을 행하지 아니 하는 것은 자기 학문의 멈추어야 할 바, 즉 목표가 뚜렷하기 때문이다. 그래서 학문하는 자들은 "기다린다"는 말을 하는 것이다. 먼저 간 사람이 목적지에 도착하여 나를 기다리면, 나는 그 길을 떠나 목적지에 이르려고 노력한다. 그리하면 느리고 빠르고, 앞서고 뒤서고의 차이는 있겠으나 어찌 모두 같이 그 목적지에 도달치 못한다는 이야기가 있을 수 있겠는가?

沃案 이제 비로소 독자들의 심중에 "지어지선止於至善"이라는 말의 함의가 확연하게 드러날 것이다. "지止"라는 것은 "그침"이지만, 그침이라는 것은 "간다行"는 뜻을 내포한다. "감"이 있어야 비로소 "그침"이 있게 되는 것이다. 감의 그침이란 무엇인가? 바로 간다고 하는 행위의 종료나 완성을 의미하는 것으로 그 "그침"은 곧 감의 "목적"이 되는 것이다. 즉 "지어지선止於至善"이란 지선이라는 목표를 향해 달려간다, 매진해간다는 의미가 되는 것이다. 『순자』「해폐」편에도 이 "지止"라는 개념을 둘러싼 지식에 관한 재미있는 논리가 전개되고 있다. "격물"과 관련되는 논리이기 때문에 더욱 흥미롭다. 그리고 플라톤이 말하는 "철인지배자 Philosopher King" 즉 내성외왕의 논리도 함축되어 있다.

순자「해폐」편의 지(止)론

凡以知人之性也, 可以知物之理也。以可以知人之性, 求可以知物之理, 而無所疑止之, 則沒世窮年不能徧也。其所以貫理焉, 雖億萬, 已不足以浹萬物之變, 與愚者若一; 學, 老身長子, 而與愚者若一; 獨不知錯, 夫是之謂妄人。故學也者, 固學止之也。惡乎止之? 曰: 止諸至足。曷謂至足? 曰: 聖也。聖也者, 盡倫

者也; 王也者, 盡制者也; 兩盡者, 足以爲天下極矣。故學者以
聖王爲師, 案以聖王之制爲法, 法其法, 以求其統類, 以務象效
其人。嚮是而務, 士也; 類是而幾, 君子也; 知之, 聖人也。

대저 인간의 본성(人之性)을 알게 되면, 이것으로 미루어 사물의 이치(物之理)까지도 인식할 수 있게 된다. 그러나 인간의 본성을 미루어 사물의 이치까지 아는 것을 추구한다 해도, 그 추구함에 그치는 자리(목적)가 없다면, 일생동안 죽을 때까지 연구해도 모든 것을 두루 다 알 수는 없는 것이다. 사물의 이치를 통달하는 방법이 억만 가지로 많이 있지만, 결국은 끝내 만물의 다양한 변화를 다 알 수가 없는 것이니, 이런 의미에서는 식자나 우자(愚者)나 다 매한가지일 뿐이다. 배움의 길에 들어서서, 몸이 늙어 이미 자식이 다 장성하였는데도, 진전 없이 어리석은 자와 매한가지인 꼴에 무익한 학문을 부둥켜안고 놓을 줄을 모르니, 이런 자를 일컬어 망인(妄人: 망령된 인간)이라 할 수밖에 없다. 그러기에 배움이라고 하는 것은 처음부터 그칠 곳을 정해놓고 매진해야 하는 것이다. 그렇다면 과연 어디에 그쳐야 하는가? 말하노라! 반드시 지족(至足)한 데에 그쳐야 한다(止諸至足). 그렇다면 무엇을 지족하다 말하는가? 말하노라! 지족이란 성인의 경지이다. 성인이라는 것은(聖也者) 인륜도덕을 극진하게 실천한 자이며 왕이라는 것은(王也者) 제도적 운영을 극진하게 실천한 사람이다. 이 양면을 다 겸한 사람이라야(兩盡者), 족히 천하의 지극한 모범이 될 수 있는 것이다. 그러므로 배우는 사람은 철인왕(Philosopher King) 즉 성왕(聖王)으로써 스승을 삼으며, 또한 성왕께서 만드신 제도로써 법을 삼으며, 그 법을 본받아 모든 자질구레한 법들을 통괄하는 새로운 질서를 추구하며 결국 성왕 그 인간을 본받으려고 힘쓰게 되는 것이다. 성왕의 길로 나아가려고 힘쓰는 자가 사(士)이며, 성왕의 길에 거의 비슷하게 가까워진 자가 군자(君子)이며, 성왕의 길을 충분히 체득하여 아는 자가 성인(聖人)이다.

沃案 여기 이미 주자학의 테제로부터 양명학의 테제에 이르기까지 그 모든 원형이 들어있다는 것을 알 수가 있다. 그런데 여기서 문제가 되는 것은 『대학』의 "지선至善"에 대한 의미내용의 원형을 발견할 수 있다는 것이다. "지어지선止於至善"에 해당되는 말이 "지저지족止諸至足"으로 표현되어 있으며, 결국 "지선"과 "지족"이 등가적 내용을 가지고 있다는 것을 알 수 있다. 그런데 지족의 의미를 논구하기 전에 우선 "명덕明德"에 대한 순자의 규정이 어떠한지를 한번 살펴보는 것도 우리의 논의에 매우 유익할 것이다. 「해폐」편에 국가치평의 요결은 참된 도를 아는 데 있으며, 참된 도를 앎으로써 유도(有道)한 사람을 만날 수 있으며, 유도한 사람과 더불어 무도한 것들을 논평할 수 있게 되면 부지(不知)를 걱정할 필요가 없게 된다고 설파한 후에 다음과 같은 말이 이어지고 있다.

순자「해폐」편의 대청명 사상: 허(虛)·일(壹)·정(靜)과 명덕(明德)

故治之要在於知道, 人何以知道？曰：心。心何以知？曰：虛壹而靜。心未嘗不臧也, 然而有所謂虛；心未嘗不滿也, 然而有所謂一；心未嘗不動也, 然而有所謂靜。人生而有知, 知而有志, 志也者, 臧也；然而有所謂虛；不以所已藏害所將受, 謂之虛。

心生而有知, 知而有異, 異也者, 同時兼知之; 同時兼知之, 兩也; 然而所有謂一, 不以夫一害此一謂之壹。心臥則夢, 偸則自行, 使之則謀; 故心未嘗不動也, 然而有所謂靜; 不以夢劇亂知謂之靜。未得道而求道者, 謂之虛壹而靜, 作之則。將須道者之虛則入, 將事道者之壹則盡, 盡將思道者靜則察。知道察, 知道行, 體道者也。虛壹而靜, 謂之大清明。

그러므로 정치의 요체는 도(道)를 아는 데 있다. 그런데 사람은 어떻게 도를 알 수 있는가? 말하노라! 그것은 마음(心)이 있기 때문이다. 그렇다면 마음은 어떻게 인식하는가? 말하노라! 사람의 마음은 비어 있고(虛), 전일하고(壹), 고요한 상태(靜)를 유지할 수 있으면 바른 인식이 성립하게 되는 것이다. 마음은 본시 생각을 담고 있지 않을 때가 없지만 그 가운데 이른바 텅 빈 것, 즉 허(虛)라는 것이 있다. 또 마음은 언제나 많은 생각으로 가득차 있지만 그 가운데 이른바 오직 하나의 사태만에 집중하는 것, 즉 일(壹)이라고 하는 것이 있다. 또 마음은 항상 움직이지 아니 할 때가 없지만 그 가운데 이른바 고요한 상태를 유지하는 것, 즉 정(靜)이라고 하는 것이 있다(沃案. 장臧과 허虛, 만滿과 일壹, 동動과 정靜이 대립적 개념으로 배열되어 있다. 마음의 바른 인식의 조건이 허·일·정이다). 사람은 태어나면서부터 이미 지각능력을 가지고 있다. 지각능력이 발현되면서부터 기억작용을 가지게 된다. 기억작용이라는 것은 인식을 저장하는 것이다. 그러나 이 저장능력 속에 이른바 허(虛)라는 것을 내포하게 되면, 이미 저장한 것을 가지고써 새로 받아들이는 것을 해치지 않게 된다. 이렇게 해침이 없이 계속 받아들이게 만드는 능력을 허(虛)라고 부르는 것이다.

사람은 태어나면서부터 이미 지각능력을 가지고 있다. 지각능력이 발현되면서부터 분별작용을 가지게 된다. 분별능력이라고 하는 것은 이것과 저것을 동시에 아울러 아는 것이다. 이것과 저것을 동시에 아울러 안다는 것은 마음이 양면적으로 작용한다는 것이다. 그러나 그러한 양면적인 작용 속에 이른바 전일함(壹)이라는 것이 있으니, 그렇게 되면 이것을 수긍한다 하여 저것을 해치지 않게 된다. 바로 이것을 수긍한다 하여 저것을 해치지 않는 것, 그것을 이른바 분별 속의 전일함, 즉 일(壹)이라고 일컫는 것이다.

사람의 마음이라고 하는 것은 잠이 들게 되면 꿈을 꾸고, 느슨하게 방치하면 저 홀로 마구 달아나며, 붙잡아 부리려고 하면 마구 꾀를 지어낸다. 그러므로 인간의 마음이란 도무지 움직이지 않을 때가 없는 것이다. 그러나 그러한 격렬한 움직임 속에서도 이른바 고요함, 즉 정(靜)이라는 것이 있으니, 이렇게 되면 몽환(夢幻) 속의 어지러움을 가지고써 정상적인 지각능력을 혼탁하게 하지 아니 한다. 이렇게 우리의 인식을 혼탁치 아니 하게 만드는 것을 정(靜)이라 일컫는 것이다.

그러므로 도를 아직 체득하지 못하여 도를 구하는 사람들에게는 이 마음의 허(虛)와 일(壹)과 정(靜)을 설파해주어, 이 세 가지를 자기 인생의 준칙으로 삼도록 해주는 것이 제일 좋다. 장차 도를 따르고자 하는 사람이 자신의 마음을 허(虛)하게 하면 도에 들어갈 수 있으며, 장차 도에 종사하고자 하는 사람이 자신의 마음을 일(壹)하게 하면 도의 전모를 파악할 수 있으며, 장차 도를 극진히 생각하는 사람이 마음을 정(靜)하게 하면 도를 정밀하게 살필 수 있다(沃案. 상기의 세 구문은 텍스트비평상 문제가 많다. 그러나 대의는 명료하다). 도를 알고서 사물을 살피며, 도를 알고서 행동할 줄 아는 사람은 체도자(體道者: 도를 체득한 사람)라고 부른다. 사람의 마음이 허하고 일하고 정한 상태를 일컬어 대청명(大淸明: 완벽한 해폐解蔽가 이루어진 맑고 밝은 상태)이라고 하는 것이다.

沃案 우리는 이러한 문장을 접하면서 중국 선진문명의 위대함에 고개를 숙이지 않을 수 없다.『대학』의 "명덕明德"이라는 이 한 마디가 탄생하기 까지 이와 같은 치열한 인식론적 성찰이 선행하였다는 것을 깨닫게 되면 고경의 의미를 간단히 규정해버릴 수가 없게 되어 버리는 것이다.『대학』의 "명덕明德"이『순자』의 "대청명大淸明"에서 왔다는 것은 사계의 견해가 일치하고 있다. 사실 송명유자들이 순자의 대청명사상만 이해했더라도 그토록 부질없는 논쟁에 목매지는 않았을 것이다. 순자의 논의는 신유학의 모든 대립적 요소들을 다 포괄하고 있을 뿐 아니라 훨씬 더 치밀한 인식론적 성찰의 심화를 과시하고 있다. 명나라의 유로(遺老) 왕부지(王夫之, 1619~1692)에 내려와서야 비로소 절대적 정(靜)이라는 것은 있을 수 없으며, 모든 정은 동의 한 형태인 동지정(動之靜)이라고 주장한 것으로 알고 있지만, 이미 순자는 대청명사상을 통해, 참(滿) 속에서 빔(虛)을 말하고, 다(多) 속에서 일(一)을 말하고, 동(動) 속에서 정(靜)을 말하고 있는 것이다. 그것도 단순한 우주론적 도그마가 아니라, 인간의 마음의 작용 속에서 이야기하고 있다는 것이다. 그 언어의 단순함은 있지만 근세 영국 경험론과 대륙의 합리론을 집대성하였다는 칸트적인 종합이 이미 엿보이고 있는 것이다. 허(虛)는 선험적인 인식의 가능태로서 무한한 후천적 인식을 가능케 하는 원초적 바탕이며 캐패시티이다. 그리

고 일(壹)은 오성의 카테고리의 분별작용을 일반적으로 일컫는 말이기도 하며 또 칸트가 말하는 통각(Apperception)의 통일적 요소를 내포한다. 그리고 정(靜)은 인식의 형식과 내용이 결합할 때, 그 결합을 정당하게 만드는 상식의 기저이며 혼란의 배제이다. 이러한 허·일·정이 명덕의 실내용이라 할 때, 명덕의 선험성·후험성을 놓고 치지·격물의 번쇄한 논쟁을 벌인다는 것이 얼마나 유치한 수준의 말장난인가 하는 것을 반성케 되는 것이다. 순자의 허·일·정은 유가의 가치관 위에서 노·장과 같은 도가의 인식론적 문제를 수용하면서 수기(修己)·치인(治人)의 치밀한 논리를 구성해낸 것이다.

지저지족(止諸至足)과 성왕(聖王)론, 그리고 지어지선(止於至善)

상기의 논리로 되돌아가서, "지족至足"의 의미를 되짚어 보자! 지족을 "성聖"이라고 말했다. 성을 또다시 성과 왕의 개념으로 발전시켰으며, 성은 진륜자(盡倫者)이며, 왕은 진제자(盡制者)라고 규정했다. 진륜과 진제의 양진자(兩盡者)를 성왕(聖王: 장자가 말하는 내성외왕內聖外王, 플라톤이 말하는 철인왕Philosopher King)이라고 말했으며, 성왕이야말로 천하극(天下極: 이 세상의 궁극적 기준)이 될 만하다고 말했다. 배운다고 하는 것은 성왕을 스승으로 하여 배우는 것이요, 무엇을 생각하여 구현한다고 하는 것은 성왕의 법제를 실현하는 것이다. 그러니까 지(止: 감과 멈춤)의 궁극적 목적이란 성왕의 법을 구현하는 성인(聖人)이 되는 것이다. 다시 말해서 큰 배움의 길(大學之道)은 막연하게 그냥 공부하는 것이 아니라 성왕(聖王)이 되고자 하는 목표를 설정해놓고 매진하는 것이다. 여기 허일정의 명덕으로부터 지어지선에 이르는 과정이 일목요연하게 목적론적으로 정리되고 있다.

지어지선(止於至善)은 이상사회의 실현이다

주자는 "지어지선止於至善"을 어디까지나 개인의 내면적 덕성의 문제로 파악했다. 양명도 예외가 아니다. 지선(至善)을 명덕과 친민의 극칙(極則)이라고 규정했다. 지선은 결국 명덕의 본체(本體)이며, 궁극적으로 양지(良知)의 지선일 뿐이다. 주희는 "지선"을 "사리당연지극事理當然之極"이라고 규정했고, "지어지선止於至善"을 인욕의 사(人欲之私)가 추호도 없는 천리의 극(天理之極)에 머물러 다시 인욕으로 후퇴하지 않는 것이라고 했다. 그렇게 되면 "명덕-친민-지어지선"의 관계가, 개인의 내면적 차원에서 사회적 차원으로 나아갔다가 다시 내면적 차원으로 회귀하는 것이 되어버린다. 그리고 그가 경·전체제를 만들어 "지어지선"의 해석으로 제시하는 전(傳)이 과연 정확하게 지어지선의 규정조건인가 하는 것도 의심의 여지가 있다. 3강령은 뒤에 나오는 문장과 분리하여 그 나름대로의 총론적 성격을 갖는 독자적인 체계로서 자유롭게 해석할 수 있는 것이다. 그리고 "지선"의 경지가 결국 "성왕"의 문제로 귀결된다면 나는 "성왕"을 선비의 내면적 수양의 목표로서 추상적으로 설정할 것이 아니라, 문자 그대로 성왕이 되는 것, 즉 정치적 이상(political ideal)으로서 구체적으로 설정되어야 한다고 생각한다. **다시 말해서 대청명의 명덕을 가지고 친민을 실현하여 지선의 이상사회를 구현하는 것이야말로 대학의 도라는**

것이다. 명덕을 정이라 하면 친민은 반이 되고 지어지선은 합이 된다. 지선은 한 개인의 내면적 본체의 지선이 아니라, 사회적으로 실현된 대동사회의 지선(至善)이다.

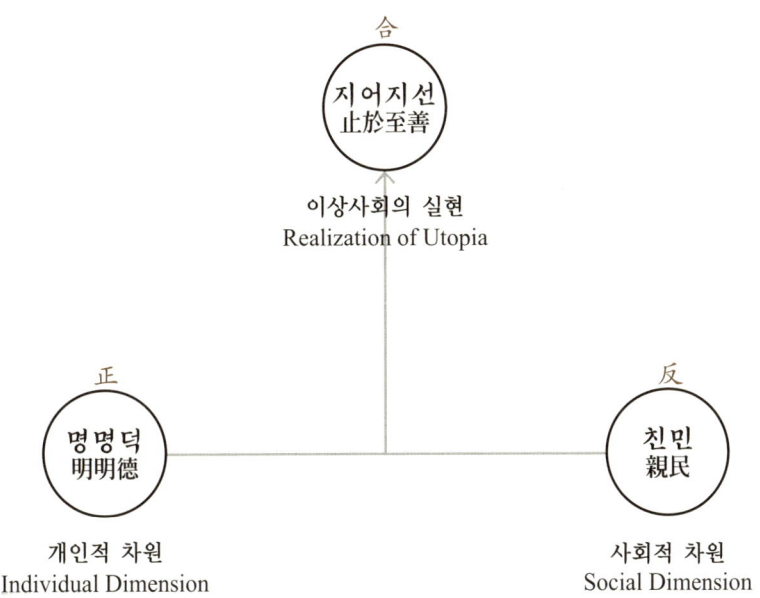

지어지선(止於至善)과 평천하(平天下)

모든 사람들이 다 함께 사는 참으로 좋은(至善) 사회의 구현이 없이는 명명덕과 친민은 아무런 의미가 없다. 대학의 길은 궁극적으로 그러한 이상사회의 구현을 위하여 매진하여 나가는 노력이다. "수신-제가-치국-평천하"를 운운한다면, 지어지선의 궁극적 종착역인 "평천하"가 과연 무엇을 의미하겠는가? 송유들이 생각하듯이 사(士)계급이 과연 "평천하"를 할 수 있을까? "치국"의 주체만 해도 제후나

왕이며 그것은 선비가 될 수 없다. "평천하"의 주체는 오직 천자나 황제 일인일 뿐이다. 어찌 일개 선비가 천하를 평정한다고 말할 수 있는가? 이것은 역모의 극한이 아니겠는가? 건원칭제를 한 묘청이나 평천하를 운운할 수 있는 것이지, 어찌 조선의 일개 유생이 평천하를 운운할 수 있겠는가? 우리는 고경을 읽을 때, 그 고경이 처했던 시대상황의 다이내미즘을 철저히 인식해야만 한다. 고경은 결코 시골유생의 도덕교과서가 아닌 것이다. 순자의 「해폐」편이 과연 누구를 위하여 쓰여진 것일까? 그 마지막 결론 부분을 보자!

「해폐」편의 결론: 공개정치를 실천하는 이상군주

周而成, 泄而敗, 明君無之有也。宣而成, 隱而敗, 闇君無之有也。故君人者, 周則讒言至矣, 直言反矣; 小人邇而君子遠矣! 詩云: "墨以爲明, 狐狸而蒼。" 此言上幽而下險也。君人者, 宣則直言至矣, 而讒言反矣; 君子邇而小人遠矣! 詩曰: "明明在下, 赫赫在上。" 此言上明而下化也。

비밀정치를 하면 성공을 하고, 비밀이 신하에게 누설이 되면 실패를 한다고 하는 그 따위 사례는 명군(明君: 해폐가 된 밝은 군주)에게는 절대로 있을 수 없다. 또 공개정치를 하면 성공을 하고, 모든 것을 은밀히 감추면 오히려 실패한다고 하는 그런 훌륭한 사례는 암군(闇君: 온갖 편견에 갇힌 어두운 군주)에게는 절대로 있을 수 없다. 그러므로 임금(君人)이 비밀정치를 하며 숨기기만 하면, 그런 임금에게는 참소하는 말들만 꼬여들게 되고 곧고 바른 말들은 사라져 버리며, 소인들만 가까이 따르고 군자들은 멀리 숨어버린다. 그래서 옛 노래에 이

와 같이 말했다: "어두운 것을 밝다고 하면, 여우새끼 같은 간신들만 판을 친다." 이 노래는 곧 위에 있는 임금이 인식이 흐려 어두우면 밑에 있는 신하들이 모두 음흉스럽게 된다는 것을 말하고 있는 것이다(沃案. 이 노래는 현재의 『시경』에 수록되지 않은 일시逸詩이다).

그러나 이와 반대로 임금이 공개정치를 하고 속이는 일이 없으면, 그런 임금에게는 곧고 바른 말이 쏟아져 들어오고 참소하는 말들은 자취를 감추며, 군자들이 가까이 따르고 소인들이 멀리 숨어버린다. 그래서 옛 노래에 이와 같이 말했다: "밝고 밝은 신하들이 저 아래 있는 것은 빛나고 빛나는 임금님이 저 위에 계신 탓이리." 이 노래는 바로 위에 있는 임금이 현명하면, 아래 있는 신하들도 다 따라서 현명한 사람들이 된다는 것을 말하고 있는 것이다(沃案. 이 노래는 현재의 『시경』 대아, 「대명大明」편에 수록되어 있다).

沃案 여기서도 "명명덕"의 "명명明明"이라는 글자가 계속 나오고 있지만, 명덕의 주체, 다시 말해서 해폐(解蔽)의 주체는 다름 아닌 군인(君人), 즉 최고의 통치자인 것이다. 해폐, 즉 대청명의 밝은 덕을 펴서 공개정치를 하면 결국 이상사회가 실현될 수밖에 없다는 것을 말하고 있는 것이다. 여기서 우리는 평천하를 말하는 『대학』이 과연 누구를 위하여 쓰여진 서물인가 하는 것을 이제 후대의 사림(士林)의 가치관에서 벗어나 명료하게 인식할 필요가 있다.

통일제국의 꿈, 맹자 왕도(王道)의 한계

해폐의 주체인 군인(君人)은 전국시대에는 패권을 장악하는 제후였을 것이나, 순자의 시대에는 이미 통일제국의 꿈이 실현되어가고 있었다. 순자가 죽은 시기는 여불위(呂不韋)가 자살한 시기와 거의 비슷하다. 그러니까 진시황의 대군단 앞에 육국(六國)의 운명은 풍전등화와도 같은 시기였다. 이때 지식인들의 고민은 무엇이었을까? 전국의 혼란은 통일된 새 질서의 출현으로 마감되리라는 막연한 기대는 당대의 모든 지식인들에게 공통된 바램이었다. 그들은 패도에 대하여 왕도를 말했고, 왕도를 구현하는 이상적 지도자가 전국의 혼란을 종식시키리라는 생각은 마치 메시아니즘처럼 팽배해 있었다. 패도에 대한 왕도의 열망을 대변하는 인물이 맹자이지만, 이 맹가(孟軻)라는 인물의 발상도 두 가지 측면에서 결국 새로운 에포크를 만들지 못하고 전통적 가치관에 머물렀다. 그 첫째는 패도에 대한 왕도의 도래의 꿈 속에도 여전히 절대군주의 집권형태에 대한 제도적 개선은 엿보이지 않는다는 것이다. 근원적으로 절대군주의 권력을 제약하는 새로운 체제, 집단지도체제나, 사(士)의 합의기구 같은 것에 대한 발상이 엿보이지 않는다는 것이다. 둘째로, 패도에 대한 왕도의 우위가 모두 도덕주의적 관념 속에서 설파되고 있다는 것이다. 도덕은 아름다운 것이지만 궁극적으로 개인의 결단에 속하는 문제이며 사회적 증표가 없는 한 매우 임의적인 것이다.

순자의 예치(禮治)

순자는 맹자에 비하면 이러한 문제에 있어서 보다 제도적인 측면을 강조하고 인간의 선험적 내면에 기대를 걸기보다는 후천적 교육을 강조하였지만 너무도 안타까운 것은 순자 또한 거시적으로 보면 유가의 도덕주의의 틀을 벗어나지 못하고 예치(禮治)를 인치(人治)에 종속시키고 있다는 것이다. 새로운 막대권력의 출현에 대한 기대가 있었다면, 현실적 실현성의 여부를 불문하고라도, 마그나 카르타(Magna Carta)와 같은 권력자에 의한 양보의 서약 같은 것을 구상했더라면 실로 그 영향력은 막대했을 것이다. 하여튼 전국말의 사상가들의 최대관심은 권력의 집중과 집중된 권력의 견제에 있었다. 이러한 분위기를 선도한 인물은 여불위(呂不韋, ?~BC 235)였다. 여불위는 중원의 호상으로서 진시황이라는 인물을 탄생시켰고 또 그로 인하여 전개되는 역사의 과정에 대한 거시적 비젼을 가지고 있었으며, 그러한 비젼을 서물로서 구체화시켰다. 그 서물이 바로 『여씨춘추呂氏春秋』이다.

제12장:『대학』과『여씨춘추』

「존사尊師」편의 문제의식과『대학』

나의『대학』에 대한 최종적 결론은 이것이다:『대학』은 순자계열의 사상가에 의하여 전국시대의 다양한 사상을 집대성하여 강령화시킨 걸작으로서, 그 목적은 새로 탄생하는 황제권력의 제약과 방향설정에 있었으며, 그 집필시기는 대강『여씨춘추』의 성립시기와 일치한다.『여씨춘추』맹하기(孟夏紀) 속에 있는「존사尊師」편이야말로 천자(天子)와 대학(大學, 太學)이라는 교육기관과의 관계를 명기한 최초의 문헌이다.「존사」편과『대학』의 관계는,「효행」편과『효경』의 관계와 비슷하다. 모두 동시대의 패러다임에서 성립한 문헌들이다.「존사」편의 주제 또한 천자보다 더 막강한 도덕적 권력으로서의 스승의 존재를 말하고 있으며,「효행」이나『효경』또한 천자보다 더 지엄한 존재로서의 부모나 형제를 말하고 있다. 오늘날 생각해보면 이러한 모든 도덕적 장치가 과연 천자의 권력을 견제하는 데 얼마나 중요한 역할을 할 수 있을까, 과연『대학』이나『효경』이 그러한 목적으로 쓰여진 서물인가 하는 것을 의심하는 사람도 있겠지만, 오늘날 같이 합리적 선거제도, 즉 민주적 절차를 통하여 선발된 최고권력자도 너무도 저열하고 너무도 도덕적으로 타락한 인간이 될 수도 있다는 사실을 생각해보면, 그러한 도덕적 견제는 결코 허황된 문제의식이 아니라 영원한 인간론의 과제상황이라는 것을 깨닫게 된다.

『여씨춘추』「집일執一」편의 문제의식과 『대학』

사실 『대학』이 말하려고 하는 도덕적 견제의 핵심은 "수신修身"이라는 한 단어에 집중되어 있다. 다시 말해서 이 세계를 통치하려는 자는 반드시 "수신修身"의 덕목을 갖추어야 한다는 것이다. 이러한 생각은 전국시대 모든 문헌에 이미 확연한 하나의 사상 패러다임을 형성하고 있다. 『순자』에도 "수신"이 독립된 한 편을 이루고 있으며, "수신"이라는 개념은 『맹자』『중용』『장자』『주역』『효경』『예기』『여씨춘추』 등등의 문헌에 나오고 있다. 『예기』의 「애공문哀公問」에는 "성신成身"이라는 표현으로 나오며, 『여씨춘추』의 「집일執一」편에는 "위신爲身"의 개념으로 나오고 있다. 잠깐 『여씨춘추』의 「집일」편을 한번 살펴보자.

> 天地陰陽不革, 而成萬物不同。目不失其明, 而見白黑之殊; 耳不失其聰, 而聞淸濁之聲。王者執一, 而爲萬物正。軍必有將, 所以一之也; 國必有君, 所以一之也。天下必有天子, 所以一之也。天子必執一, 所以搏之也。一則治,

兩則亂。今御驪馬者, 使四人人操一策, 則不可以出於門閭者, 不一也。

천지음양의 원리는 항상 일정하여 변하지 않지만 만물의 다양한 사태를 지어낸다. 눈(目)은 오직 밝음(明)이라는 하나의 기능을 가지고 있지만 백과 흑의 다양한 사물을 분별해낸다. 귀(耳)는 오직 들음(聰)이라는 하나의 기능을 가지고 있지만 청과 탁의 다양한 높낮이와 음색을 구별할 수 있다. 마찬가지로 왕(王)된 사람은 일(一)을 잡아서 만물의 바른 기준이 된다. 군(軍)에 참모총장 한 사람이 있는 것은 웬 까닭인가? 그것은 군을 하나로 계통화해야 되기 때문이다. 나라(國)에 임금(君) 한 사람이 있는 것은 웬 까닭인가? 그것은 나라를 하나로 계통화해야 되기 때문이다. 따라서 천하(天下)에는 반드시 천자(天子)가 한 사람 있어야 한다. 그것은 천하를 하나로 계통화해야 되기 때문이다. 천자는 반드시 일(一)을 잡아서 천하를 전일하게 만들어야 한다. 하나로 계통화하면 다스려질 것이고, 갈라지면 어지럽게 될 것이다. 지금 4두마차를 모는 데 4사람이 각기 고삐를 하나씩 잡고 몬다면 궁문 밖조차 나갈 수가 없을 것이다. 이유는 단순하다. 명령이 하나로 통일될 수 없기 때문이다.

「집일」의 위신(爲身)과 『대학』의 수신(修身)

여기서 우리는 전국말기의 통일제국에 대한 열망, 강력한 천자의 출현을 갈망하는 시대정신(*Zeitgeist*)의 단적인 표현을 읽어낼 수 있다. 그런데 더 재미있는 것은 그 다음에 연이어 나오고 있는 논리의 전개이다.

> 楚王問爲國於詹子。詹子對曰:"何聞爲身, 不聞爲國。" 詹子豈以國可無爲哉! 以爲爲國之本在於爲身, 身爲而家爲, 家爲而國爲, 國爲而天下爲。故曰, 以身爲家, 以家爲國, 以國爲天下。此四者, 異位同本。故聖人之事, 廣之則極宇宙, 窮日月, 約之則無出乎身者也。慈親不能傳於子, 忠臣不能入於君。唯有其材者爲近之。

초왕(楚王)이 나라를 다스리는 방도에 관해 첨자(詹子: 초楚 나라의 현인 첨하詹何)에게 물었다. 그랬더니 첨자가 다음과 같이 대답하여 말하였다: "저는 몸을 다스리는 것에 관해서는 들은 적이 있습니다만, 나라를 다스리는 것에 관해서는 들은 적이 없나이다." 첨자가 이렇게 말했다 해서, 어찌 그것이 나라에 관해서는 아무것도 다스릴 것이 없다는 것을 의미한 말이겠는가! 그는 실상 나라를 다스리는 근본이 몸을 다스리는 데(爲身) 있다고 확신하였다. 몸이 다스려지면 집이 다스려지고, 집이 다스려지면 나라가 다스려지고, 나라가 다스려지면 천하가 다스려진다. 그러므로 말하노라! 몸을 다스리는 것으로써 집을 다스리고, 집을 다스리는 것으로써 나라를 다스리고, 나라를 다스리는 것으로써 천하를 다스리노라고. 이 네 가지는 위(位: 자리, 위치)를 달리하지만 본(本: 뿌리, 근본)을 같이한다(異位同本). 그러므로 성인의 일(聖人之事)은 그것을 펼쳐 넓히면 우주에 꽉차고, 해와 달이 비치는 모든 곳에 미치며, 그것을 수렴하여 축약하면 한 몸 안에 다 들어온다. 이러한 경지는 자애(慈愛)한 부모라도 그것을 자식에게 전할 길이 없고, 충의(忠義)의 신하라 할지라도 임금의 마음속으로 집어넣어줄 수가 없는 것이다. 오로지 수신의 덕을 닦은 성인의 재목이라야 이 경지에 가깝게 올 수 있는 것이다.

이쯤에 오면 독자들은 내가 왜 『여씨춘추』와 『대학』이 동일한 패러다임에서 성립한 문헌이라고 주장할 수 있었는지에 관해 확신을 가질 수 있을 것이다. 이 심분람(審分覽)의 「집일」편은 『대학』의 논리구조의 핵심을 파악케 하는 결정적 단서를 제공하며, 『대학』이 『여씨춘추』 학자군과 담론(episteme)을 공유한 어떤 사상가의 작품이라는 것을 말해주는 확증이다. 천하를 통일할 수 있는 강력한 천자 일인의 출현을 갈망하고, 그 천자의 가치관이 모든 것을 하나로 일사불란하게 계통화시킬 수 있는 일(一)을 잡고 있어야 한다고 주장하는데, 안타까운 사실은 그 집일(執一)의 일(一)이 무엇인지를 명료하게 규정하는 말이 없다는 것이다. 그 뒤로 나오는 고사들은 전혀 이 집일의 테마와 관련이 없다(착간錯簡일 수도 있다). 그 일(一)이 마그나 카르타와 같은 군주를 포함하여 만민이 종속되는 어떤 법(法) 개념이었다면 오죽이나 좋았으련만, 문장의 분위기로 파악할 때 역시 순자가 말하는 "허·일·정"의 "일"과도 같은 추상적인 원리를 지시하고 있다고 보아야 할 것이다. 진기유(陳奇猷)는 그 "일"이 "도道" "법술法術"을 의미한다고 보고, "일술一術을 가지고 만사萬事에 대응하는 것"을 진술하고 있다고 말하고 있으나 그것은 문맥에 충실한 서술일 뿐 새로운 의미를 전달하지 않는다(本篇所言卽執一術以應萬事之旨).

자금성紫禁城 태화전太和殿

제13장 : 『대학』과 『맹자』

천하(天下)-국(國)-가(家)-신(身)의 논리는 이미 맹자에게서 시작

그러나 가장 중요한 사실은 통일적 권력의 주체로서의 천자의 다스림의 원리가 "위신爲身" 즉 "수신修身"으로 귀결되고 있다는 사실을 우리는 주목해야 한다. 그리고 제일 마지막 구문에서 말하듯이 수신이란 저절로 생겨나거나 부모로부터 전수받거나 하는 것이 아니고, 후천적 학습에 의하여 성인의 재목으로 다듬어져가는 과정이라는 것을 암시하고 있다. 이 후천적 학습의 사상이 천자의 교육기관인 "대학"으로 발전해간 것이다. 그러나 이러한, 천하의 근본이 결국 일신의 몸에 있다고 하는 생각은 이미 맹자에게 있었던 것이다. 「이루」상을 보라.

孟子曰: "人有恒言, 皆曰天下國家。天下之本, 在國; 國之本, 在家; 家之本, 在身。"

맹자께서 말씀하시었다: "사람들이 항시 하는 말이 있는데, 모두 천하·국·가를 운운하면서 어디에 근본이 있는지는 알지를 못한다. 천하의 근본은 나라에 있고, 나라의 근본은 집에 있으며, 집의 근본은 내 몸에 있다."

이러한 맹자의 언급까지 회고해보면 실로 『대학』이라는 서물이 오리지날한 창작물이라기보다는, 기존의 생각의 갈래들을 종합한 집대성의 서물이라는 것을 깨닫게 된다. 그 대강을 말하자면 맹·순의 종합이라고 말할 수 있다. 『맹자』「이루」의 언급과 『여씨춘추』「집일」의 언급이 외관상으로는 매우 유사한 논리를 가지고 있는 듯이 보이지만, 그 함의는 매우 다르다.

맹자의 논리에는 평천하(平天下)의 정치적 맥락이 없다

맹자에게는 "평천하平天下"라고 하는 정치적 행위에 대한 맥락이 전혀 없다. "평천하"를 긍정적으로 시인하는 것이 아니라 매우 부정적으로 언급하고 있는 것이다. 전국시대에 날뛰는 놈들이 말로만 "천하·국·가"를 이야기하고 있는데 그 놈들은 그 근본을 이해하지 못하고 떠들고 있다는 것이다. 나의 몸, 즉 도덕적 주체로서의 나의 몸의 내면의 축적이 없이 함부로 정치를 운운하는 제자백가에 대한 비판의 언사인 것이다. 사실 이러한 맹자의 사상은 이미 공자가 말한 "수기이안인修己以安人"이라든가 "수기이안백성修己以安百姓"(「헌문」45)의 사상을 계승한 것이다.

『대학』의 수신은 맹자보다는 「집일」편을 계승

그러나 『여씨춘추』의 「집일」편은 명료하게 "평천하平天下"라는 정치적 행위의 주체를 긍정하고 그 주체의 근본이 수신에 있다는 것을 말함으로써 수신으로써 천자의 권력을 제한시키려는 의도를 가지고 있다. 『대학』은 맹자보다는 「집일」편의 저자와 동일한 패러다임 속에 있는 사상가에 의하여 집필된 것이다. 천자의 치세의 근본이 수신에 있다는 것을 『대학』은 "자천자지어서인自天子至於庶人, 일시개이수신위본壹是皆以修身爲本"(천자로부터 서인에 이르기까지 한결같이 모두 수신으로써 근본을 삼는다)이라고 표현한 것이다. "서인에 이르기까지"라 표현한 것은 천자 일인의 수신이 감화를 일으켜 만민의 수신으로 연결되어야만 "친민"이 가능해진다는 것을 의미한 것이지만, 이 문장의 주체는 어디까지나 "천자"이다. 이런 것을 막연히 해독한 송유나 송유를 절대적 권위로 받드는 조선의 유자들은 근본적으로 『대학』을 이해하지 못한 것이다. 그리고 "한결같이"라는 강조적 어법이 구체적으로 지시하는 것은 8조목(주희의 어법)의 번쇄한 레토릭이 결국 "수신" 하나로 귀결된다는 것을 단적으로 표시한 것이다. 그러니까 8조목의 핵은 "수신"이며 "제가-치국-평천하"는 수신의 사회적 장이며, "정심-성의-치지-격물"은 수신의 내면적 축덕의 과정일 뿐이다.

격물 格物	치지 致知	성의 誠意	정심 正心	수신 修身	제가 齊家	치국 治國	평천하 平天下
수신의 내면적 축덕의 과정 Inner process of Self-Cultivation				핵核 Core	수신이 전개되는 사회적 장 Social dimension of Self-Cultivation		

"정심正心"과 "수신修身"을 같은 차원에서 논의하여 심신이원론(心身二元論)적인 입장에서 말하는 것은 넌센스에 속하는 것이다. 그리고 더더욱 넌센스라 말할 수 있는 것은 『대학』의 주요 문장을, 고전중국어의 특이한 의미론 속에서 파악하지 않고, 서양 인도유러피안 언어의 영향을 받은 형식논리적 구조 속에서 파악하여 헛소리들을 지껄인다는 것이다.

제14장:『대학』의 핵, 수신(修身)

8조목의 나열은 조건절-주절의 형식논리가 아니다

8조목의 나열이 "선先"이니 "이후而后"니 하는 말로 연결되어 있어도 그것은 하등의 "if⋯ then⋯"이라는 조건절의 제약을 받는 구문들은 아니라는 것이다. A⊃B, B⊃C, C⊃D, D⊃E, E⊃F, F⊃G, G⊃H의 나열 끝에 A⊃H가 귀결되는 어떤 형식논리가 아니라는 것이다. 다시 말해서 수신이 끝난 후에야 비로소 제가가 이루어지고, 제가가 끝난 후에야 비로소 치국을 할 수 있고, 치국을 완성한 후에나 비로소 평천하를 할 수 있는 것이 아니다. 수신·제가·치국·평천하의 수·제·치·평의 행위는 항상 동시적인 것이며 영원한 인간의 당위일 뿐이다. 한국 사람들이 길거리에서 농담을 하는 것을 보면, "수신도 안 된 놈이 뭘 제가를 하겠다느냐?"는 등, 혹은 정치지망생에게 "제가도 제대로 못한 놈이 어떻게 치국을 하려 덤비느냐?"는 등등의 말을『대학』의 정당한 해석인 것처럼 뇌까린다. 참으로 천박한 망발이라고 아니 말할 수 없다. 그런 말을 하는 사람은 진정으로 수신이 완성되었고, 제가가 완성되었기 때문에 그런 말을 내뱉는 것일까?

주희의 8조목과 경·전체제는 사라져야 한다

격물·치지·정심·성의·수신·제가·치국·평천하는 모두 등가적 가치를 지니는 항목일 뿐이며, 그것을 선이나 후라는 접속사로 연결한 것은 모든 항목이 유기적 일체를 이루는 동시적 사태라는 것을 강조하기 위한 것이다. 그것은 형식적 추리가 아니라 실천적 강조일 뿐이다. 따라서 주희가 8조목을 운운하고, 그 각 조목에 대하여 전(傳)을 꿰맞추려 했다는 것 자체가 진실로 『대학』을 이해하지 못한 치졸한 발상의 소치일 뿐이다. 경·전의 개념은 사라져야 한다!

순자의 「해폐」편이 말하는 마음의 주체성

모든 항목이 동시적인 것이지만 그 핵은 역시 "수신"일 뿐이다. 그래서 "한결같이壹是"라는 표현을 쓴 것이다. 수신의 내면적 축덕의 과정을 표현한 말 중에서 "정심正心"은 맹자의 "존심存心"사상을 계승하였다고도 말할 수 있겠지만 순자의 「해폐」편에 나오는 다음과 같은 표현을 주목할 필요가 있다.

> 心者, 形之君也, 而神明之主也。出令而無所受令。自禁也, 自使也; 自奪也, 自取也; 自行也, 自止也。故口可劫而使墨云, 形可劫而詘申, 心不可劫而使易意, 是之則受, 非之則辭。故曰: 心容, 其擇也無禁, 必自見, 其物也雜

博, 其情之至也不貳。

마음(心)이라는 것은 우리의 신체적 형태의 왕이며, 신명한 지각의식작용의 주체이다. 마음은 왕이기 때문에 명령을 내기는 해도 타자로부터 명령을 받는 일이 없다. 타자로부터 명령을 받는다면 그것은 왕이 아니다. 오직 스스로 억제하고 스스로 부리며, 스스로 버리고 스스로 취하며, 스스로 가고 스스로 멈춘다. 그러므로 인간의 입이라고 하는 것은 겁을 주면 침묵하게 만들 수가 있고, 인간의 육체는 몽둥이로 때리면 무릎을 꿇게도 할 수도 있고 펴게도 할 수 있다. 그러나 인간의 마음이란 겁을 주어서 그 뜻(意)을 바꾸게 만들 수는 없다. 자기가 판단해서 옳다고 생각하면 받아들이고, 그르다고 생각하면 거부할 뿐이다. 그러므로 말하노라. 인간의 마음은 지각작용을 할 때, 그 선택함에 외부로부터 구속을 거부하며, 반드시 스스로 보고 자각적으로 판단한다. 환경과 감응할 때도 사물은 매우 잡박(雜博: 잡다하고 통일성이 없다)하지만 그것을 인식하는 마음작용의 지극함은 통일성을 잃는 법이 없다.

나는 인간의 "마음의 주체성"(the subjectivity of human mind)에 관하여 이토록 강렬하고 명료한 언표를 접한 적이 없다. 『대학』이 말하는 "정심正心"은 이러한 순자의 마음의 주체성에 관한 고귀한 정신을 깔고 해석해야 할 것이다.

순자 「해폐」편의 인심도심(人心道心)론과 『대학』의 정심(正心)

이 문장 뒤로 나오는 순자의 언어는 이미 송유들이 말하는 인심도심론(人心道心論)의 모든 가능성을 보다 더 깊은 차원에서 명료하게 지적하고 있다.

處一危之, 其榮滿側; 養一之微, 榮矣而未知. 故道經曰: "人心之危, 道心之微." 危微之幾, 唯明君子而後能知之. 故人心譬如槃水, 正錯而勿動, 則湛濁在下, 而淸明在上, 則足以見鬚眉而察理矣. 微風過之, 湛濁動乎下, 淸明亂於上, 則不可以得大形之正也. 心亦如是矣, 故導之以理, 養之以淸, 物莫之傾, 則足以定是非決嫌疑矣.

그러므로 전일한 마음의 상태에 처하여 위태로운 일들을 조심스럽게 다루면 그 광명은 만물에 가득 넘칠 것이요, 전일한 마음을 기르고 닦아 미묘한 경지에 이르게 되면 그 광명은 모르는 사이에 찬연히 빛난다. 그러므로 선왕지도를 전하는 경(經)에 다음과 같은 말이 있다: "인심(人心)은 위태로운 상황에 끊임없이 처하여 조심하는 것이며, 도심(道心)은 미묘하여 헤아리기 어려운 것이다." 이 위태로운 인심과 미묘한 도심의 갈림길은 오직 명철한 군자(明君子)라야 비로소 분별할 수 있는 것이다. 그러므로 인심이란 비유하자면 대야에 담긴 물과도 같은 것이다. 대야를 반듯하게 놓고서 움직이지 아니 하면 탁한 앙금은 아래로 가라앉고 청명한 물은 위로 뜬다. 그렇게 되면 수염과 눈썹은 물론 피부의 미세한

결까지 다 비추어 볼 수가 있다. 그러나 살랑바람이라도 스치면 앙금이 밑에서 일어나고, 청명한 물이 위에서 어지럽게 되어, 얼굴을 비추어도 그 큰 윤곽조차 알아볼 수가 없게 된다. 인간의 마음 또한 이와 같은 것이니, 리(理)로써 이끌고, 맑음(淸)으로써 그 덕을 길러 나가고, 외물의 영향으로 치우침이 없게 되면, 시비(是非)를 가릴 수 있게 되고 온갖 의심나는 것들을 확연히 풀어버릴 수 있게 되는 것이다.

인심과 도심은 이원론적으로 분할되지 않는다

여기 『상서尙書』가 "도경道經"이라는 표현으로 언급되어 있으며, 「대우모大禹謨」의 "인심유위人心惟危, 도심유미道心惟微"가 "인심지위人心之危, 도심지미道心之微"로 다르게 표현되어 있다. 그러나 가장 중요한 차이는 위(危)와 미(微)의 해석이 이원론적인 대립적 규정이 아니라는 것이다. "위"는 위태롭다는 규정이 아니라, "처일위지處一危之"라는 표현대로, 전일한 마음상태를 가지고 위태로운 상황을 조심스럽게 계구(戒懼)해 나가는 노력과정을 의미한다. 따라서 인심과 도심이 도덕적 이원론의 틀 속에서 규정되어 구분되지 않는다. 『중용』에서 "성자천지도誠者天之道, 성지자인지도誠之者人之道"라고 말했듯이, 인심(人心)은 주자학에서처럼 저주의 대상이 아니라, 끊임없이 성실하려고 노력하는 "성지誠之"의 과정에 놓이게 된다. 대야에 담긴 물의 비유도 "청명淸明"과 "담탁湛濁"은 상태의 구별일 뿐 이원적 실체를 의미하지 않는다. 하여튼 이와 같은 심오한 논의를 거쳐서 『대학』에서 비로소 "정심正心"이 등장하고 있다는 것도 주목할 필요가 있다.

『대학』의 성의(誠意)는 선진유학의 새로운 국면

『대학』에서 가장 창조적인 개념은 "성의誠意"라고 생각된다. 앞의 순자의 문장에서(心不可劫而使易意) 심의 발출로서의 의(意)를 이미 말하고 있지만, 그것을 『중용』의 "성誠" 개념과 결합시킨 것은 선진유가 인성론의 전개에 있어서 매우 새로운 국면으로 보아야 할 것이다.

『대학』에 관한 더 이상의 논의는 본문의 주석을 통하여 이루어질 것이다. 『대학』과 동시대의 패러다임에서 성립한 『여씨춘추』「존사」편과, 『예기』「학기」를 먼저 역주하고 연이어 『대학』을 역주할 것이다. 「존사」와 「학기」를 읽고 나면 독자들에게 『대학』을 바라보는 새로운 안목이 생겨나리라고 본다.

21세기 조선의 학자는 주희나 왕양명을 뛰어넘을 수 있어야 한다

내가 여태까지 비교적 상세히 『대학』의 경문을 둘러싼 논의들을 소개한 이유는 한문경전이라는 것이 결코 한문의 장구의 해석으로 료해되는 것이 아니라는 것을 이 조선땅의 젊은이들에게 확연하게 깨우쳐주기 위한 것이다. 선진시대의 방대한 경전들이 모두 유기적으로 연결되어 있어 의미의 인드라망을 형성하고 있다. 그러한 경전들을 정경이나 외경이라고 규정되는 것을 막론하고 모두 섭렵해야 하는 것이다. 과거 조선조의 협애한 성균관의 학풍으로 경전을 해석해서는 아니 되는 것이다. 주희도 송나라 때의 일개 학인일 뿐이며 왕수인도 명나라 때의 일개 학자일 뿐이다. 우리는 지금 그들이 접한 중국경전보다 훨씬 더 많은 경전과 부속자료(갑골문, 금석문, 고고학자료, 백서·죽간자료 등등)를 접할 수 있으며, 인도문명이나 서양문명이 제시하는 정교한 인식론을 흡수할 수 있다. 따라서 21세기의 학문은 과거 어느 학자들보다 더 위대한 인간학의 가능성을 발현할 수 있다. 지금 와서 민주주의를 록크나 룻소의 수준에서만 말할 수는 없으며, 도덕적 이상을 주희의 수준에서 운운할 수는 없다. 그들의 학문을 훨씬 뛰어넘는 새로운 언어를 창조해야 하는 것이다.

한국의 사상은 오직 한국어로써만 가능하다

그런데 많은 사람들이 "사상"이라 하면 서양철학을 기준으로 말하려 하고, 서양언어의 정교함만으로 논리적 얼개를 구성하려고 하는데 그것은 매우 유감스러운 발상이다. 우리의 사상은 오직 "한국말"로써만 이루어질 수 있는 것이다. 한국말이 아닌 서양언어로써 우리의 사상은 절대로 이루어지지 않는다. 영어로 쓴 논문은 일차적으로 영어문화권의 산물이다. 아무리 서양철학을 마스터했다 할지라도 그 모든 어휘는 우리말로 번역되는 과정을 거쳐서 우리의 일상생활에 끈끈하게 용해될 때만이 우리개념으로서의 자격을 갖게 된다. 서양철학을 폭넓게 심도있게 공부하는 것은 장려사항에 속하는 일이지만 그것을 통채로, 생채로, 우리의 삶에 강요하는 것은 저열한 형이상학적 폭력에 속한다. 그런데 중국고경은 우리에게 엄청난 메리트가 있다. 그 주요 개념들이 거의 번역을 필요로 하지 않을 뿐 아니라 우리의 삶의 감정에 이미 용해되어 있다. "수신-제가-치국-평천하"라는 말은 한국인이라면 삼척동자라도 다 아는 말이다. 그러나 이렇게 쉬운 말 속에 이토록 어려운 많은 사상적 문제들이 함장되어 있다는 것을 깨닫게 될 때 우리문명은 도약의 계기를 맞이하게 되는 것이다. 나는 최근 언론과의 인터뷰에서 주요 국가기관으로서 "번역청"의 설립을 제창한 바도 있다. 국가예산을 민족대계를 위하여 효율적으로 쓸 수 있는 좋은 방안이라고 생각한다. 심각히 고려해 볼 만한 일이다.

사상은 쌩으로 독창적일 수가 없다. 어차피 언어를 사용하기 때문이다. 그런데 우리의 언어는 한국말이다. 그런데 한국말과 가장 친화력이 깊은 언어는 역시 한문(漢文)이다. 따라서 한국사상의 전개는 한문자료의 해독이 없이는 불가능하다. 물론 이런 모든 것을 무시하고 "비보이" 같은 사상가가 나타나서 어떤 철학을 말할 수 있을지 모르지만, 아무리 독창적인 사상가라 할지라도 고전에 대한 이해가 없으면 그것은 일시적 사상누각, 신기루가 되고 말 수도 있다. 따라서 나의 역주작업은 물론 평균적 한국의 젊은이들에게는 아직도 난해하겠지만 뜻있는 젊은이들이 고경을 쉽고 권위롭게 이해할 수 있는 계기를 마련해주리라고 확신한다. 이러한 작업의 기초 위에서 한국의 젊은이들이 노력하고 또 노력한다면 언젠가 이 땅에는 주희와 양명 같은 사상가들이 길거리에 넘치게 될 것이다. 그 르네쌍스를 꿈꾸며 나 도올은 『대학』의 역주를 한다.

「존사」 마지막에 "천자가 태학에 들어가 선성先聖을 제사지낸다"라는 말이 있는데, 국자감에 가보면 역대 제왕들이 태학을 방문하고 대성전에서 제사지낸 것을 기념하는 비각들이 있다. 어비정御碑亭 십일좌十一座는 존사의 상징물이다.

沃案 독자들의 이해를 돕기 위하여 장을 나누고 각 장마다 명칭을 부여하였다.

第一章　十聖六賢尊師

神農師悉諸, 黃帝師大撓, 帝顓頊師伯夷父, 帝嚳師伯招, 帝堯師子州支父, 帝舜師許由, 禹師大成贄, 湯師小臣, 文王、武王師呂望、周公旦。齊桓公師管夷吾, 晉文公師咎犯、隨會, 秦穆公師百里奚、公孫枝, 楚莊王師孫叔敖、沈尹巫, 吳王闔閭師伍子胥、文之儀, 越王句踐師范蠡、大夫種。此十聖人六賢者, 未有不尊師者也。今尊不至於帝, 智不至於聖, 而欲無尊師, 奚由至哉！此五帝之所以絕, 三代之所以滅。

신농(神農)은 실제(悉諸)를 스승으로 모셨고, 황제(黃帝)는 대요(大撓)를 스승으로 모셨고, 제전욱(帝顓頊)은 백이보(伯夷父)를 스승으로 모셨고, 제곡(帝嚳)은 백초(伯招)를 스승으로 모셨고, 제요(帝堯)는 자주지보(子州支父)를 스승으로 모셨고, 제순(帝舜)은 허유(許由)를 스승으로 모셨고, 우임금(禹)은 대성지(大成贄)를 스승으로 모셨고, 탕임금(湯)은 소신(小臣: 이윤伊尹)을 스승으로 모셨고, 문왕(文王)과 무왕(武王)은 여망(呂望: 강태공姜太公)과 주공단(周公旦)을 스승으로 모셨고, 제환공(齊桓公)은 관이오(管夷吾: 관중管仲)를 스승으로 모셨고, 진문공(晉文公)은 구범(咎犯)과 수회(隨會)를 스승으로 모셨고, 진목공(秦穆公)은 백리해(百里奚)와 공손지(公孫枝)를 스승으로 모셨고, 초장왕(楚莊王)은 손숙오(孫叔敖)와 심윤무(沈尹巫)를 스승으로 모셨고, 오왕합려(吳王闔閭)는 오자서(伍子胥)와 문지의(文之儀)를 스승으로 모셨고, 월왕구천(越王句踐)은 범려(范蠡)와 대부종(大夫種)을 스승으로 모셨다. 이 열성인(十聖: 신농에서 무왕까지)과 여섯 현자(六賢: 제환·진문·진목·초장·합려·구천)는 모두 스승을 존귀하게 섬기지 않은 자가 없었다. 요즈음의 지도자는 존귀하기가 제(帝)에도 미치지 못하고, 지혜롭기가 성(聖)에도 미치지 못하면서 스승을 존귀하게 여기는 자세조차 없다면 어떻게 제왕이나 성인의 자리에 이를 수 있을 것인가! 바로 이러한 이유로 오제(五帝: 황제·전욱·제곡·요·순)의 전통이 끊어지고, 삼대(三代: 하·은·주)의 문화가 면절된 것이다.

沃案 내가 말한 대로 "제帝" "성聖"의 출현을 갈망하는 논리가 배어있다. 그러한 강력한 통일 황제의 출현에 대비하여 장황하게 역대의 걸출한 제왕들이 스승을 존귀하게 모셨던 사례들을 나열하고 있는 것이다. 곧바로 처음부터 제왕들의 존사의 사례들을 열거하는 문장은 매우 단순하지만, 아주 장쾌한 느낌을 주면서 출현할 황제에게 겁을 주는 위세를 표현하고 있다. 이러한 "존사"의 논리는 황제의 교육의 당위성을 설파하는 것이다. 이러한 존사의 논리가 『학기』에서

말하는 배움의 필연성과 『대학』에서 말하는 교육강령의 비젼으로 구체화된 것이다. 그러나 이러한 추상적 논리는 전혀 황제의 권력을 제약하는 실제적 장치가 될 수 없었다는 것, 그리고 그 허점을 보완하는 제도적 장치를 고안치 못했다는 것은, "클레오파트라의 코"를 계속 얘기하는 것은 허무한 일이지만, 하여튼 안타까운 일이다.

第二章 是謂善學

且天生人也, 而使其耳可以聞, 不學, 其聞不若聾。使其目可以見, 不學, 其見不若盲。使其口可以言, 不學, 其言不若爽。使其心可以知, 不學, 其知不若狂。故凡學非能益也, 達天性也。能全天之所生, 而勿敗之, 是謂善學。

일찌기 하늘이 사람을 이 세상에 태어나게 했을 때, 그 귀에 들을 수 있는 능력을 부여하였지만, 배우지 않는다면 그 들음이란 귀머거리에도 못미치는 것이다. 그 눈에 볼 수 있는 능력을 부여하였지만, 배우지 않는다면 그 봄이란 소경에도 못미치는 것이다. 그 입에 말할 수 있는 능력을 부여하였지만, 배우지 않는다면 그 말함이란 벙어리에도 못미치는 것이다. 그 마음에 인지능력을 부여하였지만, 배우지 않는다면 그 앎이란 미친놈에도 못미치는 것이다.

그러므로 배운다고 하는 것이 인간의 감관능력 그 자체를 증익(增益)시키는 것은 아니지만, 하늘이 부여한 본성(天性: 선험적 본성이라기보다는 타고난 능력 정도의 의미가 강하다)을 잘 발현케 하는 것이다. 하늘이 부여한 능력을 온전하게 발현시키고 그것을 억압하거나 해침이 없는 것, 이것을 일컬어 잘 배우는 것(善學: 배우기를 잘한다. 선善이 동사고 학學은 그 목적어)이라고 한다.

沃案 강렬한 정치적 새타이어(political satire)라고 말할 수 있다. 요즈음과 같이 개명한 세상에도 정치적 지도자라 하는 사람이 귀머거리보다도 더 귀를 막고, 장님보다도 더 보지를 않는 사례가 얼마나 많은가! 진정한 배움이 없는 것이다. 그래서 눈을 떴으되 볼 능력이 없고, 귀는 들을 수 있으되 들을 능력이 없는 것이다. 마지막 구문인 "하늘이 부여한 본성을 잘 발현케 하는 것이다"와 같은 표현에는 맹자 내음새가 배어있다. 그러나 후천적 학습을 강조한다는 의미에서는 역시 전체적으로 순자계열에서 성립한 작품이라고 보아야 한다.

第三章 由學爲天下名士

子張, 魯之鄙家也, 顏涿聚, 梁父之大盜也, 學於孔子。段干木, 晉國之大駔也, 學於子夏。高何、縣子石, 齊國之暴者也, 指於鄉曲, 學於子墨子。索盧參, 東方之鉅狡也, 學於禽滑黎。此六人者, 刑戮死辱之人也, 今非徒免於刑戮死辱也, 由此爲天下名士顯人, 以終其壽, 王公大人從而禮之。此得之於學也。

자장(子張: 공자 제자 전손사顓孫師)은 노나라의 비천한 집안 출신의 사람이었고 안탁취(顔涿聚: 제나라의 대부, 공자 제자)는 양보(梁父: 태산 아래 한 지령. 『사기』의 「봉선서」에 보면, 예로부터 봉封 제사는 태산泰山에서 지내고 선禪 제사는 양보梁父에서 지냈다는 말이 있다)라는 지방의 대도(大盜)였는데, 공자에게 배울 수 있었다. 단간목(段干木)은 진(晉)나라의 큰 거간꾼이었는데 자하(子夏: 복상卜商)에게 배웠다. 고하(高何)와 현자석(縣子石)은 제나라의 깡패들로서 향촌에서 손가락질 당하는 자들이었는데 묵자선생(子墨子)에게 배웠다. 색로삼(索盧參: 색로가 성)은 동방(東方)의 거대한 사기꾼이었는데 묵자의 제자인 금활려(禽滑黎)에게 배웠다. 이 여섯 사람은 사형의 치욕을 당할 수밖에 없는 운명의 사람들이었는데, 오히려 사형의 치욕을 면했을 뿐 아니라, 천하의 학덕이 높은 저명인사가 되어 천수를 누렸고 왕공대인들이 그들을 따라다니며 예우를 했다. 이것은 오로지 그들이 배움을 얻은 덕분이다.

沃案 이 「존사」편의 고유명사들은 정확한 근거를 대기 어려운 것

들이 많다. 전국 말기에는 저술가들이 구전에 의하여 다양하게 인물들을 만들어내는 자유로운 풍토가 보편화되어 있었다는 것을 알 수 있다.

> 第四章　辨說論道
>
> 凡學必務進業, 心則無營。疾諷誦, 謹司聞, 觀驩愉, 問書意, 順耳目, 不逆志, 退思慮, 求所謂, 時辨說, 以論道, 不苟辨, 必中法, 得之無矜, 失之無慙, 必反其本。

대저 배운다는 것은 반드시 수업의 진도가 나아가도록 힘써야 하는 것이지만 그렇다고 가슴에 의혹이 남은 채 넘어가서는 아니 된다. 경전을 읽고 외우는 데 전념하여 서둘러야 하며, 또 선생님께서 하시는 말씀에 열심히 귀를 기울여야 한다. 의문이 생길 때는 선생님께서 기분이 좋으실 때를 틈타 경전의 뜻을 여쭈어 보아야 한다. 이때 묻는 방식이 선생님의 이목을 거슬리면 안되며 그 심지를 불쾌하게 만들면 안된다. 그리고 물러나서는 혼자 반추하면서 생각을 깊게 해야 한다. 그리고 선생님께서 말씀하신 바의 핵심적 도리를 탐구해야 한다. 수시로 같이 배운 사람들과 더불어 변론하면서 도(道)의 요체를 논구해야 한다. 그러나 우격다짐으로

구차스럽게 변론하면 안되고 반드시 합리적 논리에 적합해야 한다. 변론에서 이겨도 자긍(自矜)하지 아니 하며 져도 부끄럽게 생각치 아니 하며 항상 그 근본으로 되돌아가 다시 변론할 것을 기대한다.

沃案 변론이란 반드시 형식논리의 대결은 아니다. 진·가의 정답이 즉석에서 주어지는 것이 아니라 무한한 차원의 인식의 고양이 변론의 심층에 배어있는 것이다. 선생과 학생과의 관계, 학생들끼리의 배움의 과정이 매우 소상하게 그려져 있다.

第五章 謹養之道

生則謹養, 謹養之道, 養心爲貴; 死則敬祭, 敬祭之術, 時節爲務; 此所以尊師也。治唐圃, 疾灌寖, 務種樹; 織葩屨, 結罝網, 捆蒲葦; 之田野, 力耕耘, 事五穀; 如山林, 入川澤, 取魚鼈, 求鳥獸; 此所以尊師也。視輿馬, 愼駕御; 適衣服, 務輕煖; 臨飮食, 必蠲絜; 善調和, 務甘肥; 必恭敬, 和顏色; 審辭令, 疾趨翔, 必嚴肅; 此所以尊師也。

스승님께서 살아계실 때는 신중하게 봉양해드려야 한다. 봉양을 신중케 하는 그 근본은 스승님의 마음을 편하게 해드리는 것이 가장 소중한 것이다. 스승님께서 돌아가셨을 때에는 제사를 공경히 받들어야 한다. 제사를 공경히 받드는 그 근본은 계절의 규정에 맞추어 제사 지내는 것을 게을리하지 말아야 한다. 이것이 바로 스승님을 존경하는 마음이다.

학생된 자는 선생님댁 주변에 물길이 있으면 제방을 쌓고 농경지를 잘 관리해드리고, 관개를 잘 하여 침수가 안되도록 하며, 채소를 가꾸고 나무를 심으며, 짚신을 풍족하게 삼아드리며, 새잡는 망이나 짐승잡는 올가미를 엮어 드리고, 멍석을 짜드린다. 선생님댁에서 공부하다가 밭과 들에 나아가면 열심히 밭을 갈아 오곡을 수확한다. 산림에 가거나 개울·연못에 가면 물고기나 자라를 잡고 새나 짐승도 잡는다. 이것이 스승님을 존경하는 마음이다. 선생님께서 외출을 하실 때는 수레와 말을 잘 살피고, 수레를 조심스럽게 몰아드리며, 항상 상황에 맞는 의복을 준비해드리고, 또 의복은 가볍고 따뜻하게 보온이 잘 되는 것으로 선택해드린다. 선생님의 음식에 임하여서는 무엇보다도 먼저 반드시 신선함과 청결함에 신경을 쓰고, 오미(五味)를 조화시켜 맛있게 드시도록 하고, 영양분이 풍부한 것들을 잘 안배하여야 한다. 학생된 자는 항상 선생님을 공경히 응대하여 안색을 순화롭게 하여 임한다. 지시하시는 말씀을 잘 살피어, 즉각적으로 그것을 시행하고, 무슨 일이든지 엄숙하게 잘 마무리짓는다. 이것이 바로 스승님을 존경하

는 마음이다.

沃案 "존사"의 실제적, 일상적 내용이 잘 그려져 있는데, 그 내용이 결코 일개 시골 학생이 할 수 있는 내용이 아니라는 것을 잘 알 수 있다. 즉 천자가 스승을 모시는 마음자세를 염두에 두고 하는 말들인 것이다. 최고의 권력자가 이러한 마음씨가 있다면 백성도 공경하리라는 생각이 당대의 지식인들에게는 있었던 것이다. 혼란스러웠지만 자유롭고 화려했던 전국시대가 종언을 고하는 긴박한 시기에 대처하는 지식인들의 고뇌를 이러한 평범한 서술 속에서도 간파해내야 하는 것이다. 『여씨춘추』「효행」편에도 "양유오도養有五道"가 묘사되어 있다(『효경한글역주』 259~261).

第六章 成身爲天下正

君子之學也, 說義必稱師以論道, 聽從必盡力以光明。聽從不盡力, 命之曰背; 說義不稱師, 命之曰叛。背叛之人, 賢主弗內之於朝, 君子不與交友。故敎也者, 義之大者也; 學也者, 知之盛者也。義之大者, 莫大於利人, 利人莫大於敎。知之盛者, 莫大於成身, 成身莫大於學。身成,則爲人子弗使而孝矣, 爲人臣弗令而忠矣, 爲人君弗彊而平矣。有大勢, 可以爲天下正矣。

군자의 학문이라고 하는 것은, 담론을 펼 때에는 반드시 스승을 칭하면서 도(道)를 논(論)해야 하고, 스승의 가르침을 귀담아 실천하여 있는 힘을 다하여 스승의 학풍을 빛내야 한다. 귀담아 따르는데 있는 힘을 다하지 않는 것을 배(背)라고 이름짓고, 담론을 펼치면서 스승의 이름을 거론치 아니 하는 것을 반(叛)이라 이름짓는다. 현명한 임금은 배반(背叛)의 인간들을 조정에 들이지 아니 하고, 군자는 더불어 교우(交友)하지 아니 한다. 그러므로 가르침(敎)이야말로 정의의 대체(大體)이다. 배움(學)이야말로 지식의 융성함이다. 정의의 대체는 타인을 이롭게하는 것보다 더 큰 것이 없고, 타인을 이롭게하는 것은 가르침보다 더 큰 것이 없다. 지식의 융성함이란 몸을 이루는 것(成身: 『대학』의 수신修身과 완전히 일치하는 개념)보다 더 큰 것이 없고, 몸을 이루는 것은 배움(學)보다 더 큰 것이 없다. 몸이 이루어지면, 사람의 아들된 자로서 그렇게 하라고 시키지 않아도 저절로 효성스럽게 되며, 사람의 신하된 자로서 명령을 내리지 않아도 저절로 충성스럽게 되며, 사람의 임금된 자로서 강압을 가하지 않아도 저절로 공평하게 된다. 이러한 방식으로 대세를 장악하는 자라야 천하의 바른 기준이 되는 지도자가 될 수 있는 것이다.

沃案 너무도 강렬한 언사이며 『대학』을 이해할 수 있게 하는 모든 논리가 제공되고 있다. 먼저 우리가 흔히 "배반背叛"이라고 쓰고 있는 단어의 실내용이 아주 리얼하게 규정되어 있다. 배반의 가장 큰 것은 가르침과 배움 사이의 배반이다.

다음에 "성신成身"이라는 개념이 나오는데 동일한 말이 동시대의 작품이 분명한 「애공문哀公問」에도 나오고 있다. "성신"은 『대학』의 "수신"과 동일한 개념이며, 여기서 우리가 놓치지 말아야 할 사실은 "성신"이 "지식知"의 문제와 결부되어 있다는 것이며, 그것은 또 "배움學"과 연결되어 있다는 것이다. 수신은 어디까지나 배움을 통하여 몸을 이루어가는 것이며 그 과정에 깔려있는 것은 지식의 융성함이다. 수신과 격물치지가 연결될 수밖에 없는 논리적 고리가 여기 이미 「존사」편에 드러나 있는 것이다. 그리고 마지막은 "유대세有大勢, 가이위천하정의可以爲天下正矣"라는 말은 실로 제국의 출현을 눈앞에 보고 있는 지식인들의 갈망을 나타내고 있다. 그러나 그들이 갈망하는 대세(大勢)를 터득치 못한 자들이 대세를 잡았다는 데 결국 중국역사 진로의 비극이 있었던 것이다.

第七章 天子入太學

故子貢問孔子曰:"後世將何以稱夫子?"孔子

曰: "吾何足以稱哉! 勿已者, 則好學而不厭, 好敎而不倦, 其惟此邪。" 天子入太學祭先聖, 則齒嘗爲師者弗臣。所以見敬學與尊師也。

그러므로 자공이 공자에게 여쭈어 말하였다: "후세사람들이 장차 선생님을 어떻게 상찬하오리이까?" 공자께서 말씀하시었다: "내가 어찌 상찬을 받기에 족한 인물이겠는가? 부득불 나보고 어떤 사람이냐고 말하라고 한다면, 끊임없이 배우며 싫증내지 않았고, 남을 가르치는 것을 좋아하여 게으름이 없었다는 것, 그것을 말할 수 있을 뿐이로다."

천자가 태학(太學)에 들어가 지나간 성인들의 제사를 올릴 때, 일찍이 스승이었던 사람을 신하의 반열에 세우는 짓은 하지 않는다. 이러한 행동을 통하여 학문을 숭상하고 스승을 존경하는 자세를 천하에 보이는 것이다.

沃案 공자의 말은 「술이」2에 있으나, 약간 맥락이 다르고 자공의 질문이 없다. 자공과 공자의 대화를 이 자리에 끼워넣는 것은 매우 격조가 높은 편집이다. 자공은 많은 공자의 제자 중에서도 스승에 대한 존경심이 강렬했으며, 공자의 사후에도 공자를 존엄하게 만드는 데 가장 큰 공헌을 하였다. 마지막에 "천자입태학제선성天子入太學祭先聖"이라는 말이 있는데, 문맥상 명료하게 천자를 교육시키는 교육기관으로서의 "태학太學"의 기능을 토론하고 있지는 않다. "제선성"의

자리로서의 태학이다. 그러나 태학은 역사적으로 교육과 제사를 겸한 곳이었다. 천자와 태학이라는 교육기관이 같이 언급된 것만으로도 역사적 의미가 크다.

북경 국자감 대성전. "만세사표萬世師表"라고 쓴 현판은 강희제康熙帝가 직접 쓴 어필이다(1686년).

沃案 십삼경주소본(十三經注疏本)을 저본으로 하여 약간의 수정을 가하였다.

第一章 總論: 化民成俗

發慮憲, 求善良, 足以謏聞, 不足以動衆。就賢體遠, 足以動衆, 未足以化民。君子如欲化民成俗, 其必由學乎!

합리적 사유를 발(發)할 줄 알고, 훌륭한 인재를 구할 줄 아는 사람은 주변의 사람들에게 명성을 얻기에는 충분하지만 대중을 움직이기에는 충분하지 아니 하다. 현자가 있는 곳에 찾아가 고개 숙이고 배우며, 멀리 떨어져 있는 사태까지도 체찰(體察)하여 판단하는 지도자는 대중을 움직이기에는 충분하지만 백성의 삶의 양식을 변혁시키는 데는 충분하지 아니 하다. 군자(沃案. 군주의 뜻)가 만약 백성의 삶의 양식을 변혁시켜 새로운 풍속을 이루고자 한다면 배움을 통하지 않고서는 아니 된다.

沃案 『학기』의 총론적 언급인데 참으로 장쾌한 발언이라 할 수 있다. 학문의 공능(功能)을 문명의 패러다임의 전환(paradigm shift)과 관련시키고 있다는 것이 그 특징이다. 즉 『학기』도 후대의 유자들이 생각하듯이 어떤 배움에 대한 갈망을 촉구하는 추상적 도덕교과서가 아니라, 새로 태동하는 문명의 새로운 패러다임을 형성하려면 학

문에 의존치 않고서는, 불가능하다는 것을 역설하는 정치적 논문(a political treatise)인 것이다. "화민성속化民成俗"이란 실제로 현대말로 표현하자면 "혁명革命"(Revolution)의 의미와 같다. 『학기』는 학문을 통한 혁명을 논구하는 서물이라고 말할 수 있다.

"발려헌發慮憲"의 "헌"은 정현이 "법야法也"라고 주를 달았다. 그래서 "사유를 발하여 법에 들어맞는다"라는 식으로 해석하기도 하지만, 유월(兪樾)의 설대로 "려慮"와 "헌憲"은 같은 의미이며, 하나의 개념으로 묶어 생각하는 것이 좋다. 나는 "려헌"을 "합리적 사유"(rational thinking)로 번역하였다. 제1장은 1)합리적 사유(發慮憲) 2)실천적 판단(就賢體遠) 3)학문적 탐구(由學化民)라는 삼 단계의 사회변혁방법을 논하고 있는 것이다.

第二章 敎學相長

玉不琢, 不成器; 人不學, 不知道。是故古之王者, 建國君民, 敎學爲先。兌命曰: "念終始典于學。" 其此之謂乎。雖有嘉肴, 弗食不知其旨也。雖有至道, 弗學不知其善也。是故學然後知不足, 敎然後知困。知不足, 然後能自反也。知困, 然後能自强也。故曰敎學相長也。兌命曰: "斆學半。" 其此

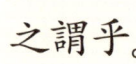

之謂乎。

아무리 훌륭한 옥(玉)이라도 쪼지 않으면 그릇을 이루지 못한다. 아무리 훌륭한 사람(人)이라도 배우지 않으면 도(道)를 알지 못한다. 그러므로 옛 성군들은 나라를 세워 백성들의 지도자 노릇을 하려면 반드시 가르치고 배우는 교육을 으뜸가는 과제로 삼았다. 『서경』「열명」에 이르기를, "사람은 모름지기 처음부터 끝까지 일생동안 배우기를 힘써야 한다"라고 했는데, 이 말씀은 바로 성군들이 나라를 세움에 교육을 우선으로 생각했다는 것을 천명한 말씀일 것이다.

비록 아름다운 요리가 앞에 놓여있다 할지라도 그것을 먹어보지 않으면 그 맛을 알 길이 없다. 비록 지극한 도리가 앞에 놓여있다 할지라도 그것을 배워보지 않으면 그 위대함을 알 길이 없다. 그러하기 때문에 배우고 난 연후에나 비로소 자신의 부족함을 깨달을 수가 있고, 가르쳐보고 난 연후에나 비로소 교육의 곤요로움을 깨달을 수 있다. 자신의 부족함을 깨달은 연후에 사람은 진정으로 자기를 반성할 수 있게 되고, 교육의 어려움을 깨달은 연후에 교육자는 자신의 실력을 보강하게 된다. 그러므로 말하노라! 가르침과 배움은 서로를 키운다(敎學相長: 가르치는 자와 배우는 자가 서로를 교육시킨다는 「학기」의 금언). 「열명」에 이와 같이 말했다: "가르치는 것은 배우는 것이 그 반이다." 이 말씀은 교학상장을 두고 하신 말씀일 것이다.

沃案 내가 「학기」를 통하여 가장 사랑하는 내용을 담은 단락이다. 아마도 "화민성속化民成俗"과 "교학상장教學相長"이라는 두 마디를 인류문명에 제시한 것만으로도 「학기」는 그 사명을 다했다고 말할 수 있다. "To teach is to learn."이라는 말은 세계 어느 문명에나 있는 말이겠으나 그것은 상식수준에 머무르는 말이며 이토록 경전의 키 메시지로서 명료하게 언표된 유례는 지구상 어느 문명에도 없다. 중국 인문문명(studia humanitatis)의 고도성과 구체성을 과시하는 금언이라고 말할 수 있다. 「학기」의 논의의 주테마는 어디까지나 배움이지만, 배움 그 자체가 가르침을 통해서 형성된다는 격조 높은 주제를 말하고 있는 것은 「학기」 저자의 비권위주의적 개방성의 사유체계를 잘 나타내 주고 있다. 인간은 가르칠 때 비로소 참다운 배움을 얻을 수 있다. 배우지 않은 자는 가르칠 수가 없다. 또 가르쳐보지 않은 자는 그 배움을 심화시킬 방도가 없다. 배움과 가르침의 이러한 역동성, 변증법적 발전가능성이야말로 문명의 핵심이다.

앞단에 "건국군민建國君民, 교학위선教學爲先"이라고 말한 것은 바로 이 「학기」가 "건국"의 시기, 즉 새로운 문명의 출발시기, 곧 전국이 끝나고 제국이 출현하는 시기에 쓰여졌다는 것을 입증한다. "건국"을 하려면, 다시 말해서 새로운 문명을 건설하려면 반드시 "교육"의 문제를 어떻게 설정해야 할 것인가 하는 과제가 선결조건이라는 것이다. 그런데 재미있는 것은 교육이란 다름이 아니고 가르침과 배움의 의사소통과정이라는 것이다. 공자는 "인(仁)에 당하여서는 스승에게도 양보하지 않는다. 當仁, 不讓於師"라고 하였고 "유교무류有敎無類"를 말하였다. 다시 말해서 비권위주의적인, 보편적인, 류가 없는 소통관계 그것이 바로『대학』이 말하는 "친민親民"의 실상인 것이다. 지배자와 피지배자가 가르침과 배움의 관계로 소통되며, 피지배자 서로간에, 백성 상호간에 가르침과 배움의 의사소통이 있어야 서로가 친밀해지고 국론(國論)이 분열되지 않는 것이다.

여기「열명」편에 관하여 정현은 세 편이 있으나 지금은 없어지고 찾아볼 수 없다고 말했는데(高宗夢傅說, 求而得之, 作說命三篇, 在尙書, 今亡), 이것은 정현이 본『금문상서』에는 이 세 편이 없었다는 역사적 사실을 말해준다. 현재 이 세 편은『고문상서』에 수록되어 있는데, 나는『고문상서』를 위작으로만 볼 수는 없다고 생각한다. 하여튼「학기」의『상서』인용은 금고문에 관하여 의미있는 실마리를 제공하고 있다(「학기」중에 나오는 "兌命" "說命"은 모두 같은 글자의 다른 표기방식이며 다 "열"로 읽는다).

주소본에는 "학학반學學半"으로 되어 있는데『상서』에 따라 "효학반斆學半"으로 고쳤다. "효斆"는 가르친다는 뜻이다. 보통 이 문장을 "가르침은 배움의 반이다"(言敎人, 居學之半。주희『서경』해석)라고 해석하는데 그렇게 해석하면 뜻이 명료하지 못하다. "가르친다는 것은 그 반이 배우는 것이다"라고 번역해야 그 뜻이 명료해진다. 가르치는 행위 가운데서 이미 그 반은 배움을 얻는 과정이라는 것이다.

오늘날 우리사회가 민주사회라고 하나 바로 이 "교학상장"의 원리 하나도 실천하지 못하고 있는 사회라고 말할 수 있다. 가르치는 자가 참으로 가르침을 전달할 수 없도록 만들고, 배움을 얻으려는 자가 참으로 원하는 배움을 얻을 수 없도록 만드는 교육시스템, 미디어환경이 강압적으로 부과되고 있다. 국가의 모든 공적 체제는 소수의 이권을 위하여 동원되면 안된다.

第三章　小成大成

古之教者, 家有塾, 黨有庠, 術有序, 國有學。比年入學, 中年考校, 一年視離經辨志, 三年視敬業樂羣, 五年視博習親師, 七年視論學取友, 謂之小成。九年知類通達, 強立而不反, 謂之大成。夫然後足以化民易俗。近者說服, 而遠者懷之, 此大學之道也。記曰: "蛾子時術之。" 其此之謂乎!

예로부터 교육을 행하는 장소를 말하자면, 25집 단위의 지역범위(家)에는 숙(塾)이라는 것이 있었고, 500집 단위의 지역범위(黨)에는 상(庠)이라는 것이 있었고, 12,500집 단위의 지역범위(術=遂)에는 서(序)라는 것이 있었고, 나라의 수도에는 대학(大學)이라는 것이 있었다.

대학은 매년 학생을 모집하였고, 한해 걸러, 그러니까 2년에 한 번(2년이 되는 해 연말) 시험을 치루어 그 성적을 점검하였다.

일 학년 생도의 경우는 그들이 경전을 장구를 나누어 읽을 줄 알고, 또 그 의미를 변별할 줄 아는가를 살핀다. 3학년 생도의 경우는 학업을 공경히 하며 동료학생들과 잘 어울려 지내는가를 살핀다. 5학년 생도의 경우는 배우는 것을 폭넓게 하고 선생님을 잘 따르는가를 살핀다. 7학년 생도의 경우는 학문의 시비를 가리어 논술할 줄 알고, 학문의 동반자인 친구를 선택할 줄 아는가를 살핀다. 대학교육이 여기까지 이르게 되면 이를 일컬어 소성(小成)이라고 한다. 9학년 생도의 경우는 사물을 분류할 줄 알고, 그것을 다시 일반화시켜 통달하는 법칙을 깨달을 줄 안다. 그리고 굳건하게 진리에 한번 서면 이전의 폐습으로 되돌아가지 않는다. 대학교육이 이러한 경지에 도달하게 되면 이를 일컬어 대성(大成)이라고 한다. 이 정도가 된 연후에 비로소 민중을 변화시키고 인민의 풍속을 개혁시킬 수 있는 지도자가 되는 것이다. 그러한 개변의 결과로 가깝게 있는 사람들이 마음속 깊이 감복하고 멀리 있는 사람들도 그 덕을 사모하게 되는 것이니, 이것이야말로 대학의 도(大學之道)이다. 옛 기록에 이와 같은 말이 있다: "개미도 부지런히 흙을 입에 머금는 일을 배운다. 그리하여 큰 둔덕을 만든다." 이것이야말로 대학의 도를 두고 한 말이 아니겠는가!

沃案 여기 그 유명한 "대학지도大學之道"라는, 『대학』의 첫머리에 있는 구절과 동일한 표현이 나오고 있다. 그리고 대학이라는 교육기관의 커리큘럼 내용이 소상하게 밝혀져 있다. 청유 진례(陳澧, 츠언 리, Chen Li, 1810~1882)는 여기 "지류통달知類通達"이라 한 것은 바로 『대학』에서 "물이 격되면 앎이 이른다物格而后知至"라고 한 것과 상통하며, "강립이불반强立而不反"이라고 한 것은 『대학』에서 "의가 성실해진 후에 심이 바르게 되고, 심이 바르게 된 후에 몸이 닦여진다 意誠而后心正, 心正而后身修"라고 한 것과 상통하며, "부연후족이화민역속夫然後足以化民易俗。근자열복近者說服, 이원자회지而遠者懷之"라 한 것은 『대학』에서 말하는 "가제家齊, 국치國治, 천하평天下平"의 과정과 상통하며, 이것들은 서로 발명한다고 하였다. 그리고 "리경변지離經辨志, 경업낙군敬業樂群, 박습친사博習親師, 논학취우論學取友"가 모두 『대학』에서 말하는 격물치지의 구체적 사례라고 하였다. 한번 주목해볼 만한 학설이라고 생각한다(『동숙독서기東塾讀書記』卷九).

여기 가장 중요한 표현은 "소성小成"과 "대성大成"인데, 앞서 「존사」에서도 "성신成身"이라는 표현이 있었듯이 소성과 대성은 성신, 즉 수신의 과정을 말하는 것이다. 즉 수신(修身)이라는 것은 몸 속에 무엇인가를 축적하여 이루어나가는 것(成)이다. 그런데 성신 즉 수신의 가장 중요한 증표는 대성(大成)이며, 대성의 내용은 "강립이불반强立而不反"인 것이다. 한번 굳건하게 서면 이전 상태로 되돌아가지 않는 것을 말한다.

　요즈음 남·여를 불문하고 "다이어트"에 미쳐있는데, 일시적으로 살을 뺀다는 것은 결코 어려운 일은 아니다. 그러나 문제는 항상 몸무게가 이전 상태로 되돌아간다는 데 있다. 이전 상태로 되돌아가면 실상 아니 뺀 것만도 못하다. 그러니까 살을 뺀다는 것은 나의 의식상태와 생활습관 그리고 식사조건 그리고 의지력 등 그 모든 것이 다시 이전상태로 되돌아가지 않는 그 유기체의 전체구조의 변혁을 확립함으로써 가능해지는 것이다. 인간에게 가장 어려운 것은 "욕망의 제어"이다. 이것이 송유가 말하는 인심·도심의 문제이며 바울이 말하는 "십자가에 못박힘"의 문제이며 "육체의 종노릇을 하지 않고 성령에 따라 산다"는 것을 의미하는 것이다.

　따라서 "화민역속化民易俗"이라는 것은 단지 사회적 맥락에서만 이야기하는 것이 아니다. 한 개체 속에서도 "화민역속"은 중대한 의미를 지니고 있는 것이다. 그것은 "나의 인격을 변화시키며 나의 풍속(습관)을 개혁시키는 것"을 의미한다. 새로운 인간으로 태어나서 이전의 "비만의 죄악"으로 되돌아가지 않는 것을 의미하는 것이다. "생명의 새로움 속에서 걷는 것"(we too might walk in newness of life,「로마서」6:4)을 의미하는 것이며 "마음을 새롭게 함으로써 변화를 받는 것"(be transformed by the renewal of your mind,「로마서」12:2)을 의미하는 것이다.

　수신의 징표는 대성(大成)이며, 대성이란 "진리의 깨달음에 굳건히

서면 이전의 상태로 돌아가지 아니함"을 의미한다. 이것이 바로 공부(工夫: discipline)의 참 의미이며, 대학의 길인 것이다. 21세기에 아직도 과거 군사독재시절의 타성을 고집하려 한다면 과연 이 민족의 앞날이 어디에 있겠으며 하나님의 영광이 어디에 있겠는가?

『학기』는 『대학』보다는 훨씬 더 구체적으로 "대학"이라는 교육기관의 존립을 전제로 해서 논의를 전개하고 있다는 것을 알 수 있다. 그러니까 『학기』는 『대학』보다는 조금 후대에 성립한 문헌일 가능성이 높다.

第四章 敎之大倫

大學始教, 皮弁祭菜, 示敬道也。宵雅肄三, 官其始也。入學鼓篋, 孫其業也。夏楚二物, 收其威也。未卜禘, 不視學, 游其志也。時觀而弗語, 存其心也。幼者聽而弗問, 學不躐等也。此七者, 教之大倫也。記曰: "凡學, 官先事, 士先志。" 其此之謂乎!

대학의 수업이 시작되는 첫날에는 교관이 천자의 조정에서나 입는 피변복을 입고 나물을 준비하여 제사를 먼저 지내는 것은 학

문의 선배인 지나간 성인들의 길에 대한 공경을 표시하는 것이다(1). 학생들에게 『시경』 소아(宵雅=小雅) 3편의 노래(고주에 의하면 「녹명鹿鳴」「사모四牡」「황황자화皇皇者華」라고 한다)를 암송하여 부르게 하는 것은 이미 그들이 관(官)의 삶에 들어섰다는 것을 알려주는 것이다(2). 학생들이 대학에 들어서면 수업이 시작되는 큰 북을 울려 교실에 학생들을 모으고, 책상자를 열어 서적을 꺼내게 하는데, 이것은 학생들이 학업을 공손한 마음자세로 대해야 한다는 것을 깨우치려 함이다(3). 교실에 개오동나무와 광대싸리로 만든 회초리를 걸어놓는 것은 학생들에게 위엄을 갖추도록 하게 하는 것이다(4). 천자께서 가장 큰 제사인 체제(禘祭) 지낼 날을 점치지 않으시고 계신 동안에는 시험을 보지 않는 것은 학생들로 하여금 마음의 여유를 갖게 하려는 것이다(5). 교관은 때때로 학생들의 학업진도를 관찰하여 점검하면서도 그들에게 직접적으로 말하지 않는 것은 학생들이 스스로 마음에 깨우침을 얻기를 바라기 때문이다(6). 연소한 학생은 연장자들의 의론을 경청하기만 할 뿐 연장들보다 앞서 함부로 질문을 던지지 않게 하는 것은 배움에도 선후배의 질서가 있어 함부로 엽등(躐等)하지 않게 하려는 것이다(7). 이 일곱 가지는 대학에서 학문을 가르치는 대원칙이며 윤리이다. 옛 기록에 이와 같이 말했다: "대저 학문을 가르치는데 있어서 이미 관에 있는 사람들에게는 구체적 사례를 가르치는 것을 우선으로 하고, 아직 관에 나아가지 않은 선비에게는 그 뜻을 기르는 것을 우선으로 한다." 이것은 아마도 여기서 말한 일곱 가지 원칙을

두고 한 말일 것이다.

沃案 대학의 가르침의 대륜(大倫)을 말하고 있다. 교육의 윤리강령인 것이다. 그 마음 씀씀이가 매우 구체적이다. 수학과정이 영상자료를 보는 듯, 생생하게 묘사되어 있다. 체제사는 보통 천자가 여름에 지내는 것으로서 5년에 한 번 열리며, 천자가 제사를 지낸 후에는 대학을 시찰한다라는 주석도 있으나 여기 상황에 적합하지 않다. 『예기』에 나오는 체제사의 기술이 일정하지 않다.

第五章 大學之敎

大學之敎也, 時敎必有正業, 退息必有居學。不學操縵, 不能安弦; 不學博依, 不能安詩; 不學雜服, 不能安禮; 不興其藝, 不能樂學。故君子之於學也, 藏焉脩焉, 息焉遊焉。夫然, 故安其學而親其師, 樂其友而信其道。是以雖離師輔而不反也。兌命曰:"敬孫, 務時敏, 厥脩乃來。"其此之謂乎。

대학의 교육이라는 것은, 절기에 맞추어 짜여지는 커리큐럼에 따라 반드시 정해진 수업이 있다. 그리고 학교에서 물러나와 쉴 때

에도 반드시 집에서 행하여야 하는 숙제가 있다. 항상 끊임없이 몸으로 익힌다는 것이 중요한 것이다. 음악을 공부할 때도 항상 손에 현줄이 익어있지 않으면 거문고 위에서 편안할 수가 없다. 시를 익힐 때에도 항상 다양한 비유나 은유를 넓게 외워두지 않으면 시와 더불어 편안할 수가 없다. 예를 배울 때에도 다양한 복식에 관해 구체적인 지식이 없으면 예와 더불어 편안할 수가 없다. 다시 말해서 잡스러운 듯이 보이는 기예에 깊은 흥미를 가지고 있지 않으면 정통적인 학문도 제대로 할 수가 없다. 그러므로 군자의 학습법이란 문제가 되는 것을 항상 머릿속에 담고 있다가 촉발의 계기가 찾아오면 그것을 열심히 연구한다. 그리고 휴식을 취하고 한가롭게 노닐 때도 항상 학문에서 생겨나는 의심과 관심사를 마음에서 지우는 법이 없다. 대저 항상 배움이 삶에 붙어있기에 배움이 즐거울 수밖에 없고 스승과 친하게 될 수밖에 없다. 그리고 벗과 학문적으로 사귀는 것을 즐기며, 삶 속에서 도(道)를 항상 신험한다. 그러기 때문에 사우(師友)를 떠나 있어도 사우의 가르침을 배반하는 일이 없다. 「열명」에 다음과 같은 말이 있다:"공경하고 겸손하라. 때에 맞추어 민첩하게 배우라. 그리하면 학문의 성취가 반드시 너에게 오리라." 이것은 바로 이상의 마음가짐을 두고 한 말일 것이다.

沃案 학문은 삶의 과정이다(Learning is the process of life). 산다는 것 그 자체가 배움이다(To live is to learn). 배움이 결코 일상적 삶과

유리되지 않는다는 것을 말하고 있다. 그리고 배움은 이성적 능력에 의한 이해만을 의미하는 것이 아니라, 손과 몸과 마음이 익어지는 과정이며, 감수성의 계발을 의미한다는 것을 말하고 있다. 피아노는 결코 머리로 치는 것이 아니라 손이 치는 것이다. 손에 화성의 간격이 배어있지 않으면 안된다. 음악은 손이 말하는 언어인 것이다. 지식도 이와 똑같다. 항상 의문되는 것을 가슴에 품고 살면서 끊임없이 반추하고 깨달아가는 과정이 피아노 건반이 손에 익어가는 과정과 같다는 것이다. "기예에 능하지 않으면 정통적인 학문도 즐길 수 없다. 不興其藝, 不能樂學." 이 한마디의 메시지는 오늘의 한국지성에게 던지는 의미가 크다.

第六章 歎教之不刑

今之敎者, 呻其佔畢, 多其訊, 言及于數, 進而不顧其安, 使人不由其誠, 敎人不盡其材。其施之也悖, 其求之也佛。夫然, 故隱其學而疾其師, 苦其難而不知其益也。雖終其業, 其去之必速。敎之不刑, 其此之由乎!

상술한 바의 정도의 교육과는 달리 요즈음의 교육이라는 것은 교사가 단지 앞에 놓인 교과서를 읊조릴 뿐, 쓸데없이 어려운 질문을 잔뜩 늘어놓아 자신의 박학만을 과시하며 그 가르치는 말이 산만하기 그지없다. 진도만을 서두르며 학생이 편안하게 이해하는 것을 고려치 아니 하며, 학생으로 하여금 본심으로부터 학문을 좋아하도록 이끌어주지 않으며, 가르침에 학생 스스로 가지고 있는 개성을 다 발현할 수 있도록 만들어주지도 않는다. 이와 같이 가르치는 방법이 틀려먹었으니 당연히 학생들이 학문을 추구하는 방법도 틀려먹을 수밖에 없다. 이렇게 되면 학생들이 그 학문 자체를 싫어하게 되며 교사를 미워하게 되고, 배우는 것이 어렵게만 느껴져 고통을 받아 그 학문이 자신의 생애에 큰 이득이 된다는 것을 깨달을 길이 없다. 비록 학업을 다 마치고 졸업은 하였지마는, 학교를 떠나자마자 곧바로 학문에서 마음이 떠나버린다. 요즈음 교육이 공(功)이 드러나지 않음이 바로 이 때문이 아니겠는가?

沃案 마지막 구절은 교육의 실패를 개탄하는 말이다. 읽어보면 알겠지만 『대학』이라는 텍스트는 매우 이념적인 데 반해 『학기』는 실제로 교육현장에 일어나는 사례를 들어 구체적으로 교육의 문제점을 논의하고 있다. 그리고 학생의 배움만을 주제로 한 것이 아니라 동시에 교사의 가르침도 주제로 삼아 날카로운 비판의 잣대를 적용한다. 「존사」편에서 같이 스승의 무조건적인 권위를 말하지 않는다. 따라서 「존사」가 천자의 권력을 제한키 위하여 스승의 권위를 높여야 한다는 문제의식을 가지고 있는 데 반해, 「학기」는 "교학상장敎學相長"이라는 교육자와 피교육자간의 쌍방적 관계를 일관된 주제로 이끌어가

고 있는 것이다. 교육의 실패의 원인을 일차적으로 학생측에 있다고 보지 않고, 학생을 계도하여가는 선생측에 있다고 명언하고 있는 것이다.

따라서 「존사」와 「대학」이 같은 시기에 집필되었다면 「학기」는 대학이라는 기구의 성립이후에 집필된 것으로 간주된다. 「학기」의 저자는 이미 교육기관이 파생시키는 문제점을 숙지하고 있기 때문이다. 그렇다고 본다면 「학기」는 한무제 이후의 시기에 집필된 것으로 보는 것이 정당하다고 할 것이다. 『예기』라는 문헌 자체가 선제(宣帝) 즈음 시기에 성립한 것으로 사료되고 있으므로 아마도 「학기」는 소제(昭帝, BC 87~74 재위)·선제(宣帝, BC 74~49) 시기에 집필된 것으로 사료된다.

이 닫의 논의는 21세기 점점 피폐해져가고 있는 대한민국 중·고등학교 공교육의 교실현장을 보고있는 듯, 그 논의가 매우 리얼하고 문제의 핵심을 파악하고 있다. 학문을 즐기지 못하고 졸업만 하면 학문에서 마음이 떠나버린다는 것이 가장 큰 문제라 할 수 있다.

여기 "신기점필呻其佔畢"의 "점필佔畢"은 교과서를 의미한다. "점佔"을 "시視"(보다)로 훈하기도 하나, "점籤"으로 훈하는 것이 맞다. 대죽간의 책들이다. "필畢"도 "간簡"을 의미한다. 이 "점필"이라는 단어는 우리나라에서 조선 사림의 종장이라고 말할 수 있는 밀양사람 김종직(金宗直, 1431~1492)의 호로서 유명하다. 김종직 문하에서 김굉필이 나왔고, 김굉필 문하에서 조광조가 나온 것은 주지의 사실이다. 그런데 김종직이 "점필"이라는 단어가 매우 부정적으로 쓰인 사례라는 것을 몰랐을 리 없는데 왜 하필 호를 "점필재佔畢齋"라고 했는지 알 수가 없다. 김종직은 이 「학기」의 구문을 "판에 박힌 교과서"라는 식으로 해석하지 아니 하고, "죽간을 보다"라고 해석하였을 것이다. 다시 말해서 "책을 읽는 재실"이라는 뜻으로 겸손하게, 혹은 반어적으로 사용하였을 것이다. 하여튼 조선유자들의 경전이해가 폭넓지 못했다는 것만은 이런 사례에서도 알 수 있다. 지금도 밀양에 가면 제대리에 점필재가 태어나고 죽은 곳인 추원재(追遠齋)가 잘 보존되어 있다(점필재가 죽은 해에 콜럼버스 신대륙 발견). 꼭 한번 가볼 만한 곳이다. 사람은 아는 것만큼 본다. 문화재를, 고전을 이해하고, 탐방하는 것이 중요하다.

第七章 大學之法: 豫、時、孫、摩

大學之法, 禁於未發之謂豫。當其可之謂時, 不陵節而施之謂孫。相觀而善之謂摩。此四者, 敎之所由興也。

대학의 교육방법에 있어서, 학생들이 오류를 범하기 전에 사전에 어린시절에 조여 금지시키는 것을 예(豫)라고 일컫는다(1). 그리고 적절한 때가 되면 당연히 가르쳐야 할 것을 맞추어 가르치는 것을 시(時)라고 일컫는다(2). 그리고 한 인간의 수용능력의 절도에 알맞게 가르치는 것을 손(孫: 실제로 "순順"의 뜻이다)이라고 일컫는다(3). 그리고 피교육자들이 서로를 관찰하여 서로의 경지를 고양시키기 위해 노력하게 만드는 것을 마(摩)라고 한다(4). 이 4가지, 예·시·손·마야말로 대학교육을 성공적으로 만드는 방법이다.

沃案 예는 "prevention," 시는 "timeliness," 손은 "proper capacity" 마는 "mutual enlightening"의 뜻이다.

예 豫	사전에 방지함 prevention	대학지법大學之法
시 時	때에 맞추어 가르침 timeliness	
손 孫	능력에 맞추어 가르침 proper capacity	
마 摩	서로 관찰케 하여 능력을 향상시킴 mutual enlightening	

여기서 가장 중요한 것은 "예豫"라는 것이다. "금어미발禁於未發"이라고 규정되는 말인데, 오류의 사전방지라는 뜻보다는, 실제로 감정이 발현되기 이전에 타부(taboo)를 심어준다는 뜻이다. 금지해야 할 것, 자제해야 할 것, 절제해야 할 것들을 어린 시절에 가르쳐야만 효

율성이 높다는 것이다. 다시 말해서 어른이 되면 도덕을 가르치기가 어렵다는 것이다. 그런데 요즈음은 "내 자식 기살리기"가 판을 쳐서, 어릴 때 방종에 흐르게 한다. 어린 부모들이 학교에서 조금만 자기 자식이 불이익을 당하거나 선생에게 야단을 맞으면 항의를 하곤 하는데 결국 이런 식의 교육은 불합리한 사회를 이겨나가는 합리적인 인간을 만드는데 오히려 실패한다. 어릴 때 야단도 맞고, 억울한 것도 당해보고, 타부의 도덕도 몸에 배이고 해야만 커서 품위있는 인간으로 성장하는 것이다. 요즈음 말하는 리버랄 에듀케이션(liberal education)도 어렸을 때 조이고, 커가면서 풀어나가는 것을 말하는 것이다. 커가면서 풀지 않으면 억압이 되지만, 어릴 때 품성도덕을 가르치는 것은 결코 억압이라 말할 수 없다. 밥 먹는 습관, 방청소 하는 습관, 잠자는 습관 하나라도 어릴 때 가르치지 않는다면 도대체 언제 가르치겠다는 것인가? 방자하고 무식한 서양아이들을 본받는 것이 개화교육일까? 서양사람들도 품위있는 가정에선 얼마나 철저히 예절을 가르치고 있는지 아는가?

第八章　教之所由廢

發然後禁, 則扞格而不勝。時過然後學, 則勤苦而難成。雜施而不孫, 則壞亂而不脩。獨學而無友, 則孤陋而寡聞。燕朋逆其師。燕辟廢其學。

> 此六者, 敎之所由廢也。

이미 불선(不善)의 씨가 다 커버린 후에 그것을 다스리려고 한다면 엄청난 저항이 있게 되며 결코 교육자가 피교육자를 이길 수 없다(1). 그리고 또 교육의 적당한 시기가 지나가 버린 후에 배우려고 하면 죽도록 고생만 하고 성취하기가 지극히 어렵다(2). 잡다하게 이것저것 가르쳐주어도 본인의 수용능력이 따라주지 아니하면 학업이 혼란스럽기만 하고 잘 닦아지지 않는다(3). 친구 없이 외톨이가 되어 공부만 하면, 사람이 고루해지고 편견에 가득차며 지식의 범위가 좁아질 수밖에 없다(4). 그리고 놀기만 좋아하는 친구들과 어울리다보면 선생님 말씀을 점점 거스르게 되고(5), 아예 놀기만 좋아하는 습벽이 몸에 배어 버리면 학문 그 자체를 폐하게 된다(6). 이 여섯 가지가 교육이 망하게 되는 이유이다.

沃案 앞에서 사마광이 "격물"의 "격"을 "한어扞禦"라고 풀이했는데, 그 풀이는 기실 여기서 말하는 "한격扞格"에서 온 것이다. 그러나 양자의 맥락은 다르다. 여기서는 좋은 도덕의 가르침을 거부한다는 뜻이고, 사마광이 말하는 것은 부도덕한 외물의 유혹을 거부한다는 뜻이다. 그러나 거부한다는 맥락은 일치한다. 교육패망의, 이 여섯 가지 이유 중에서 제일 주목해야 할 것은 "독학이무우獨學而無友"라는 사태이다. 아무리 공부를 잘해도 "독학"은 고루함과 완고함과 편견과 과문(寡聞)을 조장한다. 대개 산 속에서 도 닦았다고 하는 사람들

은 100% 엉터리라는 생각을 하는 것이 좋다. 특별한 환경 속에서 혼자 공부했다는 사람은 그 향학열을 기특하게 보아줄 수는 있으나 학문의 정도를 걷는 사람이 되기는 어렵다. 도락의 인간이 될 수는 있으나 타인의 스승이 되기는 어렵다. 산 속에서 홀로 『주역』을 공부했다는 사람은 거의 사기꾼이라고 보면 틀림없다. 어린 생명이 대학을 가야하는 가장 큰 이유는 바로 독학의 폐해를 막기 위한 것이다. 친구들과 어울리며 토론하지 않으면 학문은 이루어지지 않는다. 대학교수가 되어도 정당한 토론을 거부하는 자들은 그 사회의 담론을 이끌어 갈 수 없다.

第九章 善喩: 和丶易丶思

君子旣知敎之所由興, 又知敎之所由廢, 然後可以爲人師也。故君子之敎喩也, 道而弗牽, 强而弗抑, 開而弗達。道而弗牽則和, 强而弗抑則易, 開而弗達則思。和易以思, 可謂善喩矣。

군자는 이와 같이 교육이 흥하게 되는 이유와 교육이 폐하게 되는 이유, 즉 교육의 성패득실을 다 파악한 연후에나 비로소 사람의 스승(人師)이 될 수 있는 것이다. 그러므로 위대한 스승의 가르침이란, 학생이 가야할 대강의 큰 길을 보여주지만 억지로 잡아끌지는 아니 하며, 카리스마를 과시하면서도 학생을 억압하지 아니 하며, 문제의 서두를 열어주되 금방 그 문제를 풀게 만드는 것이 아니라 시간이 걸려도 스스로 깨닫기를 기다린다. 억지로 잡아끌지 아니 하니 학생은 평화롭게 되며, 강권하지만 억압하지 아니 하니 학생은 오히려 쉽게 학업을 풀어나가며, 문제를 스스로 풀게 만드니 학생은 사색할 줄 아는 인간이 된다. 평화로움(和)과 쉬움(易)과 사색(思), 이 세 가지가 갖추어지도록 만드는 스승이야말로 위대한 가르침의 사람이라 말할 수 있다.

沃案 여기서도 역시 "교학상장"의 테마가 전개되고 있다. 스승의 교육방법이 대학교육의 핵심임을 역설하고 있는 것이다. 교육의 흥폐(興廢)의 원인, 그 양면을 전관(全觀)하지 못하면 교육자가 될 수 없는 것이다.

第十章 學者四失

學者有四失, 敎者必知之。人之學也, 或失則多, 或失則寡, 或失則易, 或失則止。此四者, 心之莫同也。知其心, 然後能救其失也。敎也者, 長善而救其失者也。

배우는 자에게도 4종류의 결점이 있다. 가르치는 자는 반드시 이러한 학생의 결점을 파악할 줄 알아야 한다. 학생들이 배우려고 노력할 때 인품에 따라 다음 4종류의 폐단이 나타난다. 어떤 학생은 너무 많이 배우려고 이것저것 나대다가 산만해진다(1). 어떤 학생은 너무 적게 배우려고만 하여 자신의 능력을 개발하지 않는다(2). 어떤 학생은 쉬운 것만을 좋아하여 포괄적인 지식에 도달하지 못한다(3). 어떤 학생은 너무 좁은 범위에 지식을 한정시켜 편협하게 되고 만다(4). 이 다(多)·과(寡)·이(易)·지(止)의 결점은 학생들의 마음의 기질적 차이에서 유래된다. 선생은 학생들의 마음의 성향을 파악하여 그 결점을 구해주어야 한다. 가르친다고 하는 것은 학생의 장점을 키워주고, 그 결점을 보완해주는 것이다.

沃案 역시 위대한 스승의 길을 말하고 있다. 오늘날의 교육자에게 던지는 통렬한 반성의 메시지이기도 하다. "혹실즉다或失則多"는 "혹실어다或失於多"의 오기이다. 나머지 세 구절도 마찬가지이다.

第十一章 善歌善敎

善歌者使人繼其聲, 善敎者使人繼其志。其言也約而達, 微而臧, 罕譬而喻, 可謂繼志矣。君子知至學之難易, 而知其美惡, 然後能博喻。能博喻, 然後能爲師。 能爲師, 然後能爲長。 能爲長, 然後能爲君。 故師也者, 所以學爲君也。 是故擇師不可不愼也。 記曰: "三王四代唯其師。" 其此之謂乎。

노래를 아름답게 잘 부르는 사람은 자기 혼자 잘 부르는 것이 아니라 꼭 남이 따라 부르게 하여 결국 그 노래가 세상에 퍼지도록 만든다. 이와 마찬가지로 잘 가르치는 사람은 혼자 알고 끝나는 것이 아니라 그 뜻이 사람들에게 계승되어 사회로 전파되도록 만든다. 위대한 스승의 언어는 매우 간략하면서 모든 주제에 통달하며, 매우 미묘한 듯하면서 많은 뜻을 내포하고 있다. 그리고 너저분한 비유를 많이 들지 않으면서도 단번에 깨우치는 힘이 있다. 이러기 때문에 이러한 스승의 가르침의 뜻은 세상에 잘 퍼지지 않을 수가 없다.

군자(君子)는 사람들이 학문의 길에 도달하는 어려움과 쉬움을 파악하고, 또 학문의 아름다운 측면과 추한 측면을 다 파악하기 때문에 그 결과 많은 사람들을 깨우치는 힘이 있다. 많은 사람들을 깨우치기 때문에 스승이 될 수 있는 것이고, 스승이 될 수 있기 때문에 사회조직의 우두머리가 될 수 있는 것이고, 우두머리가 될 수 있기 때문에 비로소 임금이 될 수 있는 것이다. 그러므로 스승이라고 하는 것은 결국 학생이 임금이 되는 것을 배우는 이유, 그

기준이 되는 것이다. 그러기 때문에 학생된 자는 스승을 선택하는데 있어서 신중하지 않으면 아니 된다. 그러므로 옛 기록에 이런 말이 있다: "삼왕(三王: 우禹·탕湯·문文·무武. 문·무는 보통 하나로 계산) 사대(四代: 우虞·하夏·은殷·주周)가 결국 명군(明君)이 아니라 위대한 스승들이었다." 이것은 바로 상술(上述)의 취지를 두고 한 말이다.

[沃案] 너무도 명료해서 나의 설명이 필요없다. "계성繼聲"과 "계지繼志"를 대비시키는 레토릭은 중국문명의 수사학이 얼마나 발달했는지를 보여준다. 참으로 절묘하다. 결국 위대한 통치자는 위대한 스승일 수밖에 없다는 논리를 도출하여 내성외왕(內聖外王)의 이상을 암시하고 있다. 결국 학문이란 위대한 리더십을 키우는 것이다. 이 하나의 측면이 배제되면 학문은 인간세에서 설 자리가 없다. 인민의 스승이 될 수 있는 자질을 통하여 인민의 통치자가 되는 것이다. 이 것은 학문의 정치화가 아니라, 오히려 정치의 학문화라고 말해야 할 것이다.

노래가 잘 퍼지는 것처럼, 가르침의 뜻이 퍼져서 결국 임금에까지 이른다고 한다면 그 논리는 매우 민주적인 절차를 함장하고 있다. 그러나 이러한 아이디어는 있으되 그에 합당한 제도를 구상하지 못한 것은 못내 아쉬움으로 남는다.

第十二章 師無北面

凡學之道, 嚴師爲難。師嚴然後道尊, 道尊然後民知敬學。是故君之所不臣於其臣者二: 當其爲尸, 則弗臣也; 當其爲師, 則弗臣也。大學之禮, 雖詔於天子無北面, 所以尊師也。

대저 학문을 닦는 길에 있어서는 스승을 존엄히 모시는 일이 참 힘든 것이다. 그러나 스승이 존엄하게 된 연후에나 인간세상의 도리가 존엄하게 되는 것이다. 인간세상의 도리가 존엄하게 되어야만 비로소 백성들이 학문을 존경하는 것을 알게 된다. 그러므로 임금이 신하를 신하로서 대하지 않는 경우가 두 가지 있다. 선조의 제사에서 시(尸) 역할을 담당하는 자에 대해서는 신하의 예로서 대하지 않는다. 그리고 군주의 교사역할을 담당한 자에 대해서는 신하의 예로서 대하지 않는다. 대학에서 예식을 거행할 때에도 천자가 납시었어도 천자를 대할 때 교사는 북면하지 않는다. 이것은 모두 스승을 존경하기 때문이다.

沃案 대학에서는 교사들이 천자에게 북면하지 않는다는 것은 「학기」에 명기되어 있는 중요한 의전상의 원칙이다. 대학의 권위를 상징

하는 중요한 규정이며, 「존사」편에도 같은 맥락의 언급이 있다. 「학기」가 「존사」를 계승하였다고 보아야 한다.

第十三章 進學之道: 善問善答

善學者, 師逸而功倍, 又從而庸之。不善學者, 師勤而功半, 又從而怨之。善問者, 如攻堅木, 先其易者, 後其節目, 及其久也, 相說以解。不善問者反此。善待問者, 如撞鐘, 叩之以小者則小鳴, 叩之以大者則大鳴, 待其從容, 然後盡其聲。不善答問者反此。此皆進學之道也。

잘 배울 줄 아는 우수한 학생은 선생님께 즐거움을 선사하면서도 성적은 보통 학생들의 배가 된다. 그리고 그 공을 모두 선생님의 은혜로 돌린다. 그런데 잘 배울 줄 모르는 졸렬한 학생은 선생님께 괴로움만 선사하면서도 성적은 보통 학생들의 반도 되지 않는다. 그러면서 자신을 탓하지 않고 선생님만 원망한다. 질문을 잘 하는 학생은 마치 단단한 아름드리 나무를 도끼로 찍어 들어갈 때와 같이 한다. 먼저 허점이 있는 찍기 쉬운 부분부터 찍고, 나중에 중요한 핵심적 절목(節目)들을 찍어 들어간다. 이렇게 한참을 공략하다 보면 그 나무가 저절로 쓰러진다. 이와 같이 스승과 제자가 서로 이야기를 주고받으면서 문제를 순차적으로 풀어간다. 질문을 잘 못하는 학생은 이와 반대이다. 결국 문제를 푸는 데 성공하지 못한다.

그리고 좋은 질문을 잘 받을 줄 아는 스승의 경우, 종을 치는 모습과 그 상황이 비슷하다. 작은 당목(撞木)으로 타종하면 작게 울려주고, 큰 당목으로 타종하면 크게 울려준다. 자유자재로 응수하는 것이다. 그 종을 치는 자가 침착해지기를 기다려 충분히 힘을 모아 큰 당목으로 멋있게 치면, 종은 가장 아름다운 소리를 내게 되는 것이다. 질문에 대답하는 것을 잘못하는 자들은 꼭 이와 반대이다. 이런 것들이 모두 학문을 나아가게 만드는 좋은 방법(進學之道)이다.

沃案 학문을 관계론적으로 풀어가는 자세가 너무도 훌륭하다. 교학상장의 테마가 여기서도 일관되게 흐르고 있다. 타종의 예와 같이, 배우는 자와 가르치는 자의 관계는 호흡과 힘과 리듬의 상호안배의 관계이다. 위대한 종은 위대한 타종자의 손에서 위대한 울림의 소리를 만들어내는 것이니, 위대한 스승은 위대한 학생이 만들어가는 것이요, 위대한 학생은 위대한 스승이 만들어가는 것이다. 위대한 종소리의 창조, 그것이 바로 문화(文化)의 창조과정이다.

第十四章　人師必聽人語

記問之學, 不足以爲人師, 必也其聽語乎。力不能問, 然後語之。語之而不知, 雖舍之可也。良冶之子, 必學爲裘, 良弓之子, 必學爲箕。始駕馬者反之, 車在馬前。君子察於此三者, 可以有志於學矣。

박학다식하여 많은 것을 암송하고 있는 학문의 방식만으로써는 진정한 사람의 스승이 될 수가 없다. 스승이란 무엇보다도 먼저 사람의 말을 들을 줄 아는 귀가 열려있어야 한다. 요령이 부족하여 질문을 하지 못하는 학생의 경우, 그가 애써 질문을 하려고 스스로 노력하는 모습을 보고 난 연후에나 설명을 해준다. 그러나 설명을 해주어도 깨닫지 못하는 학생은, 깨닫지 못하는 그대로 두어도 무방하다.

위대한 대장장이의 아들은 우선 갖옷을 짓는 것부터 배워 점차 쇠까지 다루게 된다(1). 위대한 활장인의 아들은 키를 만드는 것부터 배워 점차 활까지 휘는 법을 익힌다(2). 처음에 마차를 끄는 초보의 말은 수레 앞에 매지 않고 수레 뒤로 매어, 선배 말들이 끄는 모습을 보면서 자연스럽게 끄는 것을 익히도록 만든다(3). 군자는 이 세 가지를 살피어, 배움에 대한 의지를 더욱 강화시킨다.

沃案 제일 처음에 나오는 "기문지학記問之學"은 "기문지학記聞之學"의 오기로 보아야 한다. 대장장이의 아들, 활장인의 아들, 초보 견인 말의 경우는, 모두 쉬운 것부터 시작하지만 최상의 경지를 모델로 해서 부단히 나아가는 노력의 과정을 묘사한 것이다. "지어지선止於至善"의 한 예일 것이다. 그러니까 학문에는 바른 초보와 바른 모델, 바른 목적이 필요하다는 것이다. 가죽공예와 쇠공예, 키 제조와 활 제조 사이에는 정확한 연속성이 있다. 학문에도 이러한 연속적 단계가 필요하다는 것이다.

그리고 피상적 견문의 넓음이나 암송적인 지식만으로 사람의 스승이 될 수 없다는 것은 너무도 정확한 지적이다. 성장하는 학생들의 리드믹한 요구를 들을 줄 아는 감수성(receptiveness)이 스승의 덕목의 최우선이라는 것이다. "성인聖人"이라는 말의 "성聖"이 귀 이(耳), 즉 "들음"과 관련있다는 것도 이와 관련하여 생각해볼 만하다.

명나라의 마지막 황제 의종毅宗이 자살한 경산景山. 이자성李自成군에 쫓긴 의종은 경산 기슭에 올라 황후와 황녀를 손수 죽인 다음 목을 매었다. 옷깃의 유서를 확인하니 "내 몸은 적이 찢도록 내 맡겨도 백성은 하나도 상하게 하지 말라"고 적혀있었다. 환관 단 1명만 더불어 순사했다 (1644, 崇禎 17). 조선왕조는 선말까지 이 의종의 연호인 숭정崇禎을 바보스럽게 고집했다.

第十五章 務本: 大道不器

古之學者, 比物醜類。鼓無當於五聲, 五聲弗得不和。水無當於五色, 五色弗得不章。學無當於五官, 五官弗得不治。師無當於五服, 五服弗得不親。君子曰, 大德不官, 大道不器, 大信不約, 大時不齊。察於此四者, 可以有志於本矣。三王之祭川也, 皆先河而後海, 或源也, 或委也, 此之謂務本。

예로부터 배우는 자들은 사물들을 비교하여 정확한 개념을 획득하여 유추능력을 개발하였다. 북 그 자체는 오성(五聲: 궁宮·상商·각角·치徵·우羽의 오음. 다양한 음색을 의미할 수도 있다)에 해당되는 것이 없지만 오성은 북을 얻지 못하면 조화될 수 없다⑴. 물 그 자체는 오색에 해당되는 것이 없지만 오색은 물을 얻지 못하면 그 찬란한 색깔을 드러낼 수 없다⑵. 배움 그 자체는 조정의 다섯 관직(五官: 관료조직 전체)에 해당되는 것이 없지만 다섯 관직은 배움을 얻지 못하면 다스림의 기능을 발휘할 수 없다⑶. 스승님 그 분은 오복(五服: 참최斬衰·재최齊衰·대공大功·소공小功·시마緦麻. 상복의 다섯 가지 등급으로 여기서는 대소가의 인륜관계를 말함)에 해당되는 것이 없지만, 오복(대소가의 인륜관계)이 스

260 대학·학기한글역주

승님을 얻지 못하면 친화롭게 될 수가 없다(4). 이 네 가지의 사례로 미루어 학문과 스승의 존엄성을 알 수 있다.

군자라면 다음과 같은 말을 할 줄 알아야 한다. 대덕(大德)은 관직에 얽매이지 아니 하며(1), 대도(大道)는 하나의 그릇에 담기지 아니 하며(2), 대신(大信)은 사소한 약정에 구애받지 아니 하며(3), 대시(大時)는 짧은 시간의 획일적 질서에 얽매이지 아니 한다(4). 이 네 가지 대국을 살필 줄 아는 자래야 비로소 학문의 근본에 뜻을 둘 수 있게 된다. 하·은·주 삼대의 왕들께서 물의 하느님께 제사를 지낼 때에는 모두 한결같이 작은 개울에 먼저 제사를 받들고, 나중에야 거대한 바다에 제사를 받들었다. 망망대해야말로 오히려 말류이며 작은 개울이야말로 위대한 근본이기 때문이다. 이를 일컬어 근본을 힘쓴다(務本)라고 하는 것이다.

沃案 나는 가끔 이런 생각을 한다. 주희가 『사시집주』를 낼 때 사서의 목록을 『논어』『순자』『학기』『중용』으로 했다면 인류문명사를 다시 써야 했을 것이다. 지금와서 클레오파트라의 코만을 만지작거릴 수는 없는 일이지만, 하여튼 『학기』의 논리의 빈틈없는 치밀성에 찬탄을 금할 길이 없다. 『대학』은 치세의 근본을 말하는 웅혼한 스케일을 과시하지만 『학기』는 교육의 구체적 커리큐럼 속에서 문학(問學)의 필연성을 자상하게 논구하고 있다. 『대학』을 베토벤이라고 한다면 『학기』는 모차르트라 해야 할 것이다. 『학기』가 보편화되었더라면 동방교육철학의 비상한 발전이 있었을 것이다. 대강 고전이라는 것이

읽다보면 처음에는 대단한 그 무엇이 있는 것처럼 보이다가도 뒤로 가면서 엉성한 착간들이 두서없이 즐비한 느낌을 받는데 『학기』의 경우는 수미일관, 그 주제의 명료성에 빈틈이 없다. 논리적인 성숙도가 어느 문장보다 강하다. 한제국문명의 성숙도를 절감하며 결국 『학기』와 같은 서물이 우리가 살고있는 동방문명의 기초를 놓았다는 생각을 아니 할 수 없다. 누구인지는 모르지만 『학기』의 저자, 그 선현의 예지에 우리는 경복의 흉금을 털어놓지 않을 수 없다.

대덕(大德)과 대도(大道)를 기르는 교육이론

마지막에 "대덕불관大德不官"이라는 말에서도 암시되고 있듯이 여기 "대덕大德"이라는 것은 천자를 암시한다. 천자는 결코 관직체계상의 한 직책이 아니라는 것이다. 그것은 백관(百官)을 뛰어넘는, 백관이 모두 제각기 기능을 할 수 있도록 만드는 관이 아닌 대덕(大德)이다. "대도불기大道不器"라는 말도 마찬가지다. 이것은 결국 공자의 "군자불기君子不器" 사상이 발전한 것이며 전국시기를 거치면서 도가적 사유가 짙게 배어있는 측면도 묵과할 수 없다. 결국 『학기學記』는 대덕과 대도를 기르는 교육이론이라고 말할 수 있다. 아무리 오늘날 우리가 현대민주교육을 말한다 할지라도 여기 『학기』에서 말하는 원칙은 하나도 위배될 말이 없다.

교육이란 학생의 기름이라기 보다는 궁극적으로 스승의 기름이다

우선 교육은 학생을 교육하는 것 그 자체에서 완료되는 것이 아니라, 일차적으로 위대한 교사를 기르는 것을 목적으로 한다는 사상이 『학기』에는 주요테마로 깔려있다. 학생을 교육한다는 것은 그 학생이 위대한 스승이 될 수 있도록 만드는 것이다. 위대한 스승됨의 가장 궁극적 목표는 위대한 최고통치자가 된다는 것이다. 이것은 너무 군주론의 모델에 갇힌 언사처럼 들리지만, 군(君)이라는 것을 모두 조직의 장(長) 정도로 생각한다면 21세기에도 어김없이 들어맞는 말이다. 미국의 일류 사립대학에서도 학생들을 선발할 때 반드시 "리더십"이라는 항목을 우선적으로 고려하는 것도 이러한 『학기』의 정신을 나타내고 있는 것이다. 교육은 리더를 기르는 것이다. 여성의 교육도 어머니라는 리더를 기르는 것이다. 단순히 자애로운 엄마가 되는 것이 아니라, 가정이라는 소사이어티(society) 속에서 모든 소속 멤버를 교육시킬 수 있는 스승으로서의 리더십을 갖도록 해주는 것이 여성교육의 본질이다.

페스탈로찌 근대교육론과 『학기』

근대교육의 아버지(the father of modern pedagogy), 요한 하인리히 페스탈로찌(Johann Heinrich Pestalozzi, 1746~1827)는 교육의 중점을 소외받는 가난한 아동들(poor children)의 자기개발에 두었다. 이것은 매우 획기적인 발상의 전환이다. 가난한 아동들의 교육이 없이는 근대사회의 보편적 교양의 기저가 마련될 수가 없었다. 그는 룻소의 『에밀』의 영향을 받아 신학공부를 포기하고 자연으로 돌아가기를(Back to Nature) 갈망했다. 그는 가난한 집 아동들을 자기 집에 데려

다가 자립할 수 있는 근거가 될 수 있는 방직기술 등등 기술교육을 실시하였다. 페스탈로찌의 교육이론은 학생들이 친숙한 것을 통하여 자연스럽게 새로운 것으로 나아가야 한다는 것이다. 그리고 구체적인 기술의 습득이 중요하며 실제적인 감정반응의 체험을 통하여 점진적으로 아동의 자기발현이 이루어져야 한다는 것이다. 그는 개별적 지도보다 그룹의 교육을 선호했으며, 그림그리기, 쓰기, 노래부르기, 신체단련운동, 모델제작, 수집, 지도만들기, 필드 트립 등등을 강조했는데 사실 오늘날 우리가 알고있는 근대아동교육이 모두 페스탈로찌의 발상에서 출발한 것이다. 나이보다는 능력별로 학생의 반을 갈랐으며, 개인의 개성을 최대한 발현시키는 모든 장치를 개발했다. 불란서혁명 전후의 격동기를 살았던 그는 성공과 좌절의 피눈물나는 생애를 살았지만, 그는 그의 교육신념이 결국 앞으로 다가오는 세기의 모든 국가의 교육이념이 되리라고 확신하면서 이와 같이 절규하였다: "그들의 삶이 그들을 가르치리라. Life itself teaches."

페스탈로찌로부터 시작한 이 근대교육론은 허바트(Johann Friedrich Herbart), 마리아 몬테소리(Maria Montessori), 죤 듀이(John Dewey), 쟝 삐아제(Jean Piaget)에게 깊은 영향을 주었다. 그러나 놀라운 것은 이들의 이론의 모든 아키타입이 사실 이『학기』속에 이미 배태되어 있다는 것이다.『학기』가 송대의 이념체계가 되었더라면 교육의 보편적 이념이 동아시아문명권에서도 매우 색다르게 발전했을 것이다.

『학기』는 공공교육의 모델이다

『학기』의 교육의 모델이 관학을 중심으로 한 최고통치자의 교육모델이라는 사실 하나로써 『학기』의 전근대성을 비판할 수는 없다. 바로 그러한 이념을 보편적으로 적용하면 보편교육이 될 수 있기 때문이다. 그리고 우리가 분명히 알아야 할 것은 한 국가의 교육의 근간은 관학일 수밖에 없다는 것이다. 관학이란 오늘 말로 하면 공공교육(public education)이다. 아무리 섬머힐 스쿨(Summerhill School)이나 대안학교가 의미를 갖는다 해도 그러한 대안은 부차적인 차원에서 끝나는 것이며, 한 국가의 대세를 장악하지 못한다. 현재 공공교육이란, 초·중·고등학교를 가리킨다. 대학교육은 공공교육이라는 개념에서 완전히 벗어나야 한다. 다시 말해서 대학제도는 교육부의 손아귀로부터 완전히 벗어나야 한다. 그러나 초·중·고등학교 교육은 국가가 관리하지 않으면 아니 된다. 이것을 관리하지 않으면 그 나라의 미래는 없다. 사실 『학기』니 『대학』이 지향하는 "대학교육"이란 오늘날 교육제도로 말하자면 대학교육이라기보다는 초·중·고 교육에 더 해당된다고 볼 수 있다. 그 교육의 원리는 단 하나, "교학상장敎學相長"이라는 『학기』의 원리가 되어야 하는 것이다. 그리고 교사의 권위는 국가가 보장해야 한다.

교육은 리듬이다. 따라서 어떠한 획일적 원리도 있을 수 없다. 그리고 교사와 학생의 호상적 자율권이 보장되어야 한다. 그리고 교사와 학생은 교육과정을 통하여 같이 성장해가야 한다. 성장할 줄 모르

는 교사는 퇴출되어야 마땅하다. 교육의 담당주체는 어디까지나 교사, 스승이기 때문이다. 그리고 교육은 다음의 세 가지 측면을 항상 동시에 개발시켜 주어야 한다: 1)개념적conceptual 2)도덕적moral 3)신체적physical. 명료한 개념적 훈련이 없이 인간의 지식은 사상누각이다. 심오한 도덕적 훈련이 없으면 인간은 삶의 가치의 전모를 파악할 길이 없다. 철저한 신체적 훈련이 없으면 심·신의 건강이 보장될 길이 없다. 이 세 가지 훈련이 동시에 제공되지 않는 교육은 교육이라 말할 수 없다. 이 모든 것을 『학기』는 말하고 있다.

최후의 "무본務本"은 『대학』의 "지본知本"사상의 전개라고 말할 수 있다. "물유본말物有本末, 사유종시事有終始, 지소선후즉근도의知所先後則近道矣"를 개울과 바다의 본말로 말한 것은, "은미隱微"를 중시하는 『중용』의 "신독愼獨"사상과도 연결되고 있다. 『학기』가 21세기 대한민국의 모든 교육관련 커리큐럼의 필수과목이 되기를 희망하면서 『학기』역주를 끝낸다.

벽옹辟雍은 원래 주나라 교육기관인 오학五學의 중심이었다. 남쪽에 성균成均, 북쪽에 상상上庠, 동쪽에 동서東序, 서쪽에 고종瞽宗이 있었다. 그 중앙에 벽옹이 있었는데, 이 건물은 반드시 둥그란 수로속에 위치한다. 그 전체 모양이 꼭 옥벽玉璧과 같다. 원래는 천자의 교육기관이었을 것인데 후대로 내려오면서 천자의 특별한 제식을 행하는 곳으로 인식되었다. 현재의 국자감 속에 위치한 벽옹은 건륭 49년(1784) 8월 초일에 준공된 것인데 건륭황제는 이곳을 자기가 태학의 학생들에게 강의하는 곳으로 인식하였다. 그리고 굉대宏大한 규모의 임옹臨雍활동을 거행하였다.

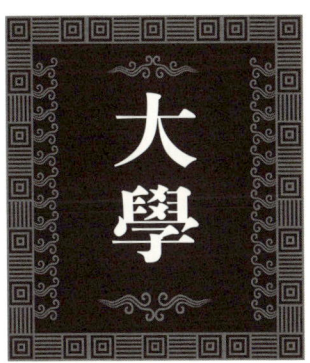

沃案 주희의 "대학"은 『대학』이 아니다. 그것은 당연히 『집주대학』이라고 말해야 한다. 왕양명이 "고본대학古本大學"이라는 말을 처음 사용하였지만 그것도 잘못된 용어이다. "고본대학"이야말로 『대학』이다. 내가 말하는 『대학』은 고본대학이며, 주희의 "대학"은 『집주대학』이라고 불러야 마땅하다. 본 텍스트는 십삼경주소본 『예기』 「대학」 완본阮本이다.

第一章 總綱

大學之道, 在明明德, 在親民, 在止於至善。

큰 배움의 길은 밝은 덕을 밝히는 데 있으며, 백성을 친하게 하는 데 있으며, 지선의 이상사회를 향해 매진하는 데 있다.

沃案 나는 장황한 인용문을 늘어놓는 번쇄한 주석을 하지 않겠다. 내가 생각하는 것만을 간결히 논구하겠다. "대학지도大學之道"를 "큰 배움의 길"이라고 번역한 것은 아직 『대학』이 성립했을 때는 "대학大學"이라는 교육기관이 구체화되기 이전의 시기였으며, 대학이 천자교육기관을 지시하는 것임에도 불구하고 어느 정도 추상적 의미에 머물러 있을 수 있다고 보았기 때문이다. "명덕明德"은 분명 개인의 내면의 밝은 덕성을 가리키지만 그 덕성은 하나의 추상적 가능태일 뿐이며 그것이 발현된다고 해서 그 속에 배움의 내용이 갖추어져 있는 것은 아니다. "친민親民"의 일차적 의미는 통치자와 피치자간의 친밀함이며 치자와 피치자가 서로 소외되지 않는 상태를 의미한다. 그것은 국론이 분열되지 않는 상태를 가리킨다. 치자와 피치자의 소통은 백성 상호간의 소통을 의미하며 국론이 건강한 삶의 목적을 위해 통일

되는 것을 의미한다.

앞서 이미 언급되었듯이 "지止"를 모두 "그치다"로 번역하는데, 그것은 매우 매가리 없는 번역이며 선행했던 논의의 맥락에서 볼 때 그것은 매우 불완전한 해석이다. "그침"은 오직 "감"이라는 행위를 전제로 하는 것이며 "그침"은 "감"의 목적이요 이상이다. 그침을 향해서 가는 과정, 그 전체가 "지止"란 말로써 함축되어 있다. 어디를 향해서 가는가? 그것은 "지선至善"을 향해서 가는 것이다. "지선"이란 무엇인가? 그것은 결코 명사적 실체가 아니라 그냥 "매우 좋다"라는 말이다. 지선을 주희처럼 인간의 내면적 덕성으로 해석해버리면 그것은 명덕이라는 내면적 덕성에서 출발하여 지선이라는 내면적 덕성으로 귀결되므로 그 의미는 일종의 토톨로지가 되며, 빤한 도덕주의적 담론의 수레바퀴를 틀 안에 갇힌 다람쥐처럼 뱅뱅 도는 것이다.

"지선"이란 다름아닌 이상국가다. 그것은 이상적 폴리테이아(πολῖτεία, 政體)이다. 이상국가란 백성이 모여살면서 서로가 "매우 좋다"고 생각하는 상태, 그 이상의 아무 것도 아니다. 서로가 서로에게 잘해주며 서로가 서로를 대하는 질서가 서로에게 매우 좋다는 만족감을 주는 사회, 그 이상의 것을 말하는 것이 아니다. 대학의 도라는 것은 명덕이라는 개인의 내면의 덕성에서 출발하여, 그 명덕을 친민의 관계 속에서 발현하고, 결국 모든 백성이 서로가 서로에게 "지극히 좋다"고 생각하는 지선의 사회를 창조하는 과정에 있다.

"지선"이란 지극한 선(善)이므로 완성이란 있을 수 없다. 따라서 "그침"이란 있을 수 없다. 그 그침을 향하여 영원히 가는 것이다. "지어지선止於至善"이란 그 이상향을 향해 끊임없이 가는 노력의 과정이다. 대학지도가 백성의 사회적 관계를 지선으로 이끌지 못한다면 대학의 모든 교육프로그램이 아무런 의미를 지니지 못하게 되는 것이다. 나의 해석은 기존의 해석과 매우 다르다. 그러나 깊게 생각해보면 기존의 해석과 크게 다르지도 않다. 기존의 해석을 보다 포괄적으로 완성시켰을 뿐이다.

대학지도의 총강은 이 세 마디에서 단락지어진다. 다시 말해서 이 총강은 이 명제 자체의 유기적 관계 속에서 생각해야 한다. 뒤에 오는 명제들에 의하여 그 의미가 한정되지 아니 한다. 그래서 제1장으로 독립시켰다. 자세한 주석은 앞의 논의들을 참고할 것.

第二章 本末終始

知止而后有定, 定而后能靜, 靜而后能安, 安而后能慮, 慮而后能得。物有本末, 事有終始, 知所先後, 則近道矣。

이상을 향한 뚜렷한 매진이 있게 되면 마음속에 정(定)함이 있게 되고, 마음속에 정함이 있게 되면 마음이 고요해지고, 마음이 고요하게 되면 모든 것이 편안해지고, 모든 것이 편안해지면 깊은 사려가 생겨나게 된다. 깊은 사려가 생겨나게 되면 우리가 살고 있는 세계에 대한 총체적 이해를 획득하게 된다. 물(物)에는 뿌리(本)와 가지(末)가 있고, 일(事)에는 끝(終)과 처음(始)이 있다. 그 선·후를 가릴 줄 알아야만 근원적인 도(道)를 깨닫는 데로 가깝게 다가갈 수가 있는 것이다.

沃案 이상사회를 향한 뚜렷한 매진이 있는 사람의 내면에서 일어나는 의식의 과정을 묘사하였다. 이 장의 내용 또한 매우 순자적이라고 말할 수 있다. 종시·선후의 문제는 이미 「학기」에서 충분히 토로하였다.

第三章 明明德於天下與知本

古之欲明明德於天下者, 先治其國。欲治其國者, 先齊其家。欲齊其家者, 先脩其身。欲脩其身者, 先正其心。欲正其心者, 先誠其意。欲誠其意者, 先致其知。致知在格物。

物格而后知至, 知至而后意誠, 意誠而后心正, 心正而后身脩, 身脩而后家齊, 家齊而后國治,

> 國治而后天下平。
> 自天子以至於庶人, 壹是皆以脩身爲本。其本亂而末治者, 否矣。其所厚者薄, 而其所薄者厚, 未之有也。此謂知本, 此謂知之至也。

예로부터 밝은 덕을 천하에 밝히고자 했던 사람은 먼저 그 나라를 다스렸다. 그 나라를 다스리고자 했던 사람은 먼저 그 집을 가지런히 하였다. 그 집을 가지런히 하고자 했던 사람은 먼저 그 몸을 닦았다. 그 몸을 닦고자 했던 사람은 먼저 그 마음을 바르게 하였다. 그 마음을 바르게 하고자 했던 사람은 먼저 그 뜻을 성실하게 하였다. 그 뜻을 성실하게 하고자 했던 사람은 먼저 그 앎을 이룩하려 하였다. 앎을 이룩한다 하는 것은 곧 사물을 바르게 인식하는 데서 이루어지는 것이다.

사물이 바르게 인식되면 앎이 이르게 되고, 앎이 이르게 되면 뜻이 성실해지고, 뜻이 성실하게 되면 마음이 바르게 되고, 마음이 바르게 되면 몸이 닦아진다. 몸이 닦아지면 집안이 가지런하게 되고, 집안이 가지런하게 되면 나라가 다스려지고, 나라가 다스려지면 천하가 평정되게 된다.

천자로부터 서인(庶人)에 이르기까지 한결같이 모두 수신으로써 근본을 삼는다. 그 근본이 어지러운데 그 말단이 다스려진다고 하는 것은 있을 수가 없는 일이며, 후해야 할 것을 박하게 하고 박해야 할 것을 후하게 하여 성공하는 자는 있어본 적이 없다. 바로 이것을 일컬어 근본을 안다(知本)고 하는 것인데, 근본을 아는 것이야말로 지식의 극치이다.

沃案   맨 처음에 "고지욕평기천하자古之欲平其天下者"라고 말하지 아니 하고 "고지욕명명덕어천하자古之欲明明德於天下者"라고 말한 것을 주목할 필요가 있다. 가장 중요한 대목에서 "수신-제가-치국-평천하"라는 말은 나오지 않는다. "평천하"는 제일 끝머리에 "천하평天下平"이라는 말로 수동태화된 용법으로만 나오고 있다. 그만큼 "평천하平天下"라는 말은 곧바로 능동태로 쓰기에는 정치현실상 부담스러운 표현이었을 수도 있다. "평천하"(천하를 평정한다)라는 말은 "명명덕어천하明明德於天下"라는 말로 완곡하게 바꾸어 표현이 되어 있는데, 사실 이 한마디를 통하여 제1장의 총론적 강령을 전부 축약시켰다고도 볼 수 있다.

가장 재미있는 사실은 "평천하-치국-제가-수신-정심-성의-치지"의 시리즈가 동일한 구문패턴상으로는 치지에서 종결되고 있다는 사실이다. 그 다음에는 "치지재격물致知在格物"이라는 일종의 부수적 주석이 붙어 있을 뿐이다. 다시 말해서 "욕치기지자欲致其知者, 선격기물先格其物"이라고 말하지 않았다는 것이다. 다시 말해서 "격물格物"은 "치지致知"에 대해 부속적인 설명에 불과한 것이며, 독립적인 항목으로 따로 설정되지 않았다.

"격물格物"이란 무엇인가? 『대학』의 저자에게는 분명 지식(Knowledge)에 대한 문제가 인식론적 반성과 함께 심화되어 있다. 지식이 없이는 도덕적 성취나 이상사회의 건설이 불가능하다는 생각이 있다. 그런데 지식의 성취(致知)는 격물에 있다는 것이다("치지致知"의 "치"도 그냥 "성취한다" "달성한다" 정도의 평범한 말이며 주희가 말하는 대로 "극한까지 밀고 들어간다"는 뜻이 아니다). 격물이라는 표현에 있어서 물론 물(物)은 목적어이며 격(格)은 물(物)을 대상으로 하는 타동사이다. "격"은 물을 격하는 행위이다. "물物"이란 구체적 시공을 점유하는 물체(things)일 뿐만 아니라, 인간의 삶이나 인식을 구성하는 모든 사건 즉 이벤트(event)를 가리킨다.

"격格"은 문자상으로 그냥 "나무막대기" 이상의 특수한 의미가 없다. 가장 보편적 의미에 있어서 그것은 창문의 창살나무틀과도 같은 격자(格子)를 의미한다. 공자도 "유치차격有恥且格"(2-3)이라는 표현을 썼지만 여기서도 모종의 질서감, 바름의 의미를 지닌다. "격格"이란 떡을 찍는 떡살처럼, 사물을 인식하는 우리 인식의 격자와도 같은 틀을 의미한다. 칸트가 말하는 오성의 범주(Categories)와도 비슷한 그 무엇으로 생각해도 무방하다. 즉 사물의 인식이란 우리에게 내재하는 인식의 틀이 감각소여와 결합하는 작용이라고 본다면, 물을 격한다는 것은, 사물을 우리의 인식의 틀 속에서 인식하는 행위를 가리킨다고 볼 수 있다. 앎을 이룩한다는 것은 곧 사물을 인식하는 데 있다는 것이 바로 "치지재격물致知在格物"의 의미이다. 그렇다고 이것이 칸트적인 이성주의적 입장의 발언이라기보다는 오히려 주자가 말한 대로 객관주의적 사물의 탐구라는 소박한 경험주의적 명제에 더 가깝다고 보아야 한다.

"차위지본此謂知本" "차위지지지야此謂知之至也"에 관하여 착간 운운하는 정주(程朱)의 논의는 일말의 고려할 가치조차 없다. 윤백호(尹白湖)가 다음과 같이 말하였다: "내가 가만히 생각해보건대 이 두 구절은 상문(上文)의 네 구절의 의미를 총결(總結)지어 앞 장에 있는 본말(本末)의 뜻을 뒷받침한 것으로 여겨진다. 여기서 '지본知本'이라 한 것은 그 말(末)도 잘 다스려질 수 있다는 것을 안다는 뜻일 것이고, 또 '지지知至'라고 한 것은 그 앎을 실천하는 행동이 통달하게 될 것임을 말한 것이다. 竊疑此兩句恐爲總結上文四節之意, 以應前章本末之意。知本知其末之治也, 知至言其行之達也。"(『白湖全書』卷三十七, 大學古本別錄). 별로 명료한 해석은 아니지만 하여튼 조선의 유자가 상기 두 구절에 대하여 텍스트의 변형 없이, 있는 그대로의 뜻을 밝히려 했다는 것은 대단한 용기를 요구하는 일이었을 것이다.

第四章　誠意與愼獨

所謂誠其意者, 毋自欺也。如惡惡臭, 如好好色, 此之謂自謙。故君子必愼其獨也。

小人閒居爲不善, 無所不至。見君子而后厭然揜其不善, 而著其善。人之視己, 如見其肺肝然, 則何益矣? 此謂誠於中, 形於外, 故君子必愼其獨也。
曾子曰:"十目所視, 十手所指, 其嚴乎?" 富潤屋, 德潤身, 心廣體胖, 故君子必誠其意。

이른바 그 뜻을 성실하게 한다고 하는 것은 무엇을 의미하는 것일까? 그것은 스스로의 감정을 기만하지 않는다는 것이다. 악을 미워하는 것을 악취를 미워하듯 하고, 선을 좋아하는 것을 아름다운 색깔을 좋아하듯 하니, 이것을 일컬어 자신의 감정에 충실하다, 즉 자겸(自謙)이라 일컫는 것이다. 그러므로 군자는 그 홀로 있을 때의 감정을 신중히 해야 하는 것이다.

소인은 남들에게 보이지 않는 곳에서 한가히 있을 때는, 나쁜 짓을 해도 못하는 짓이 없을 정도로 못되게 굴다가, 군자를 만나기만 하면 입 싹 다시고 그 나쁜 짓을 가려버리고 그 선한 모습만을 드러내 놓는다. 그러나 타인이 그런 자를 볼 때에는 이미 그 뱃속의 폐·간까지도 다 들여다 볼 수밖에 없는 것이니, 숨긴다 한들 뭔 소용이 있겠는가? 이것을 일컬어 내면에 성실한 덕이 쌓이게 되면 그것이 저절로 밖으로 드러나게 된다고 하는 것이니, 그러므로 군자는 반드시 홀로 있을 때를 신중히 해야 하는 것이다. 증자께서 이런 말을 하신 적이 있다: "열 눈이 나를 보며, 열 손가락이 나를 가리키는도다! 아~ 무섭구나!" 부(富)는 가옥을 윤택하게 하지만, 덕(德)은 몸을 윤택하게 한다. 덕이 쌓이면 마음이 넓어지고 몸이 편안해진다. 그러므로 군자는 반드시 그 뜻을 성실하게 해야 하는 것이다.

沃案 주희가 말하는 8조목 이후에 바로 "성의誠意"의 문제가 언급되고 있는 것만 보아도 『대학』의 핵심적 과제상황이 "격물치지"에 있었다기 보다는 "정심성의"에 있었다는 것을 입증한다. 격물치지는 정심성의를 보완하는 부차적인 공부로서 이해되었던 것이다.

『중용』에서의 "성誠"은 매우 우주론적인 천도(天道)의 문제였으며 인간본성의 본체에 관한 문제였다. 그러한 그랜드 스케일의 성(誠)을 『대학』의 저자는 구체적으로 심(心)의 발출인 의(意)를 성실케 하자고 하는 매우 좁은 맥락에서 사용하고 있다는 것이 특징이다. 그리고 그 성(誠)을 "여오악취如惡惡臭, 여호호색如好好色"이라고 하는 감성(感性)의 진정성(眞情性)의 문제로 해설하였다. 선·악이라는 도덕적 문제를 이성의 판단으로 보기보다는 감정적으로 즉각 반응하는 감성의 일상적 느낌으로 풀어놓았다. 보통 "자겸自謙"을 주희의 해석에 따라 "스스로 만족한다"고 해석하는데 그렇게 해석하면 맥락상 석연치 않다. "겸謙"이란 일차적으로 겸손하다는 의미이며, 가슴에 편안함을 느낀다는 의미이다. 그래서 나는 오악취, 호호색의 맥락을 따라 "스스로의 감정에 충실하다"라고 번역하였다.

"신기독愼其獨"의 문제도『중용』과 겹치는 문제인데『중용』에서는 "도(道)라는 것은 수유(須臾: 찰나)라도 몸에서 떠날 수 없는 것"이라 하여 도와 인간의 관계에 있어서 어떤 필연적 결합의 당위성이 강조되어 있고, 인간실존의 존재론적 근원으로서의 "홀로있음"의 절대성이 논구되고 있는데 반해, 여기『대학』에서의 "신기독愼其獨"은 그러한 존재론적 문제를 터치하지 않고 오로지 자기 진정(眞情)에 충실한 내면의 축적을 말하고 있을 뿐이다. 홀로 있을 때 삼가하며 쌓아가는 내면적 덕성이 결국 밖으로 드러나게 된다는, 도덕적 축적(accumulation of virtue)의 공효를 말하고 있다.『중용』(33)에 "군자는 안으로 살펴보아 허물이 없으니 그 뜻에 부끄러움이 없다. 內省不疚, 無惡於志"라고 한 것과 비슷한 맥락에서 "신독"이 논의되고 있음을 알 수 있다.

양명은 "오악취, 호호색"의 구문을 그의 지행합일(知行合一)론의 근거로 사용하여 논란을 지어냈다.『전습록』에 다음과 같은 유명한 말이 있다.

> 알면서도 행하지 않는 사람은 있어본 적이 없다. 알면서도 행하지 않는다는 것은 실상인즉, 알지 못한다는 것이다. 성현께서 사람들에게 지(知)와 행(行)을 가르치신 것은 마음의

본체를 회복하기를 바라셨던 것이지, 범인이 적당히 하면 된다는 것을 말씀하신 것은 아니다. 그러므로 『대학』에서는 참다운 지행(知行)이 무엇인지를 꼬집어 사람들에게 보여주면서 다음과 같이 말한 것이다: "선을 좋아하기를 아름다운 꽃을 좋아하듯 하고, 악을 미워하기를 악취를 미워하듯 하라." (沃案: 보통 "호색好色"을 "아리따운 여색"으로 번역하는데 그것이 아마도 원뜻일 것이나 너무 남성주의적인 개기름이 흐르는 표현이라서 "아름다운 색깔," "아름다운 꽃" 정도로 번역하는 것이 좋을 것 같다. "악취"도 기실 "오취"로 읽어도 무방하다). 아름다운 꽃을 본다(見)는 것은 지(知)에 속하는 일이다. 그런데 아름다운 꽃을 좋아한다(好)는 것은 행(行)에 속하는 일이다. 우리가 아름다운 꽃을 보는 그 순간에 이미 저절로 아름다운 꽃을 좋아하게 되는 것이지, 아름다운 꽃을 본 후에, 좋아하겠다는 결심을 세우고, 그리고 나서 좋아하는 것은 아니다. 악취를 맡는다(聞)는 것은 지(知)에 속하는 일이다. 그러나 악취를 미워한다(惡)는 것은 행(行)에 속하는 일이다. 우리가 악취를 맡는 순간에 이미 저절로 악취를 미워하게 되는 것이지, 악취를 맡은 후에, 미워하겠다는 결심을 세우고, 그리고나서 미워하는 것은 아니다. 예컨대 코가 막힌 사람은 눈앞에 악취 나는 것을 보더라도 코로 냄새를 맡지 못하기 때문에 그것을 몹시 미워하지 않는데, 이것은 그 냄새가 무엇인지를 모르기 때문이다. 가령 아무개가 효(孝)를 알고, 아무개가 공손함(弟)을 안다고 말할 경우에도, 반드시 그 사람은 이미 효를 행하고 공손함을 행하여 체득한 후에나, 비로소 그를 일러

효를 안다, 공손함을 안다고 하는 것이다. 그가 효와 공손함에 관하여 조금 이해가 있다고 해서 그가 효와 공손함을 안다고 말할 수는 없는 것이다. 아픔을 안다는 것도 마찬가지이다. 그가 반드시 스스로 아프고 난 후에나 비로소 아픔을 안다고 말할 수 있다. 추움을 안다는 것도 추움을 몸소 겪고 난 후에나 추움을 안다고 말할 수 있는 것이다. 배고픔을 안다는 것도 자기 몸소 기아를 겪고 난 후에나 말할 수 있는 것이다. 지(知)와 행(行)이 어찌 분리될 수 있겠는가!

未有知而不行者。知而不行, 只是未知。聖賢教人知行, 正是安復那本體, 不是着你只恁的便罷。故大學指個眞知行與人看, 說"如好好色, 如惡惡臭。"見好色屬知, 好好色屬行。只見那好色時已自好了, 不是見了後又立個心去好。聞惡臭屬知, 惡惡臭屬行。只聞那惡臭時已自惡了, 不是聞了後別立個心去惡。如鼻塞人雖見惡臭在前, 鼻中不曾聞得, 便亦不甚惡, 亦只是不曾知臭。就如稱某人知孝, 某人知弟, 必是其人已曾行孝行弟, 方可稱他知孝知弟。不成只是曉得說些孝弟的話, 便可稱爲知孝弟。又如知痛, 必已自痛了方知痛; 知寒, 必已自寒了; 知饑, 必已自饑了。知行如何分得開?〔上, 徐愛錄〕

왕수인이 자신의 "지행합일"의 정당성을 말하기 위하여, 바로 『대학』본장의 "호호색, 오악취"를 빌어 자기의 논거를 치밀하게 전개하고 있는 것은 매우 감동적일 수도 있지만, 왕수인의 심학을 비판하는 사람의 입장에서 본다면, 결국 지행합일의 총체적 모습이 겨우 "호색을 좋아하고, 악취를 미워하는" 수준의 것이라고 한다면 그가 말하는 지행합일은 너무도 하찮은 수준의 것이라고 말한다. 너무도 당연한 감정의 사태 속에서 지(知)와 행(行)의 근원적 대립을 해소시켜버린 것이며, 그것은 결국 유심론적인 지(知) 속에 행(行)을 포섭해버린 결과를 낳는다는 것이다. 그렇다면 그것은 결국 지가 행에서 유래된다는 것을 부인하고, 행이 지에서 내원(來源)한다고 주장하는 꼴이 되고 만다는 것이다(任繼愈, 『中國哲學史簡編』 439).

이러한 왕수인에 대한 비판은 매우 날카로운 비판이다. 그러나 왕수인의 진정한 의도는 그렇게 비판의 전제로 설정되는 얄팍한 논리는 아니었을 것이다. "지는 행의 시작이며, 행은 지의 완성이다. 知是行之始, 行是知之成"이라고 말하는 그는 보다 깊은 차원에서 변증법적 아우프헤벤을 전제로 하는 지행의 프로세스를 말했을 것이다. 『대학』에서 성의(誠意)의 문제를 "오악취, 호호색"이라는 너무도 당연한 감정의 논리로써 규정하려고 한 것도 매우 이해하기 어려운 측면이 있다. 그러나 전체적으로 생각해보면, 동방인들은 지(知)의 문제를 의(意)에 종속적으로 생각한 측면이 강하고, 의(意)를 강조하다 보면 역시 정(情)의 문제로 귀속되지 않을 수 없다. 인간의 이성(Reason)이 고등한 연역적 사유를 낳은 것은 대단한 일이며, 인류사의 진보를 긋는 획기적 사건이지만, 이성적 사유가 보장된다고 해서 인간세의 지선(至善)이 이루어진다고 보지는 않은 것 같다. 다시 말해서 이성적 판단이 궁극적으로 아름다운 꽃을 사랑하고 악취를 싫어하는 감정의 사태처럼 즉각적이고 직감적이며 심미적으로 이루어져야 한다는 생각이 있었던 것이다. 이성적 훈련이 호호색·오악취의 감성적 판단과 일치되는 경지를 매우 지고한 경지로 생각했던 것이다.

생각해보자! 이성적 판단으로 말한다면 새만금에 제방을 쌓아 농토를 만들고, 삼천리금수강산에 대운하를 만들어 모든 강을 연결시킨다는 발상이 불가하다는 것은 누구나 다 아는 일이다. 히틀러의 나치즘이 독일사람들의 이성이 마비되었기에 생겨난 사태라고 볼 수는 없다. 이성이 아무리 작동하고 있어도, 아름다운 꽃을 아름답게 볼 수 있는 감정의 사태에 왜곡이 일어나면 모든 것이 무기력해지는 것이다. 강가의 백사장의 아름다움을 아름답다고 볼 수 없는 감정의 왜곡 때문에 가공스러운 이성의 묵살이 잉태되는 것이다. 도대체 4대강정비사업을 왜 하는가? 그것은 단 몇 사람의 호호색·오악취의 감정이 왜곡되었기에 벌어지는 사건이다. 그러한 것을 묵인하고 있는 모든 사람들의 성의(誠意)와 신독(愼獨)이 요청될 수밖에 없다.

第五章 切嗟道學 琢磨自修

詩云: "瞻彼淇澳, 菉竹猗猗。有斐君子, 如切如磋, 如琢如磨。瑟兮僩兮, 赫兮喧兮, 有斐君子, 終不可諠兮。"如切如磋者, 道學也; 如琢如磨者, 自脩也; 瑟兮僩兮者, 恂慄也; 赫兮喧兮者, 威儀也; 有斐君子, 終不可諠兮者, 道盛德至善, 民之不能忘也。
詩云: "於戲, 前王不忘。"君子賢其賢而親其親, 小人樂其樂而利其利。此以沒世不忘也。

옛 노래 가사(『시경』 위풍衛風 「기욱淇奧」)에 다음과 같은 것이 있다: "저 기수의 물굽이를 보라! 푸른 대나무 숲 야들야들 우거지고, 문채 나는 군자여! 자른 듯 다듬은 듯, 쪼은 듯 간 듯, 장중하도다 우아하도다! 빛나도다 훤출하도다! 문채나는 군자여! 종내 잊을 수 없어라!" 이 노래 가사에서 "자른 듯 다듬은 듯"은 배움에 정진하는 모습을 말하고 있는 것이다. "쪼은 듯 간 듯"은 자신의 행실을 닦는 모습이다. "장중하도다 우아하도다"는 마음에 송구스러움과 두려움이 있는 모습이다. "빛나도다 훤출하도다"는 위의(威儀)가 넘치는 모습이다. "문채나는 군자여! 종내 잊을 수 없어라!"는 군자의 수신의 경지가 덕이 성하고 지선(至善)에 이르러 백성들이 사모하여 잊지 못하는 광경을 기술한 것이다.
그리고 또 다른 노래 가사에(『시경』 주송周頌 「열문烈文」) 이와 같은 것이 있다: "아아~ 선왕을 잊을 수 없어라!" 이 노래에는 다음과 같은 의미가 담겨져 있다. 치세를 담당하였던 군자가 현인을 현인으로

서 존중할 줄 알고, 가까운 사람들을 가깝게 아우를 줄 아니, 일반 백성들은 그의 치세로 인해 생겨나는 즐거움을 즐길 수 있었고, 그의 치세로 인해 생겨나는 이로움에 이득을 볼 수가 있었다. 그래서 그가 죽고 난 후에도 사람들이 그를 잊지 못하는 것이다.

沃案 주희는 이 장 속의 언어에 "지선至善"이라는 한 마디가 들어있다는 이유로 이것을 "지어지선止於至善"을 해설하는 전(傳)으로 집어넣었는데 참으로 넌센스 중의 넌센스라 할 것이다. 제1장의 총론적인 "지어지선止於至善"과 여기서 말하는 "지선至善"은 같은 의미맥락에서 논구될 수가 없는 것이다. 그리고 이 장의 논리는 앞 장의 "성의誠意"라는 주제를 연속적으로 발전시킨 것이다. 그 뜻을 성실하게 하는 삶의 자세 속에서 학문을 연마하고 몸을 닦으면 문채나는 통치자가 되어, 성덕(盛德)과 지선(至善)을 구비하게 되므로, 살아있을 때뿐만 아니라 죽어서까지도 일반백성들에게 경모(敬慕)되는 인간이 된다고 하는 것을 말한 것이다. 그러니까 성의(誠意)라는 주제가 정치적 맥락 속에서 발전한 것이다. 다시 말해서 『대학』의 총론적 언급이 어디까지나 이상사회를 만들어갈 수 있는 통치자의 자질과 수양과 관련 있다는 것을 말해준다.

『대학』의 저자가 오늘 우리가 알고 있는 『시경』을 이와 같이 정확히 인용하고 해설하는 것은 보통 일이 아니다. 『대학』의 저자에게 오늘 우리가 알고 있는 것과 거의 비슷한 『시경』이라는 텍스트가 주어져 있었다는 것을 의미하는데, 이미 『시경』이라는 텍스트는 오랜 세월을 지나면서 그 나름대로 독특한 학파마다의 자기류의 해석의 대상이 되었다는 것을 알 수가 있다. 『시』는 본래 노래이며, 특히 국풍(國風)은 나라마다 민간에서 흥행하던 그냥 보통 민요였다(風者, 民俗歌謠之詩也。『集傳』). 아주 흔한 유행가사였던 것이다. 따라서 예나 지금이나 마찬가지로 그 주제는 대체로 남녀상열이상념지사(男女相悅而相念之詞), 즉 연애이야기인 것이다. 여기 인용된 「기욱」이라는 노래 속의 "군자君子"도 최고의 통치자나 도덕적으로 완성된 성인을 말하는 것이 아니라 그냥 민간처녀들의 섹스어필의 대상이 되는 "사내"일 가능성이 더 크다. 따라서 그 사내를 형용하는 모습도 모두 섹스어필의 대상인 기생오라비 같은 놈의 모습을 형용하는 코믹한 언어일 가능성이 더 높다. 그런데 여기『대학』은 그 가사를 성덕을 갖춘 최고의 통치자, 즉 임금의 "수신-정심-성의"의 과정을 설명하는 도덕적 언마의 언사로서 해석하고 있는 것이다. 이러한 문제는 이미 내가 『논어한글역주』에서 「학이」편에 있는 자공과 공자의 대화를 해설하면서 상세히 논하였다(제1권, 388~397). 똑같이 이 「기욱」 노래를 인용하고 있으며, 『논어』「학이」15에서 이 노래가사를 해석하는 방식도 『대학』과 크게 다르지 않다.

그리고 두 번째 인용인 「열문」 노래가사에 관한 해석에 있어서도 주희는 "군자君子" "소인小人"을 "후왕後王" "후민後民" 운운하여 매우 졸렬하게 해석하고 있는데, "전왕前王"이라는 표현에 특별한 의미를 부여함이 없이 일반론으로 평이하게 풀이해야 할 것이다. 주희는 『대학』을 너무도 자기 주관 속에 가두어 해석하려 하였다. 지금도 주희의 권위에 억눌려 『대학』을 바라보는 사람들의 성찰을 요청한다. 자신이 주희의 주석으로부터 많은 계발을 얻었다고 해서 그것을 고지식하게 후학들에게 강요하지는 말아야 할 것이다. 앞으로 새롭게 자라나는 세대들은 자유로운 시각으로 고전을 바라봐야 할 것이다.

第六章 天命日新

康誥曰: "克明德." 太甲曰: "顧諟天之明命." 帝典曰: "克明峻德." 皆自明也. 湯之盤銘曰: "苟日新, 日日新, 又日新." 康誥曰: "作新民." 詩曰: "周雖舊邦, 其命惟新." 是故君子無所不用其極.

『상서』 「강고康誥」에 이런 말이 있다: "문왕께서는 당신의 덕을 세상에 잘 밝히시었다." 그리고 「태갑太甲」에는 이런 말이 있다: "선왕(先王)들께서는 이 하늘의 밝은 명(命)을 잘 살피시었다." 그리고 또 「제전帝典」(「요전堯典」과 같다)에는 이런 말이 있다: "요임금께서는 거대한 덕을 잘 밝히시었다." 이 인용문에 공통된 의미는 스스로 자신의 내면의 덕을 세상에 밝힌다는 것이다.

탕임금께서 쓰신 제기용의 성스러운 대야의 밑바닥에 이런 글이 새겨져 있었다: "진실로 날로 새로워져라! 날로 날로 새로워져라! 또 날로 새로워져라!" 또 「강고康誥」에 이런 말이 있다: "항상 새롭게 자라나는 백성들을 교화시켜라." 그리고 또 옛 노래는 말한다(『시경』 대아大雅 「문왕文王」편): "주나라는 비록 오래된 나라이지만 하늘로부터의 명(命)은 항상 새롭게 받는도다." 그러므로 군자는 자신의 덕을 날로 새롭게 하기 위하여 최선을 다하지 않음이 없다.

沃案 이것 역시 앞 장에서 성덕(盛德)을 이야기했기 때문에 그 테마를 이어서, 그 군자의 덕은 반드시 천하사람들과 공유되어야 한다는 것을 말한 것이다. 그 공유되는 과정을 "밝힌다"라고 말하고 있는 것이다. 여기 인용문의 포인트는 "명명덕明明德"이라는 말에서 맨 처음의 "밝힌다明"라는 동사에 있는 것이지, "명덕明德"이라고 하는 실체적 명사의 선험성에 있지 않다. "밝힌다"고 하는 동사는 하나의 과정(Process)이며, 일시점에서 고착화될 수 있는 사태가 아니다. 따라서 그 밝힘의 과정은 날로 새로워져야 되는 "일신日新"의 과정일 수밖에 없다. 그래서 "밝힘明"과 "새로움新"이 논리적으로 연결되고 있는 것이다. 이 양자를 분리하여 앞부분은 "명명덕明明德"을 해석한 전(傳)의 수장(首章)으로 보고 뒷부분은 "신민新民"을 해석한 전(傳) 2장으로 본 주희의 경전체제의 텍스트변형은 완벽하게 근거가 없다. 더구나 그가 여기 「강고」의 "작신민作新民"이라는 표현에 의거하여 『대학』 텍스트 자체를 "친민親民"에서 "신민新民"으로 변형시킨 것은

자신의 왜곡된 관념에 의한 날조라고 말할 수밖에 없다.

「강고」의 "작신민作新民"의 "작作"은 결코 주희가 말한 대로 "진작시킨다振起"는 의미가 아니라 "교화시킨다"는 의미이다. "신민新民"은 "백성을 새롭게 한다"라는 의미가 될 수 없으며, 교화라는 동사의 목적으로서 "신민新民"일 뿐이다. "신민"이란 막연하게 추상적으로 "새로워지는 백성"이라는 의미가 아니라 구체적으로 날로 변해가는 백성, 그러니까 새롭게 자라나오는 새 세대를 가리키는 것이다. 강숙(康叔)이 분봉된 곳은 은나라의 유민이 있던 곳이며 풍요로운 문화전통이 있었다. 그러나 은나라의 풍속도 점점 변해가고 있었고 새로운 세대들이 성장하고 있었던 것이다. 그러기 때문에 새로운 세대들을 어떻게 교화시켜 새롭게 주나라 문화로 흡수시키는가 하는 것이 주요 과제상황이었다.

그리고 제4장에서부터 시작한 성의(誠意)의 테마가 발전하여 수신(修身)의 덕(德)을 말하고 있는데, 이 성의·수신의 테마 속에는 이미 제1장의 총론에서 말하는 "명명덕明明德" "친민親民" "지어지선止於至善"의 주제가 항상 동시에 포함되어 있기 때문에, 텍스트를 오려내어 순서까지 바꿔가면서 경·전체제로 꿰맞추어야 할 하등의 이유가 없다. 하여튼 주희는 『대학』을 잘못 인식한 것이다.

그리고 전체적으로 이 장에서 인용한 고경들의 의미맥락이 꼭 『대학』의 저자가 말하고자 하는 주제와 맞아떨어진다는 보장은 전혀 없다. 지금이나 예나 너무 과거의 경전을 많이 인용하여 자기의 주장을 펴는 문장은 명문장이 될 수 없다. 나는 이 장의 논리전개를 별로 대단하다고 평가하지 않는다. 그리고 『대학』에서 『시』를 인용할 때 "시운詩云"이라는 표현을 쓰는데 여기서만 "시왈詩曰"이라고 한 것도 경전 텍스트 크리틱 측면에서 주목할 필요가 있다.

단지 탕임금의 대야에 새겨진 말씀, "구일신苟日新, 일일신日日新, 우일신又日新"이라는 표현은 레토릭상으로 보나, 의미론적으로 보나 천하의 명문이라 해야 할 것이다. 세 글자씩 맞추면서 처음에는 "구苟"를 넣었고, 두 번째는 "일日"을 반복시켰으며, 마지막에는 또 "우又"자를 넣었다. 인간이 날로 새로워져야 한다는 것은 두말할 나위가 없다. 새로워진다는 것은, 바울은 "오직 마음을 새롭게 함으로 변화를 받아 하나님의 선하시고 기뻐하시고 온전하신 뜻이 무엇인지 분별하도록 하라"(롬 12:2)라고 말했지만, 우리 동양사상에 있어서는 천명을 항상 새롭게 받는다는 뜻이다. 한 나라도 오래되었다고 장땡이 아니라 항상 새롭게 천명을 받아야만 유지되는 것이다. 마찬가지로 내 몸도 항상 새롭게 천명을 받지 못하면 그 형체조차 유지 못하고 패망하고 마는 것이다. 항상 새롭게 천명을 받는 것이 곧 수신(修身)의 제1의이다.

내가 평생 『대학』 일서에게 감사하고 또 감사하는 구문이 내 인생의 좌우명이 된 "구일신苟日新, 일일신日日新, 우일신又日新"이 아홉 글자이다. 세숫대야에 이 아홉 글자를 새겨 넣는 고인들의 예지와 품격을 다시 한 번 마음에 새겨봐야 할 것이다.

第七章 知其所止

詩云:"邦畿千里, 惟民所止。"詩云:"緡蠻黃鳥, 止于丘隅。"子曰:"於止, 知其所止。可以人而不如鳥乎!"
詩云:"穆穆文王, 於, 緝熙敬止!"爲人君止於仁, 爲人臣止於敬, 爲人子止於孝, 爲人父止於慈, 與國人交止於信。

옛 노래에 이런 말이 있다(『시경』 상송商頌 「현조玄鳥」): "위대하도다 은나라여! 그 서울 사방 천리야말로, 은나라의 백성들이 머무는 곳!" 또 옛 노래에 이런 말이 있다(『시경』 소아小雅 「면만綿蠻」): "문채 찬란한 꾀꼬리, 언덕 한 구석에 이르렀도다!" 공자께서 이 노래를 해석하여 말씀하시었다: "저 꾀꼬리는 이르러야 할 곳에 이를 줄을 아는구나! 새도 가야 할 곳을 알거늘 사람이 그렇지 못하다면 새만도 못하지 않겠느뇨?" 옛 노래에 또 이런 말이 있다(대아大雅 「문왕文王」): "덕이 충만하신 문왕이시여! 아~ 그 광채서린 모습은 지향해야 할 곳을 공경히 하시는도다!" 사람의 임금된 자는 인(仁)을 향해 가야 한다. 사람의 신하된 자는 경(敬)을 향해 가야 한다. 사람의 아들된 자는 효(孝)를 향해 가야 한다. 사람의 아비된 자는 자(慈)를 향해 가야 한다. 국인(國人)과 더불어 교제할 때에는 신(信)을 향해 가야 한다.

沃案 여기 "지止"의 해석을 내가 하는 대로 해야만 의미가 통한다. 보통 "지어인止於仁"을 "인에 멈춘다" "인에 그친다"라는 식으로 하면 도무지 그 뜻이 명료하게 전달되지 않는다. "지止"는 "그침"이 아닌 "감"이며, "감"의 목적이며 목표며 이상이며 의미이다. 따라서 "지어지선止於至善"이란 바로 인(仁)·경(敬)·효(孝)·자(慈)·신(信)이 구현되는 지선의 사회를 목표로 하여 매진한다는 뜻이 되는 것이다. 『삼국사기三國史記』 「고구려본기」에 보면 유리왕이 지은 노래 속에도 "황조黃鳥"가 등장한다.

第八章　使無訟是知本

子曰: "聽訟, 吾猶人也。必也使無訟乎!" 無情者, 不得盡其辭。大畏民志。此謂知本。

공자님께서 이렇게 말씀하시었다: "송사를 듣고 결단하는 데 있

어서는 나 또한 남과 같이 잘할 수 있다. 그러나 내가 기필코 원하는 것은 이것이다! 사람들이 근본적으로 송사를 일으킬 일이 없는 사회를 만드는 것이다." 이 공자의 말씀은 무엇을 의미하는가? 진정성이 없는 자들이 거짓말을 함부로 다 늘어놓을 수 있는 사회를 만들어서는 아니 된다는 것이다. 진정성이 없는 백성들의 마음을 크게 두렵게 하여, 그 뜻을 성실케 함으로써 감히 송사를 일으키지 않게 만든다는 것이다. 이것을 일컬어 근본을 안다(知本)고 하는 것이다.

沃案 참으로 통쾌하고 명쾌한 일언(一言)이다. 제3장이 "지본"으로 끝났다. 그리고 제4장이 "성의"의 테마로 시작되었다. 그리고 다시 본장에 있어서 "지본"으로 끝난다. 다시 말해서 제4장부터 제8장까지는 "성의誠意"라는 하나의 테마가 연속체를 이루고 있는 문장인 것이다. "성의"의 테마는 제7장에서 이상사회론으로까지 전개되었다. 바로 제7장에 연이은 본장에서 그 이상사회의 모습을 명료하게 재천명하고 있는 것이다. 모든 사람이 "지극히 좋다"고 느끼는 이상사회란 어떤 사회일까? 이 질문에 바로 공자는 명쾌한 단안을 내리고 있는 것이다.

이상사회란 송사가 없는 사회

이상사회란 무엇인가? 그것은 바로 송사가 없는 사회인 것이다. 서로가 서로를 불신하고 질투하고 음해하고 고발하는 사회, 허위의식으로 가득찬 사회, 허세(虛勢)와 허식(虛飾)이 난무하는 사회! 이러한 사회는 바로 그 사회성원들이 그 의(意)를 성실치 못하게 함으로써 일어나는 현상이라는 것이다. 악취를 미워하고 호색을 사랑하는 진정성, 즉 자기기만이 없는 사회(毋自欺也)야말로 이상사회, 지선의 사회라는 것이다. 재판을 잘하는 것이 통치자의 임무가 아니라, 백성들이 그 뜻을 성실하게 함으로써 감히 송사를 일으키지 못하도록 하는 것이 진정한 통치자의 임무라는 것이다. 이것은 바로 유가가 추구하는 덕치(德治)의 이념이며, 법가의 술수를 뛰어넘는 평천하의 이상이다. 바로 진제국의 출현을 앞두고 새로운 제국질서에 대해 거는 유자들의 기대는 이와 같이 고매한 것이었다. 이러한 송사가 없는 사회를 만드는 것이야말로, 성의(誠意)의 최종적 이념이며 수신(修身)의 근본목표이다. 그래서 지본(知本)이라고 말한 것이다. 정이천이 이 장을 앞으로 끌어다 놓고 "차위지본此謂知本"이 연문(衍文)이라고 한 것은 참으로 가소로운 일이다.

"대외민지大畏民志"를 "무정자無情者"(진정성이 없는 허위적인 인간들)로 하여금 백성의 뜻을 두려워하게 하라는 의미로 새길 수도 있겠지만, 정현의 고주에 의하면 "민지民志"의 "민民"이 무정자를 받는 것이 된다(必使民無實者不敢盡其辭, 大畏其心志, 使誠其意不敢訟). 나는 정현의 해석을 따랐다. 공자의 말은 「안연」편(12-13)에도 실려있는데, 전국 말에 꽤 유행했던 공자의 말씀이었던 것으로 사료된다.

第九章　修身在正其心

所謂脩身在正其心者, 身有所忿懥, 則不得其正; 有所恐懼, 則不得其正; 有所好樂, 則不得其正; 有所憂患, 則不得其正。心不在焉: 視而不見, 聽而不聞, 食而不知其味。此謂脩身在正其心。

앞서 말한 바, 몸을 닦는 것이 그 마음을 바르게 하는 데 있다라고 한 것은, 내 몸에 분치(忿懥: 분노)하는 바가 있으면 마음의 바름을 얻지 못하며, 내 몸에 공구(恐懼: 두려움)하는 바가 있으면 마음의 바름을 얻지 못하며, 내 몸에 호요(好樂: 너무 좋아해서 그 쾌락에 집착함)하는 바가 있으면 마음의 바름을 얻지 못하며, 내 몸에 우환(憂患: 근심·걱정)하는 바가 있으면 마음의 바름을 얻지 못한다는 것이다. 마음이 대상에 집중되어 있지 아니 하면, 보아도 보이지 않으며, 들어도 들리지 않으며, 먹어도 그 맛을 알지 못한다. 이것을 일컬어 몸을 닦는 것이 그 마음을 바르게 하는 데 있다라고 한 것이다.

沃案　제1장부터 제8장까지가 모두 지본(知本)의 총론에 해당되는 것이고, 제9장부터 비로소 앞의 문장의 몇 조목을 조목별로 나누

어 해설하고 있다. 제4장부터 이미 성의(誠意)의 주제로 시작하여 제8장까지, 모두(冒頭)의 총강의 문제를 다 다루었으므로 여기서는 정심(正心)을 논의하고 있는 것이다. "수신재정기심修身在正其心"은 결국 수신의 해설에 역점이 있지 아니 하고 정심에 그 역점이 있다. 그러니까 제9장은 수신(修身)과 관련되는 정심(正心)의 문제이다. "수신과 관련되는 정심"이라는 이 테마를 망각하고 정이천이 "신유소분치身有所忿懥"의 "신身"을 "심心"이라는 글자로 바꿔야 한다고 주장하고(程子曰: "身有之身, 當作心"), 주희가 그것을 신봉하고 있는 것은 가소롭다 말하지 않을 수 없다. 어찌 멀쩡한 고경의 언어나 개념을 시대적 제약을 받는 자신의 소견에 따라 함부로 변경·왜곡할 수 있으리오? 주희는 마음대로 왜곡하는데, 주희의 문구를 한 글자라도 바꾸면 "사문난적"이 되는 조선 사림의 논리는 도무지 이해할 길이 없다. "내 몸에 분노가 있으면"이 옳지, 어찌 "내 마음에 분노가 있으면"이라고만 해야 할까? 고대언어에 근원적으로 데카르트적인 심신이원론(Body-Mind Dualism)이 없다는 것도 모른단 말인가? 하여튼 이러한 정이천의 관점은 매우 편협한 도학자의 좁은 소견에 불과한 것이지만, 재미있는 사실은 이미 송대에 내려오면 중국인의 언어가 매우 논리적으로 다듬어졌다는 것을 알 수 있다. 다시 말해서 불교의 세뇌를 거치면서 상당히 서양언어적인 논리적 인과의 관념이 치밀해졌다는 것을 알 수가 있다. 하여튼 "신身"은 "심心"으로 고쳐 해석하면 안된다. 정주는 틀렸다. 그리고 이 장의 내용을 시비 삼아 『대학』의 저자가 공맹의 혈맥을 모르는 자라고 말한 이토오 진사이(伊藤仁

齋)의 비판도 방대한 선진고경의 유기적 관계를 망각한 망언에 불과하다. 그는 말한다: "『대학』은 분치·공구·호요·우환이야말로 오히려 마음의 작용이며, 인과 예가 드러나는 바탕이며 천하의 달도라는 존심(存心)의 요체를 파악하지 못하고 무조건 분치·공구·호요·우환의 감정이 없어지기만을 바랬으니 이는 공맹의 혈맥을 모르기 때문이다. 苟以仁存心, 以禮存心, 則此四者卽仁禮之著, 而天下之達道也。何惡之有! 大學乃不此之識, 而徒欲無忿懥恐懼好樂憂患。此卽不識孔孟之血脈故也。"

심·신이원론적 메시지가 아닌 심·신일원론적 소통

우선 본 장의 의미는 분치·공구·호요·우환의 감정이 나의 존재로부터 묵살되어야 한다는 것을 말하고 있는 것이 아니라, 이러한 감정의 치우침에 의하여 내 몸이 지배를 받으면 마음이 바르게 될 수 없다는 것을 말하고 있는 것으로, 심·신이원론적인 메시지가 아니라 심·신일원론적인 소통을 말하고 있는 것이다. 그리고 이러한 논의는 이미 『순자』『장자』『노자』『관자』 등등에서 무수히 발견된다. 이러한 다양한 계열의 논의를 어디까지나 유가적 입장에서 종합한 것이다. 순자의 영향이 강하다고는 하나, 순자야말로 공자의 정맥(正脈)이라는 사실을 망각해서는 아니 된다. 노자도 뭐라 말했던가? "다섯 색은 사람의 눈을 멀게 하고, 다섯 음은 사람의 귀를 멀게 하고, 다섯 맛은 사람의 입을 버리게 한다. 말 달리며 들사냥질 하는 것은 사람의 마음을 미치게 만든다. 五色令人目盲, 五音令人耳聾, 五味令人口爽。

馳騁畋獵令人心發狂." 여기 마지막 구문에서 사람의 마음(人心)이 논의되고 있다는 사실을 잊어서는 아니 된다.

『관자管子』「심술心術」에 나오는 유사한 논리

『관자管子』의 「심술心術」 상(上)에 이런 말이 있다: "그러므로 군자는 좋아하는 것에 꼬임을 받지 아니 하고, 싫어하는 것에 강박되지 아니 하고, 고요하고 태연한 삶의 자세로 청정무위하니, 지혜를 버리고 작위를 버린다. 是以君子不怵乎好, 不迫乎惡, 恬愉無爲, 去智與故." 여기서 말하는 "좋아하는 것에 꼬임 받지 아니 하고不怵乎好, 싫어하는 것에 강박되지 아니 한다不迫乎惡"라는 것이 바로 분치·공구·호요·우환에 치우치지 아니 한다는 것이다. 감정의 제어를 말하는 것이다. 그러니까 수신의 핵심은 마음을 어떻게 다스리냐는 데 있다는 것이고, 마음의 핵은 결국 분치·공구·호요·우환과 같은 감정이다. 후대의 불교적 논리가 이미 선진문명 속에서 자생적으로 논의되고 있었다는 사실에 우리는 새롭게 눈을 뜨지 않으면 아니 된다.

『장자』·『논어』에서 감정의 컨트롤 상태를 기술한 표현들

『장자』「지북유知北遊」나 「경상초庚桑楚」에 나오는 "몸은 마른 나뭇가지와 같고身若槁木之枝, 마음은 불씨 꺼진 재와도 같다而心若死灰"는 표현이라든가, 「덕충부德充符」에 나오는 "성인은 사람의 형체를 하고는 있으나, 사람의 정(情)을 지니지 않는다. 그래서 그의 몸에서 시비를 논할 수 없다. 有人之形, 無人之情. … 故是非不得於身"라는 등등

대학大學 | 299

의 표현은 이미 전국시대에 그러한 논의가 인식론적으로 충분히 성숙해있었다는 것을 말해주고 있다. 『논어』에도 안회의 호학을 가리켜 "불천노不遷怒"라 했는데, 그것 또한 그의 감정 컨트롤 상태를 나타내주는 말이다.

신뿌짜이옌

그리고 이 장에 나오는 "심부재언心不在焉"이라는 말은 중국사람들이 일상생활 속에서 넋잃고 멍하게 앉아있거나, 마음이 떠나 멍하게 앉아있는 사람을 형용하는 말로서 잘 쓴다. 백화(白話)용법화된 말이다. 『순자』「해폐」편에 나오는, 이미 상술한 허·일·정의 사상도 여기의 논리와 궤를 같이 한다. 「해폐」 첫머리에 다음과 같은 말이 있다: "마음을 집중하도록 부리지 아니 하면 흑과 백이 눈앞에 놓여있어도 눈이 그것을 인지하지 못하고, 천둥소리 북소리가 바로 귓전에서 울려도 그 소리가 들리지 않는다. 그런데 하물며 마음이 사설(邪說)에 놀아나는 사람이야 더 말할 나위가 있겠는가! 心不使焉, 則白黑在前而目不見, 雷鼓在側而耳不聞, 況於使者乎!"

그리고 『관자』「심술」상에도 이런 말이 있다: "마음이 기호와 욕심으로 가득차버리면, 눈에는 색이 보이지 아니 하고, 귀에는 소리가 들리지 않는다. 嗜欲充益, 目不見色, 耳不聞聲。"「해폐」의 "심불사언心不使焉"이나 『대학』의 "심부재언心不在焉"은 동일한 전승의 표현들이다. 결국 『대학』의 저자는 이러한 모든 논리를 "수신"의 논리로 수렴하여

유학의 정통적 도덕성의 다양한 측면을 과시하려 하였다는데 그의 위대성이 있다. 수신의 핵심이 정심에 있다는 사실, 그리고 정심이란 마음을 집중시켜 치우친 감정상태로부터 해방되는 자유라는 것을 말한 것은 이미 『대학』에 향후 모든 심성론(心性論)의 갈래들의 남상이 들어있다는 것을 우리에게 깨닫게 해주는 것이다. 정심 하나의 논리 속에 수신으로부터 격물에 이르는 모든 논리를 함축시키고 있는 것이다. 그리고 이 장의 내용은 제2장의 논리와도 상통한다. 이상을 향한 뚜렷한 매진이 있게 되면 마음속에 정함이 있게 된다(知止而后有定)라고 한 말의 의미가 "심부재언心不在焉" 이하의 논리에서 더욱 명료해지고 있다.

第十章 齊其家在修其身

所謂齊其家在脩其身者, 人之其所親愛而辟焉, 之其所賤惡而辟焉, 之其所畏敬而辟焉, 之其所哀矜而辟焉, 之其所敖惰而辟焉。故好而知其惡, 惡而知其美者, 天下鮮矣。
故諺有之曰: "人莫知其子之惡, 莫知其苗之碩。" 此謂身不脩不可以齊其家。

앞서 말한 바, 그 집을 가지런히 하는 것이 그 몸을 닦는 데 있다라고 한 것은, 사람이 친애(親愛)하는 바에 있어서 편벽되거나, 천오(賤惡: 천하다고 낮잡아 봄)하는 바에 있어서 편벽되거나, 외경(畏敬)하는 바에 있어서 편벽되거나, 애긍(哀矜: 불쌍히 여김)하는 바에 있어서 편벽되거나, 오타(傲惰: 오만하고 나태함의 의미이지만, 인간관계에 있어서 편하게 느끼는 사람에게만 집착한다는 뜻을 내포할 수도 있다)하는 바에 있어서 편벽되거나 하면 결국 대소가 집안의 질서가 파괴된다는 것이다. 그러므로 사람을 대할 때 상대방을 좋아하면서도 동시에 그의 결점을 파악하고, 상대방을 싫어하면서도 동시에 그의 장점을 파악할 줄 아는 큰 인물이 지금 천하에 너무도 희소한 것이다.

그러므로 속담에 이런 말이 있다: "사람들이 남의 자식은 깔보면서 자기 자식의 못됨은 알기가 어렵고, 남의 집 나무는 부러워하면서 자기 집의 하찮은 묘목도 결국 크게 된다는 것은 알기가 어렵다." 이것을 일컬어 몸이 닦아지지 않으면 그 집안을 가지런히 하지 못한다고 하는 것이다.

沃案 친애·천오·외경·애긍·오타를 각기 그러한 감정상태에 해당되는 사람으로 풀이할 수도 있는데 나는 그냥 추상명사로 보는 것이 포괄적이라고 생각한다. 그리고 "호이지기오好而知其惡, 오이지기미惡而知其美"는 매우 도가적인 발상이지만 인생의 예지로서 학파의 소속을 가릴 수 없는 명언이다. 내가 인생을 살면서 노자에게 배운 것이 바로 이러한 예지이고, 그러한 대인관계의 삶의 자세는 결국 모든 인간을 크게 만들어준다. 아주 중요한 명제이다. 마지막 속담은 사람

들이 그 뜻을 매우 애매하게 푸는데, 아마도 내가 명료하게 풀어놓은 뜻이 그 본의일 것이다. 전자는 자기 것에 대한 사랑에 가려 그 결점을 보지 못하는 것이고(예수가 자기 눈 속에 있는 들보는 보지 못한다고 말한 것과도 상통한다. 마 7:3, 눅 6:41), 후자는 남의 것에 홀리기만 하여 자기 장점이나 가능성을 파악하지 못하는 것이다. 그리고 마지막에 "차위此謂"로 시작되는 구문이 긍정문에서 부정문으로 바뀌어 있는 것도 텍스트 비평상 주목해야 할 변화이다.

수신의 요체는 가치의 양면성을 전관하는 것

전체적으로 볼 때, 제가는 수신에 있다 했으므로 본 장은 결국 "수신"을 해설한 내용이겠으나, 수신이라 하지만 추상적으로 "수신"이라는 개념을 논술한 것이 아니고, "제가"와의 관련성 속에서만, 그 맥락에 한정하여 수신을 논했다는 점이 본 장의 내용의 특징이며 한계이다. 본 장에서 말하는 수신의 요체는 가치의 양면성을 선관(全觀)하는 포괄적 덕성을 함양함으로써 가(家: 과거에는 대가족 개념)의 인간관계를 공평하게 만드는 것이라 할 수 있다.

第十一章 治國必先齊其家

所謂治國必先齊其家者, 其家不可敎, 而能敎人者, 無之。故君子不出家, 而成敎於國。孝者,所以事君也；弟者, 所以事長也；慈者, 所以使衆也。

康誥曰；"如保赤子。"心誠求之, 雖不中, 不遠矣。未有學養子而后嫁者也！

一家仁, 一國興仁；一家讓, 一國興讓；一人貪戾, 一國作亂。其機如此, 此謂一言僨事, 一人定國。

앞서 말한 바, 나라를 다스리고자 하는 사람은 반드시 먼저 그 집을 가지런히 한다 라고 한 것은, 그 집의 사람들을 가르칠 수가 없으면서 그 나라의 사람들을 가르칠 수 있는 사람은 있어본 적이 없다는 것을 의미한 것이다. 그러므로 군자는 그 집을 나가지 않아도 나라 안의 교화를 이룩할 수 있다. 효(孝)는 임금을 섬기는 근본이 되고, 제(弟)는 윗사람을 섬기는 근본이 되고, 자(慈)는 아랫사람들을 거느리는 근본이 되기 때문이다.

「강고」에 다음과 같이 말했다: "임금이 백성을 기르는 것은 갓난아기를 업어 기르듯이 하라." 마음속 깊숙이 집에서 익힌 덕성을 성실하게 하여 나라의 다스림을 구한다면 비록 잘 들어맞지 않는 일은 있을 수 있겠으나 그리 멀리 빗나가지는 않을 것이다. 어찌 애를 낳아 기르는 것을 다 체험하고 나서 시집가는 처녀가 어디 있을 수 있겠는가!

한 집이 인(仁)의 도를 실천하면 한 나라가 인을 흥기시킬 수 있으며, 한 집이 예양(禮讓)의 미덕을 실천하면 한 나라가 예양의 질서를 흥기시킬 수 있다. 이와 반대로 한 사람의 군주가 집안에서부터 탐학스럽게 자기이익만 추구하면 한 나라 전체가 이익에만 눈이 어두워 어지럽게 되는 것이다. 한 나라가 잘되고 못되고 하는 그 갈림길이 이와 같으니, 한 마디의 말이 나라를 뒤엎고, 한 사람의 바른 정신이 나라를 안정시킨다는 속말이 있게 되는 것이다.

沃案 제3장의 말을 인용하는 방식이 꼭 일정하지는 않다. "불출가 不出家" 운운하는 것은 『노자』 47장에 "문밖을 나가지 않아도 천하를 알 수 있다. 不出戶, 知天下"라 한 것이나, 『순자』 「해폐」에 "방안에 앉아있기만 해도 사해가 돌아가는 것을 훤히 볼 수 있으며, 오늘에 처해있으면서도 아득한 옛 일도 다 꿰뚫을 수 있다. 坐於室而見四海, 處於今而論久遠"라 한 것과도 상통하는 표현들이다. 맥락은 좀 다를 수 있어도 『대학』의 저자는 이러한 모든 논법을 흡수했다는 것을 알 수 있다. 가정내의 윤리에만 충실해도 천하의 사정을 파악할 수 있다는 뜻이다. 좀 과장되긴 했어도 일리가 있는 말이다.

"애 길러본 처녀" 운운하는 것도 이와 상통하는 말인데, 결국 정치라는 것도 처녀가 시집가는 것과 같다는 말이다. 결국 당해서 배우는 것이지, 미리 다 배운 것을 그 프로그램대로 실천하는 것은 아니라는 뜻이다. 즉 정치를 바르게 할 수 있는 인격의 바탕이 중요한 것이며,

이성적 지식보다는 감성적 판단능력의 기초가 더 중요한 것인데, 그런 기초는 가정에서 다 다져질 수 있다는 논리이다. 매우 중요한 지적이라고 생각된다. 요즈음 사회과학의 대세가 가정윤리와 사회윤리를 완전히 분리시키는데, 이는 옳지 못하다. 가정에서 기본이 다져지지 못한 자가 사회에서 존엄한 행동을 할 수는 없다. 언제 빵꾸가 나도 나게 마련이다. 한 마디의 말, 한 사람의 바른 정신을 운운한 것은 천자교육의 당위성을 입증하는 강렬한 언사이다. 오늘 민주체제 하의 대권에도 그대로 적용된다. "보保"의 원의는 아기를 등에 엎는다는 뜻이다. 그만큼 소중하게 보호하고 기른다는 뜻이다.

第十二章 反其所好 民不從

堯、舜率天下以仁, 而民從之。桀、紂率天下以暴, 而民從之。其所令反其所好, 而民不從。
是故君子有諸己而后求諸人, 無諸己而后非諸人。所藏乎身不恕, 而能喩諸人者, 未之有也。
故治國在齊其家。

요임금·순임금은 천하를 인정(仁政)으로써 이끌었다. 이런 경우 물론 백성들이 잘 따른다. 그런데 걸임금·주임금은 천하를 폭정(暴政)으로써 이끌었다. 이런 경우도 백성들은 하는 수 없이 따를 수밖에 없었다. 인자하든 폭력적이든 어디까지나 군주의 명령이기 때문이다. 그러나 군주의 명령이 군주 자신의 좋아하는 바와 반대되는 위선적인 것일 때, 예를 들면 군주 자신은 재리(財利)를 탐하면서 백성들에게 재리를 탐하지 말라고 하면, 백성들은 따르지 않는다.

그러므로 군자는 자기 몸에 선한 덕을 축적하고 난 후에나 타인에게 선행을 요구할 수 있는 것이며, 자기 몸에 악한 덕을 없애버리고 난 후에나 타인의 악행을 비판할 수 있는 것이다. 진심으로 타인의 입장에서 타인을 이해할 수 있는 마음씨를 몸에 익히지 아니하고서 능히 타인을 깨우친다고 하는 자는 있어본 적이 없다. 그러므로 나라를 다스린다고 하는 것이 그 집을 가지런히 하는 데 있다고 말하는 것이다.

沃案 제11장, 제12장, 제13장이 같은 주세를 말하고 있다. 본장은 제11장에 비해 "천하天下"를 운운한 것이 좀 특색이라 말할 수 있다. "서恕"와 같은 덕목을 말하고 있다는 의미에서 유가정통주의를 고수하고 있는 글이다. 임금의 내면의 호오와 백성에게 표현되는 호오가 일치되어야 한다는 것은, 법가의 술수이론과 반대되는 것이다. 법가는 철저히 임금의 호·오를 숨겨야만 통치가 가능하다고 믿는다. 이런 맥락에서도 유가의 정통주의적 도덕을 말하고 있다.

마지막의 "고치국재제기가故治國在齊其家"는 11·12장을 통틀어서 마무리짓는 말이다.

그리고 맨 처음에 걸·주 운운한 대목을 주석가들이 대부분 석연치 않게 해석을 내리고 있다. 이런 애매한 구문 때문에 실상 『대학』이 잘 이해되지 않는 것이다. 많은 주석가들이, 걸·주가 폭정으로 다스렸기 때문에, 백성들도 그 폭정을 따라서 난폭해졌다고 해석한다. 그러나 그렇게 보면 문장의 다이내미즘이 상실된다. 인자하거나 난폭하거나를 막론하고 군주의 정령(政令)은 일단 따를 수밖에 없다. 난폭해도 거기에는 최소한 거짓이나 위선은 없기 때문이다. 그러나 위선과 거짓으로 정령을 내리면 백성들은 그러한 정령을 따르지 않는다. 선거공약을 교묘하게 속여 자신의 이득을 취하기 위해 국가정책을 기만하는 행동을 할 때 국민들이 따를 수는 없는 노릇이다.

第十三章 宜其家人 可教國人

詩云: "桃之夭夭, 其葉蓁蓁。之子于歸, 宜其家人。" 宜其家人, 而后可以教國人。
詩云: "宜兄宜弟。" 宜兄宜弟, 而后可以教國人。
詩云: "其儀不忒, 正是四國。" 其爲父子兄弟足法, 而后民法之也。此謂治國在齊其家。

옛 노래에 이런 가사가 있다(『시경』 주남周南 「도요桃夭」): "복숭아나무, 여리고 싱싱해라. 그 잎이 무성코 또 무성하구나. 이 처자 시집가네. 그 집안사람들에게 너무 잘 어울려." 이 노래처럼 나라의 임금된 자는 그 집안사람들에게 환영을 받아야만 비로소 그 나라사람들을 넓게 교화할 수 있는 것이다.

옛 노래에 또 이런 가사가 있다(『시경』 소아小雅 「륙소蓼蕭」): "형과도 잘 지내고, 아우하고도 잘 지내리." 이 노래처럼 나라의 임금된 자는 형과도 잘 지내고, 아우하고도 잘 지내는 인품을 지녀서 집안분란이 없어야만 비로소 나라사람들을 넓게 교화할 수 있는 것이다.

또 옛 노래에 이런 가사가 있다(『시경』 조풍曹風, 「시구鳲鳩」): "그 군자의 위의(威儀), 도에 어긋남이 없네. 사방의 나라들을 바르게 하겠지." 이 노래처럼 나라의 임금된 자는 아버지로서도, 아들로서도, 형으로서도, 동생으로서도 족히 모범이 될 만한 후에야 비로소 백성들이 그를 본받게 되는 것이다. 이상의 설병은 나라를 다스림이 그 집안을 가지런히함에 있다는 것을 두고 한 말이다.

沃案 『시경』의 노래들을 인용하여 가정에서 모범적 덕성을 갖춘 자가 나라를 다스려도 제대로 다스린다고 하는 논리를 마무리짓고 있다. 역시 노래가사가 끝에 오는 것이 당시로서는 어떤 어필하는 힘이 있었던 모양이다. 다 잘 아는 노래이니까. 그러나 나 같은 주석가에게는 곤욕일 뿐이다. 여기 인용되는 노래는 당시 꽤 잘 알려진 노래였을 것이다.

여기서 말하는 논리가 오늘날 우리에게는 별로 실감이 나지 않을 수도 있겠지만 당시 제후들에게 있어서는, 형제간의 분란이나 가족문제로 인하여 생겨나는 여러 종류의 분규가 거의 치란성쇠의 판가름을 결정했다. 『춘추』에 쓰여진 그 많은 사실(史實)이나 그 후의 역사 전개에서도 가정불화를 다스리지 못해 생겨나는 문제들이 주종을 이루었다. 그런데 오늘날 우리나라 정치판도나 대기업의 운영에 있어서도 이러한 문제는 끊임없는 분란의 요소가 되고 있다는 것은 주지의 사실이다. 따라서 제가와 치국의 윤리적 상응성이 사회과학적 논의를 떠나 현실적으로 중요한 의미를 갖는다는 것은 더 말할 나위도 없다. 가정의 윤리가 치국의 논리를 결정하는 것은 아니겠지만, 치국자의 감성의 바탕이 가정에서 형성된다는 것은 너무도 명백한 사실이다.

다음 장부터는 평천하가 치국에 있다는 새로운 주제를 말한다. 평천하와 관련된 치국(治國)의 대본(大本)을 말하고 있으므로 다음에 전개되는 장들이야말로 『대학』 정치이론의 클라이막스라 해야 할 것이다. 보통 『대학』을 말할 때, 앞 장의 웅혼함만을 말하고 말장의 본론을 소홀히 하는데 전체적 구도로 볼 때 14~17장은 위대한 피날레라고 해야 할 것이다.

第十四章 平天下在治其國: 絜矩之道

所謂平天下在治其國者, 上老老而民興孝, 上長長而民興弟, 上恤孤而民不倍。是以君子有絜矩之道也。

所惡於上, 毋以使下; 所惡於下, 毋以事上; 所惡於前, 毋以先後; 所惡於後, 毋以從前; 所惡於右, 毋以交於左; 所惡於左, 毋以交於右。此之謂絜矩之道。

詩云: "樂只君子, 民之父母。" 民之所好好之, 民之所惡惡之。此之謂民之父母。

詩云: "節彼南山, 維石巖巖。赫赫師尹, 民具爾瞻。" 有國者, 不可以不慎。辟則爲天下僇矣。

앞서 말한 바, 천하를 평정하는 것이 그 나라를 다스리는 데 있다라고 한 것은, 임금이 노인을 노인으로서 공경하면 백성들이 모두 효심(孝心)을 일으키고, 임금이 윗사람들을(長: 여기서 장이 단순한 나이를 의미한다면 "노老"와 중복된다. 여기 "장長"은 사회정치조직상의 연장자들이며, 주요한 포스트를 접하는 사람들이다) 윗사람으로서 대접하면 백성들이 모두 윗사람을 공경하는 마음(弟: 아랫사람의 윗사람에 대한 공경심)을 일으키고, 임금이 고독한 사람들(고아, 홀아비, 과부, 무의탁 노인 등)을 구휼하면, 백성들이 임금의 의리를 배워 서로 배반하는 일이 없어지게 된다는 것이다. 그러므로 군자는 혈구지도(絜矩之道: 자로써 모든 것을 재듯이, 일정한 기준·원칙에 의하여 모든 사물이나 인간관계를 대하는 도道를 말함)를 항상 몸에 지니게 되는 것이다.

혈구지도란 무엇인가? 윗사람(임금)과의 관계에서 싫었다고 생각된 것을 가지고서 아랫사람들을 부리지 말 것이며, 아랫사람과의 관계에서 잘못된 것이라고 생각된 것을 가지고서 윗사람을 섬기지 말 것이다. 앞사람(관직에서의 선배)과의 관계에서 싫었다고 생각된 것을 가지고서 뒷사람(후배)에게 물려주지 말 것이며, 뒷사람과의 관계에서 잘못된 것이라고 생각된 것을 가지고서 그런 방식으로 앞사람을 따르기만 해서는 아니 될 것이다. 오른쪽 사람(친구)과의 관계에서 싫었다고 생각된 것을 가지고서 왼쪽 사람과 사귀지 말 것이며, 왼쪽 사람과의 관계에서 싫었다고 생각된 것을 가지고서 오른쪽 사람과 사귀지 말 것이다. 이것을 일컬어 혈구지도(絜矩之道)라 하는 것이다.

옛 노래에 이런 말이 있다(『시경』 소아小雅, 「남산유대南山有臺」): "즐거우신 군자이시여! 그대야말로 백성의 부모이시오." 이를 풀면, 군자는 백성이 좋아하는 바를 좋아하며, 백성이 싫어하는 바를 싫어한다는 뜻이다. 그래서 이를 일러 백성의 부모라고 하는 것이다.

또 옛 노래에 이런 말이 있다(『시경』 소아小雅 「절남산節南山」): "깎아지른

듯 우뚝 선 호경(鎬京)의 저 남산(南山)이여! 둘러 친 바위들이 높고 높구나! 혁혁한 태사(太師) 윤씨(尹氏)이시여! 백성들이 모두 당신을 보고 있소!" 이 노래는 나라를 보유한 자는 신중하지 않으면 안된다는 것을 말하고 있다. 최고의 통치자가 혈구지도를 버리고 편벽하게 되면 그 몸도 망하고 나라도 망하여 천하의 치욕이 되는 것이다.

沃案 제일 처음에 "평천하平天下"라는 말이 나오는데, "천하를 평정한다"는 이 표현이 『대학』 전체에서 오직 여기에 한 번 나온다. 제3장에서는 "고지욕명명덕어천하자古之欲明明德於天下者"라고 표현하였던 것이다. 하여튼 이제 평천하와 관련된 "치국"을 말하고 있는데, 『대학』이 "평천하"의 구체적인 방법에 관해서는 직접적으로 언급하고 있지 않다. 치국을 제대로 하면 평천하에 이르게 된다는 것을 암시하고 있다. 그러므로 사실 치국(治國)이라는 주제야말로 『대학』이라는 정치학 논문(political treatise)의 최고봉이라 할 수 있다. 『대학』의 전체적 흐름을 한번 관망해보자!

1장이 총강이다. 2장·3장은 그 총강을 구체화시킨 강령이다. 그리고 4장부터 성의(誠意)라는 주제가 나오면서 자기 감정에 충실하여 위선이 없는 상태 즉 자겸(自謙)을 말하였고, 그것을 수신으로 발전시키면서 총강에 나오는 모든 주제를 일관적으로 다루었다. 그리고 7장에서 "지어지선止於至善"을 이야기하면서 이상국가를 암시하였고

8장에서 그 이상국가의 실체를, 공자의 "사무송使無訟"이라는 말을 빌어, 간결하게 천명하였다. 그리고 9장에서 수신과 관련된 정심을 말하였고, 10장에서 제가와 관련된 수신을 말하였다. 그리고 11~13 장에서 치국과 관련된 제가를 말하였고, 14~17장에서 평천하와 관련된 치국을 말하고 있는 것이다.

1장	총강: 명명덕(明明德), 친민(親民), 지어지선(止於至善)
2장~3장	구체강령: 본말종시(本末終始) 평천하(平天下)에서 격물(格物)까지 수신(修身) 강조, 지본(知本)
4장~8장	성의(誠意)의 전개: 자겸(自謙), 신독(愼獨) 수신(修身), 성덕(盛德) 이상국가론(止於至善) 무송(無訟), 지본(知本)
9장	수신과 관련된 정심(正心)
10장	제가와 관련된 수신(修身)
11장~13장	치국과 관련된 제가(齊家)
14장~17장	평천하와 관련된 치국(治國)

그런데 14장에서 특별히 주목해야 할 사태는 "혈구지도絜矩之道"라는 새로운 개념이 등장하고 있다는 것이다. "혈구絜矩"라는 말의 의

미에 관해서는 정현, 공영달, 주희 등등의 다양한 설이 있으나, 우선 "구矩"라는 것은 가장 보편적 의미로서 곡척(곱자)을 뜻한다는 사실이 중요하다. 곡척이란 여기서 직각으로 굽었다는 것에 의미가 있는 것이 아니라 도량형의 기준으로서의 법도(法度)를 의미한다. 영어에도 "룰rule"이 "자"의 의미가 있고 "원칙" "법칙"의 의미가 동시에 있다. 그러니까 그것은 판단의 기준(criterion of judgement)이 되는 것이다. 여기서도 "구矩"는 인간관계의 판단기준이 되는 어떤 원칙, 법도를 말하는 것이다. 그런데 이런 법칙을 인간관계의 도덕성에 적용하려고 하면 그 객관성을 확립하는 문제는 심히 어려운 과제가 된다. 여기 『대학』의 저자는 도덕적 원칙의 객관적 기준이라는 문제에 관하여 심각한 고민이 있는 것으로 보인다. 지금 여기서 고민하고 있는 문제는 "수신-제가"의 레벨의 문제가 아니라, "치국-평천하"라는 보다 거대한 사회적 질서를 대상으로 하고 있다는 데서 생겨나는 문제이기 때문이다.

서(恕) 개념의 변천과 혈구지도(絜矩之道)

그런데 "혈구지도"의 실내용을 보면 전통적으로 이미 공자의 시대로부터 확립된 "서恕"라고 하는 문제의 재천명에 불과하다. 제12장에도 이미 사람을 깨우칠 수 있는, 내 몸에 함장되어 있는 도덕여건으로서의 "서恕"가 논의되었다. 그런데 『논어』 「위령공」23에 보면 자공과 공자의 대화로서 "서恕"의 문제가 나오고 있다. 자공이 일언으로 종신토록 행할 만한 것이 과연 있겠냐고 물으니까 공자는 "서恕" 그 한

마디라고 대답한다. 그러고나서 "기소불욕己所不欲, 물시어인勿施於人"을 이야기하고 있다. 내가 원치 않는 것을 남에게도 베풀지 말라는 뜻이다. 이 파편은 「안연」2에도, 「공야장」11에도 나오고 있으며, 이것이 「이인」15에서는 증자(曾子)가 "부자의 도는 충서일 뿐이다. 夫子之道, 忠恕而已矣"라고 한 유명한 명제로 변형되고 있다. 이 변형과정에 관해서는 내가 『논어한글역주』(제2권, 175~186)에 이미 상세히 논술하였다. 그런데 『중용』 13장에는 이러한 "충서忠恕"가 하나로 개념화되어 「위령공」23의 메시지와 결합하고 있다: "충서는 도와 거리가 멀지 않다. 자기에게 베풀어보아 원하지 않는 것을 나 또한 남에게 베풀지 않는 것이다. 忠恕違道不遠, 施諸己而不願, 亦勿施於人."

혈구지도와 법가(法家)

그러니까 『논어』로부터 『중용』에 이르기까지 이미 이 "서恕" 혹은 "충서忠恕"라는 주제는 공문(孔門)의 정통윤리가 되었다는 것을 잘 알 수 있다. 그런데 어째서 『대학』의 저자는 "충서"를 말하지 않고 "혈구지도"를 말한 것일까? 재미있는 사실은 "혈구지도"라는 표현이 『대학』 이외에 다른 선진문헌에는 전혀 없다는 것이다. 그것은 『대학』의 저자가 완벽하게 어떠한 특수한 의미를 전달하기 위하여 창안한 의도적 개념이라는 것이다. 그런데 이미 "구矩"와 같은 도량형의 개념을 쓴다는 것은 주관적이기보다는 객관적이며, 질적이기보다는 양적이며, 선험적이기보다는 후험적인 사상경향을 내포하고 있다. 그런데 이 도량형의 개념을 가장 많이 쓰는 학파가 법가(法家)이다. 『한

국립중앙박물관 소장의 복희여와도伏羲女媧圖

일본 쿄오토京都 니시혼간지西本願寺 제22세 종주宗主 오오타니 코오즈이(大谷光瑞, 1876~1948)는 탐험대를 조직하여 동투르키스탄의 여러 지역을 방문하여 많은 벽화, 조각, 문서, 기타 생활용품을 수집하였다. 그 일부가 조선총독부박물관에 소장되었는데 현재 국립중앙박물관에 남아있다. 이 벽화는 7세기 신강성 투르판 아스타나 무덤의 것이다(189×79cm). 여와가 들고 있는 것이 콤파스 규(規)이고, 복희가 들고 있는 것이 곡척 구(矩)이다. 뱀이 꼬여있는 이미지는 희랍 의료의 신 아스클레피우스(Asclepius)의 지팡이에도 나타난다. 그것은 본시 헤르메스의 마술지팡이였다. 여기서는 규구에 의하여 천지가 창조되는 것을 상징하고 있다.

비자』를 읽으면 도량형에 의한 양적 사유를 무수히 발견할 수 있다. 다시 말해서 『대학』의 저자에게는 전국말기의 법가적 사유의 영향이 분명히 있는 것이다. 그러나 법가적 사유와 언어를 빌렸으되 그 내용은 유가적 정통윤리를 말하고 있다는 데, 선진사상 갈래들의 신테제로서의 『대학』의 면모를 엿볼 수 있게 되는 것이다.

혈구지도와 맹(孟)·순(筍)

앞 장을 살펴보면 "정심正心"의 문제에 있어서는 분치·공구·호요·우환의 감정을 어떻게 컨트롤할 것인가를 말했고, "수신修身"의 문제에 있어서는 친애·천오·외경·애긍·오타의 감정을 편벽되지 않도록 하여 인간관계를 공평하게 만들 것을 말했고, "제가齊家"의 문제에 있어서도 내면의 성실함으로써 인양(仁讓)의 덕성을 발현할 것을 이야기했다. 결국 이러한 것들은 호오의 불편(不偏: 치우치지 않음)이라고 하는, 인간 내면세계의 감정적 차원의 문제가 된다. 그러나 "치국-평천하"의 차원에 돌입하게 되면 그러한 인간내면의 실존적 문제가 아닌, 객관적 기준이 되는 새로운 윤리가 필요했던 것이다. 이러한 객관적 보편주의를 표방하는 사상이 바로 "혈구지도"인 것이다. 그러나 혈구지도를 법제화된 법가적 사유를 빌리지 않고 충서의 도덕을 말한다는 의미에서는 역시 맹학의, 사람이기에 차마 이렇게 할 수 없는 "불인인지정不忍人之政"의, 정통을 잇고 있다고 말할 수 있다. 그러나 또 한편 인간의 본성이 선(善)하다고 하는 선험주의적 가설로부터 도덕적 당위성을 도출하는 사유가 『대학』에서는 전혀 드러

나지 않는다는 면에서는 순자적이라고 말할 수 있다. 즉 혈구지도라는 것은 상하, 전후, 좌우의 인간관계의 객관적 기준에 의하여 결정된다는 의미에서는 순자의 예론(禮論)에 더 가깝다. 현실적 인간의 감정의 상태의 객관적 보편성이 그 궁극적 기준이 되기 때문이다. 현실적으로 윗사람이 나에게 잘못하는 것을 가지고서 아랫사람을 부리지 않으며, 아랫사람이 나에게 잘못하는 것을 가지고서 윗사람을 섬기지 않는 것은 내면적 감정의 문제이면서도 동시에 명백하고 객관적인 사태인 것이다. 『대학』의 저자는 격물치지(지知의 문제), 정심성의(의意의 문제)를 혈구지도로 통합시킴으로써 결국 지(知)·정(情)·의(意)의 통합을 말하고 있으며, 이러한 통합이야말로 최고통치자가 백성의 소호(所好)를 호(好)하고, 백성의 소오(所惡)를 오(惡)하는 친민(親民)의 과정을 통하여, 지선(至善)의 이상사회로 나아가게 하는 존재론적 근거가 되고 있다.

새로운 제국의 논리

나라를 다스린다는 것은 이와 같이 통합된 전인적 인격을 가지고서 혈구지도의 공평성을 실현하여 백성의 부모와 같은 모습을 지녀야 한다고 역설하는 『대학』의 메시지는 맹·순·도·법의 갈래를 통합하여 새로운 제국의 논리의 기초를 쌓아가고 있는 전국말기의 분위기를 물씬 느끼게 한다.

여기 인용되고 있는 『시』가 『효경』의 『시』 인용과 중복되는 것이 많은데, 이것도 『효경』과 『대학』의 성립연대가 비슷한 시기라는 것을 말해주는 한 증표일 것이다.

그리고 예수의 그 많은 로기온자료가 있어도, 불트만의 말대로 그 복음의 핵은 "네 이웃을 네 몸과 같이 사랑하라"(You shall love your neighbor as yourself.)라고 하는 하나의 계명으로 압축된다고 한다면, BC 3세기에 이미 "혈구지도"를, 초월적 존재자의 힘을 빌리지 않고, 이토록 치밀하게 인문학적 성찰 위에서 논술하는 『대학』 텍스트를 통하여 우리는 동아시아 문명의 위대함을 다시 한번 확인할 수 있을 것이다.

第十五章 得衆得國 德本財末

詩云: "殷之未喪師, 克配上帝。儀監于殷, 峻命不易。"道得衆, 則得國; 失衆, 則失國。
是故君子先愼乎德。有德此有人, 有人此有土, 有土此有財, 有財此有用, 德者, 本也; 財者, 末也。外本內末, 爭民施奪。
是故財聚, 則民散; 財散, 則民聚。是故言悖而出者, 亦悖而入; 貨悖而入者, 亦悖而出。

옛 노래에 이런 말이 있다: "은나라가 민중의 마음을 잃지 않았을 때는 하느님(上帝)께서 항상 함께 하시었다. 그런데 지금은 망하여 저 꼴이 되었으니 저 은나라를 거울로 삼을지어다. 큰 명(命)은 보전하기가 쉽지 않으니라." 이 노래는 한 나라의 군주가 혈구지도로써 민중의 마음을 얻으면 나라를 얻고, 민중의 마음을 잃으면 나라를 잃는다는 것을 말한 것이다.

그러므로 군자는 먼저 자신의 덕을 혈구지도에 따라 행하도록 신중을 기하여야 한다. 군주에게 덕이 쌓이면, 유덕자들이 주변에 몰려들게 마련이고, 유덕자들이 모여들면 광대한 토지를 얻을 수 있다. 광대한 토지를 얻을 수 있으면 재화가 모이게 된다. 재화가 모이게 되면 의미있는 사업들이 일어나게 된다. 그러기 때문에 덕이 근본이요, 재화는 말엽이다. 이 본말을 구분하지 못하여 근본을 밖으로 내쳐버리고 말단을 안으로 들여 소중히 하면, 백성을 다투게 만들고, 백성들이 서로 겁탈하는 것만 가르치는 꼴이 된다. 그러기 때문에 재화가 모이면 오히려 백성들이 흩어지고, 재화를 흐트러 백성들에게 쓰여지게 만들면 오히려 백성들이 모여드는 것이다.

그러므로 통치자가 말(言)을 도리에 어긋나게 내보내면 반드시 그 말은 도리에 어긋나게 되돌아오게 마련이고, 통치자가 재물(貨)을 도리에 어긋나게 긁어모으면 반드시 그 재물은 도리에 어긋나게 되나가게 마련이다.

> **沃案** 번역 그 자체가 내용을 충실하게 전달하고 있다. 득중(得衆)이면 득국(得國)이요, 실중(失衆)이면 실국(失國)이라는 명제는 맹자 이래의 민본사상(Pletharchia)의 혈맥을 잇고 있다. 국가는 부강(富强)

을 마땅히 추구해야 한다는 아주 현실적 테제를 강력히 표방하면서도 동시에 어디까지나 덕(德)이 근본이요 재(財)가 말엽이라고 말함으로써 유교적 도덕성을 강하게 천명하고 있다. 순자나 법가의 현실주의적 입장과 맹자의 논리가 매우 잘 결합되어 있다고 볼 수 있다. 그러나 유교적 도덕주의를 표방하면서도, 인재들을 모으고, 광대한 토지를 확보하고, 인구를 증대시키고, 경제를 확대시키는 매우 현실주의적인 분위기를 당위적으로 암시하는 본 장의 언어 속에서 우리는 통일제국의 논리를 엿볼 수 있다.

第十六章 君子有大道

康誥曰: "惟命不于常." 道善則得之, 不善則失之矣。
楚書曰: "楚國無以爲寶, 惟善以爲寶."
舅犯曰: "亡人無以爲寶, 仁親以爲寶."
秦誓曰: "若有一个臣, 斷斷兮無他技, 其心休休焉其如有容焉。人之有技, 若己有之; 人之彦聖, 其心好之。不啻若自其口出, 寔能容之, 以能保我子孫, 黎民尚亦有利哉! 人之有技, 媢嫉以惡之; 人之彦聖, 而違之俾不通。寔不能容, 以不能保我子孫, 黎民亦曰殆哉!"

> 唯仁人放流之, 迸諸四夷, 不與同中國。此謂唯
> 仁人爲能愛人, 能惡人。見賢而不能擧, 擧而不
> 能先, 命也; 見不善而不能退, 退而不能遠, 過
> 也。好人之所惡, 惡人之所好, 是謂拂人之性,
> 菑必逮夫身。是故君子有大道, 必忠信以得之,
> 驕泰以失之。

「강고」에 이런 말이 있다: "천명은 한 곳에 오래 머무르지 않는다." 이것은 군주의 덕이 선(善)하면 천명을 얻어 나라를 오래 보존할 것이요, 불선(不善)하면 천명을 잃어 나라를 잃어버리게 될 것임을 말한 것이다.

또 『초서楚書』에 이런 말이 있다(현재 『국어國語』 「초어楚語」 하에 수록됨. 왕손어논국지보王孫圉論國之寶 조를 보라): "초나라에는 보물이라고 소중히 여기는 물건은 없나이다. 오직 선인(善人)을 보배로 삼을 뿐이오이다." 중이(重耳)를 도와 패업을 달성한 중이의 외삼촌 구범(舅犯)이 이와 같이 말하였다(이 말은 현재 『예기』 「단궁檀弓」 하에 실려있다): "조국으로부터 쫓겨난 망명자인 당신이 보배로 삼을 물건이라고는 아무 것도 없소. 오직 인덕(仁德) 있는 가까운 사람들만을 보배로 삼으시오!"

「진서秦書」에는 다음과 같이 쓰여져 있다(진나라 목공穆公이 패전 후 실패를 거울삼아 군신群臣 앞에서 맹서하는 말이다): "여기 한 신하가 있다고 치자! 그는 우직하게 성실하기만 하고 유별난 재주가 없다. 그러나 그 마음이 곱고 꼬이질 않아서 포용성이 있다. 남이 재주가 있는 것을 보면 자기가 그러한 재주를 가지고 있는 것처럼 기뻐하고, 타인의 성품이 출중하고 통명(通明)한 것을 보면 마음속 깊이 그런 인물을 좋아할 줄 알고, 단지 입으로만 뇌까리는 것이 아니라 그런 슬기로운 인물들을 진심으로 사랑하여 포용할 줄 안다. 나는 이런 신하를 기용하겠다. 그리하면 나의 자손들을 잘 보호해주리니, 민중들에게 또한 그 이익이 돌아갈 것이다. 어떤 신하가 있어, 남이 재주를 가진 것을 보면 시기하고 미워하며, 타인의 성품이 출중하고 통명(通明)한 것을 보면, 이런 인물을 억누르고 군주인 나와 통하지 못하게 할 것이니 이런 신하는 진실로 포용성이 없는 자이니 나는 이런 신하를 내칠 것이다. 이런 자들은 나의 자손을 보전치 못하리니 민중에게 또한 그 해악만 돌아가리라!"

오직 인(仁)한 인군(人君)이래야 이렇게 어진 인물들을 시기질투하는 나쁜 신하들을 추방·유배하여 사방의 오랑캐 땅으로 내쫓아버려 더불어 같이 중국에서 살지 못하게 할 수 있다. 이것은 "오직 인(仁)한 사람이래야 사람을 사랑할 수 있으며 또 사람을 미워할 수 있다"고 하신 말씀을 일컫는 것이다(『논어』「이인」4에 공자의 말씀으로 수록되어 있다).

군주된 자가 어진 인물을 발견하고서도 기용하지를 아니 하고, 기용하였다 하더라도 그를 요긴하게 활용할 줄을 모른다면 그것은 통치자의 태만이다! 군주된 자가 불선한 인물을 보고서도 물리치지를 아니 하고, 물리친다 하더라도 다시 나쁜 짓 못하도록 멀리 물리치지 못한다면 그것은 통치자의 과실이다! 군주된 자가 혈구지도에 반하여 백성들이 미워하는 바를 좋아하고, 백성들이 좋아하는 바를 미워하면, 이런 군주는 인간의 본성을 위배하는 자라고 일컬을 만하다. 이런 자에게는 반드시 재앙이 그 몸에 미칠 것이다. 그러므로 군자에게는 대도(大道)가 있으니, 충신(忠信)으로써 진심을 다하면 백성의 마음을 얻을 것이오, 교태(驕泰: 교만방자함)로써 진심을 버리면 백성의 마음을 잃을 것이다.

沃案 이 장은 국가의 운명은 항상 현명한 인물을 기용하냐 못하냐 달려있다는 것, 그리고 국가의 모든 정책의 최우선이 올바른 정신이 박힌 인물을 발굴하여 그들로 하여금 최선의 지혜를 발현케 만드는 데 있다는 것을 강력하게 웅변하고 있다. 나는 이 장을 생각하면 니체(Friedrich Wilhelm Nietzsche, 1844~1900)와 같은 해에 죽은 선말(鮮末)이 위대한 철학자, 의사였던 동무(東武) 이제마(李濟馬, 1837~1900)의 이 한마디 이상, 더 강렬하게 이 장의 테마를 대변하는 말은 없다고 생각한다: "천하사람들이 병에 걸리는 것을 보면 결국 모두 현명한 자를 질투하고 능력있는 자를 시기하는 데서 생겨나는 것이다. 천하사람들이 병에서부터 구원을 얻는 것을 보면 결국 모두 현명한 자를 좋아하고 선한 자를 즐거워하는 데서 생겨나는 것이다. 나는 말하노라! 투현질능(妬賢嫉能)이야말로 천하의 다병(多病)이며, 호현낙선(好賢樂善)이야말로 천하의 대약(大藥)이다! 天下之受病, 都出於妬賢嫉能; 天下之救病, 都出於好賢樂善。妬賢嫉能, 天下之多病也; 好

賢樂善, 天下之大藥也。"

第十七章　生財有大道

生財有大道: 生之者衆, 食之者寡, 爲之者疾, 用之者舒, 則財恆足矣。

仁者以財發身, 不仁者以身發財。未有上好仁, 而下不好義者也; 未有好義, 其事不終者也; 未有府庫財, 非其財者也。

孟獻子曰: "畜馬乘, 不察於鷄、豚; 伐冰之家, 不畜牛、羊; 百乘之家, 不畜聚斂之臣。與其有聚斂之臣, 寧有盜臣。" 此謂國不以利爲利, 以義爲利也。

長國家而務財用者, 必自小人矣。彼爲善之, 小人之使爲國家, 菑害並至。雖有善者, 亦無如之何矣。此謂國不以利爲利, 以義爲利也。

국가재정을 증식시키는데 대도(大道)가 있다. 땀흘려 생산하는 자를 많게 하고 무위도식하는 비생산자를 적게 한다. 일하는 자들이 효율적으로 빨리 일할 수 있도록 도와주며, 거둔 세금을 사용하는

데 있어서는 될 수 있는 대로 천천히 생각하여 신중히 한다. 그러면 국가의 재정은 항상 풍족할 것이다. 인(仁)한 사람은 재물을 효율적으로 사용하여 자신의 덕행과 명예를 제고시키는데, 불인(不仁)한 사람은 자기 몸을 망쳐서 재물만 긁어모은다. 군주가 인(仁)을 좋아하는데 그 백성이 의로움을 좋아하지 않을 수 없다. 또 그 백성이 의로움을 향해 매진하는데 군주의 좋은 사업들이 유종의 미를 거두지 않을 수 없다. 또 국고에 정의롭게 축적된 재화는 그 국가인민의 재화가 아니 될 수 없다.

노나라의 현명한 대부 맹헌자(孟獻子: 중손씨仲孫氏의 제5대 대부, 중손멸 仲孫蔑. 공자의 아버지 숙량흘이 모심)는 이렇게 말한 적이 있다: "사두마차 정도의 말을 기르는 정도의 상등의 신분이라면(상사上士) 닭과 돼지를 길러 돈벌 생각은 하지 않는다. 얼음을 잘라 제사지내는데 쓰는 정도의 고등한 신분이라면(대부大夫) 소나 양을 길러 돈벌 생각은 하지 않는다. 그리고 사방 백리의 영지를 소유하는 경대부의 신분(병거兵車 백승百乘을 낼 수 있는 경대부)이라면 영지의 인민들로부터 중세(重稅)를 거두어들이는 신하를 거느리지는 아니 한다. 중세를 거두어들이는 신하를 둘 바에는 차라리 도둑질하는 신하를 두어라." 도둑질하는 신하는 재정을 축내지만 중세를 거두어들이는 신하는 의(義)를 해치기 때문이다. 이것을 일컬어, 나라는 이익을 취하는 것만을 이(利)로 삼지 아니 하고, 의(義)를 구현하는 것을 이(利)로 삼는다라고 하는 것이다.

국가의 장(長)이 된 자로서 재용(財用)에만 힘을 쓴다면 반드시 소인(小人)들을 기용하지 않을 수 없다. 군주가 아무리 정치를 잘하려 해도, 그 소인들이 국가를 좌지우지하게 되면, 천재(天災)와 실정의 해악이 함께 이르게 된다. 아무리 의로운 자들이 국가에 있다고 할지라도 어찌할 도리가 없는 것이다. 이것을 일컬어, 나라는 이익을 취하는 것만을 이(利)로 삼지 아니 하고, 의(義)를 구현하는 것을 이(利)로 삼는다고 하는 것이다.

沃案 본 장의 첫머리에 나오는 "생재유대도生財有大道"는 이 앞 장의 맨 마지막에 나오는 "군자유대도君子有大道"라는 말과 관련시켜 발전적으로 이해해야 한다. 앞 장의 주제는 결국 현명한 인재의 등용을 강하게 표방했는데, 그렇게 등용된 인재들이 국가를 운영하는데 있어서 어떻게 생재(生財)를 해야 하는가를 밝히고 있다. 여기서 "생生"이라 함은 "증식시킨다"는 뜻이다. 국가차원의 논의이기 때문에 나는 "재물"이라 번역하지 않고 "재정"이라 번역하였다. 국가재정의 증식에 관한 논의인 것이다.

당대 전국시대의 모든 나라들이 부국강병(富國强兵)의 패도에 미쳐 있었다. 이러한 패도의 경쟁에 아주 극단적인 제동을 건 것은 묵가(墨家)였다. 국가의 무용한 소비를 일체 절약시켜야 한다는 절용주의(節用主義)이론을 펼쳤는데, 이들은 유가의 낭비적인 예악주의(禮樂主義)를 심하게 비판하였다.

이러한 묵가의 절용주의는 오히려 문명의 질을 저하시킴으로써 인민의 생산의욕까지 저하시키는 결과를 초래하게 된다는 우려를 표방하고, "절용節用"이라는 테제를 수용하되 묵가식으로 무조건 거부하는 것이 아니라 현명한 예(禮)의 질서에 따라 합리적으로 절용을 해야 한다는 것을 주장한 사람이 바로 순자이다. 이러한 순자의 주장은 『순자』「부국富國」편에 매우 압축적으로 잘 표현되어 있다: "나라의 재정을 유족하게 하는 방법이 있다. 비용을 절약하여 백성의 삶을 여유롭게 해주고 잉여의 재물을 잘 쌓아두어 슬기롭게 관리하는 것이다. 비용을 절약하는 것은 예(禮)로써 하고, 백성의 삶을 여유롭게 하는 것은 정(政)으로써 한다. 足國之道, 節用裕民, 而善臧其餘。節用以禮, 裕民以政." 사실 『대학』 제17장은 『순자』「부국」편의 다이제스트라고 말해도 크게 어긋나는 말은 아니다. 그러나 이미 『논어』「학이」편에도 "천 수레의 나라를 다스릴 때는, 매사를 공경스럽게 하며, 쓰임을 절도있게 하며 아랫사람을 사랑하고, 백성을 부리는 데는 반드시 때에 맞추어 해야 한다. 道千乘之國, 敬事而信, 節用而愛人, 使民以時"라 했고, 공자가 제나라 경공을 만났을 때도, "정치란 재화의 쓰임새를 절도있게 하는 데 있습니다. 政在節財"라 한 것을 보면 이미 절용(節用)·절재(節財)는 공자의 사상의 핵을 형성하는 문제였다는 것을 알 수 있다. 이것이 맹자에 이르러서는 패도 아닌 왕도의 논리로 발전하여 다양한 덕치주의(德治主義)의 논의를 생산해내었던 것이다. 그러니까 공자·맹자·순자의 논의는 번간(繁簡)의 차이는 있다 해도 덕치(德治)를 근본으로 하고 절용(節用)을 주장하는데 있어서는 거의 일치하고 있다. 바로 『대학』의 마지막 장은 단순히 국가재정의 물리적 증식을 말하는 것이 아니라, 이러한 유가 정통의 덕치주의 전통을 다시 한 번 총체적으로 조감하고 있는 것이다. 그 핵심은 앞서 15장에서 말한 "덕자본야德者本也, 재자말야財者末也"의 논리를 저변에 깔고 있기는 하지만, 궁극적으로 혈구지도의 논리를, 서민경제를 배려하는 국가재정의 합리적 증식의 논리에로 확대시킨 『대학』의 관점은, 유가의 덕치주의가 국가재정이라는 현실을 무시해서는 성립할 수 없다는 리얼리즘을 강하게 표방한다는 맥락에서, 역시 새로 태동하는 제국문명의 패러다임을 설파하고 있다고 간파하지 않을 수 없다.

뻬이징
덕승문德勝門 곁
후통胡同.

　본 장은 서민들의 생업까지 잠식하는 대기업의 횡포, 기업의 공적 의식의 결손, 단순히 리재(理財)에만 눈이 먼 국가운영, 윤리의식·문화의식·환경의식이 결여된 물질만능주의의 경제정책 등등 오늘 우리가 당면한 문제에 대해서도 정도(正道)의 기준을 제시하고 있다.

　세부적인 해석에 있어서 많은 문제가 있으나 주석가의 다양한 견해를 참작하여 그 뜻을 애매함이 없이 다 밝혀놓았다. 일언일구도 적당히 한 것이 없다. 나의 번역을 나의 주석으로 간주하고 독자들은 경문을 치밀하게 고구(考究)하여 주기를 바란다. 이 분야에 뜻이 있는 학도들은 고주와 신주 등 다양한 주석자료를 활용하여 대비하여 보면 많은 깨달음을 얻으리라고 확신한다.

2009년 11월 9일
새벽 1시 24분 낙송암에서 탈고

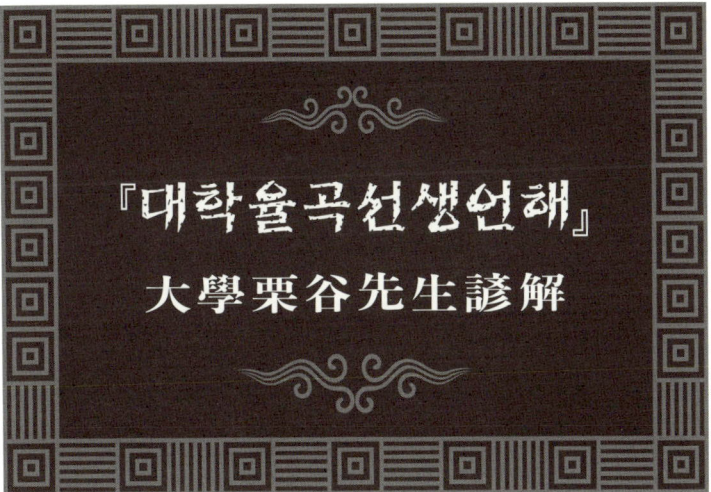

『대학율곡선생언해』
大學栗谷先生諺解

옥천沃川 후율당後栗堂. 충청북도 기념물 제13호. 옥천군 안내면 도이리 소재. 이 건물은 조선의 문신이며 임진왜란 때 의병장으로 순절한 조헌(趙憲, 1544~1592)이 선조 21년(1588)에 지은 서실이다. 이율곡의 뒤를 잇는다 하여 자신의 호를 후율後栗이라 하였다. 조헌은 본시 김포 출신으로 가난하게 자라 1567년 식년문과 병과로 급제한 후 벼슬길에 올랐으나 매우 강직하고 정의로운 행동으로 마찰을 일으켜 순탄치 못했다. 공주목公州牧 제독까지 지내고 관직에서 물러나 이 후율당을 짓고 제자들을 기르며 학문에만 전념하였다. 토요토미 히데요시의 사신이 왔을 때 옥천에서 상경하여 대궐문 밖에서 일본사신의 목을 벨 것을 주청하였으나 물론 받아들여지지 않았다. 임란이 발생하자 옥천에서 의병 1600명을 모아 영규靈圭의 승군僧軍과 함께 청주성을 수복하여 임란전세의 역전의 계기를 만드는 혁혁한 군공을 세웠다. 충청도 순찰사 윤국형尹國馨이 질투하여 강제로 의병을 해산하자, 남은 700여 명의 병력을 이끌고 영규의 승군과 합세하여 금산에서 코바야카와小早川隆景의 왜군과 전투를 벌여 끝까지 모두 장렬하게 전사하였지만 왜군에게 엄청난 타격을 주었다. 조헌의 금산전투는 우리나라 청사에 길이 남는 혁혁한 사혼士魂의 사표이다. 바로 이 후율정사後栗精舍에서 조헌은 『대학율곡선생언해』를 제자들에게 강독하였고, 그 정신으로 끝까지 강도 왜놈들과 싸우며 이 산하를 지켰던 것이다. 조헌은 스승 율곡과 함께 문묘文廟에 배향되었다.

『대학율곡선생언해大學栗谷先生諺解』해제(解題)

『세종실록』에 의하면 세종 30년(1448)에 이미 김문(金汶)·김구(金鉤)의 주관하에 사서언해사업이 진행되었다고 하는데 그 사업이 과연 세종연간에 완성되어 인행(印行)되었는지는 『실록』에 기사가 없어 확실히 알 수가 없다.

『선조실록』 9년 4월 4일(丁卯) 첫 번째 기사에 다음과 같은 이야기가 실려있다:

"임금께서 경연 석상에서 유희춘柳希春에게 사서삼경四書三經의 토석吐釋을 상정하라고 명하였는데, 유희춘은 자신은 역량이 부족한데다가 임무는 막중하니, 이것은 다른 사람에게 맡기시는 것이 좋겠다고 아뢰었다. 그러면서 율곡 이이를 천거하였다. 임금께서 그 말을 채용하여 이이에게 경서의 토석을 상정詳定하라고 명하였다.

上於經席, 上命柳希春, 詳定四書三經吐釋。希春對以力小任重, 經書請命他人。又薦李珥。上採用其言, 亦命李珥詳定經書吐釋。"

그러니까 이율곡은 선조 9년(1576)에 어명을 받아 경서의 언해작업에 착수케 된 것이다. 그런데 이때 이미 율곡은 『대학』의 언해토석을 마쳐놓고 있었다. 그러니까 『대학언해』는 1576년 이전에 성립한 것으로 보여진다. 어명을 받은 후에 율곡은 『중용』과 『논어』와 『맹자』를 차례대로 토석(吐釋)하였으나 오경(五經: 『실록』에는 "삼경三經"으로 되어있으나 발문에는 "오경五經"으로 되어있다)에 미치지 못하였기 때문에 선조에게 사서언해를 진상하지 못하였다. 그러나 그때 이미 관에서 언해작업이 따로 진행되어 관본언해는 간행되었다. 아마도 관본언해와 율곡언해 사이에 모종의 마찰이 있어 율곡은 자기 작업을 숨겨버린 것 같다. 그래서 율곡사서언해는 율곡 생전에 간행되지 아니하였고 오직 그 수고본과 복사본 몇 개가 후손과 문생(門生) 집에 떠돌아다닐 뿐이었다. 사도세자를 죽음으로 휘몬 노론 벽파의 거두인 홍계희(洪啓禧, 1703~1771)의 말에 의하면, 율곡의 언해를 자기가 구해본 결과 여기저기 잘 앞뒤가 안 맞는 곳도 있고, 어느 곳은 해석은 있으나 토가 안 달려있기도 하곤 했지만 그것은 율곡 선생께서 완벽하게 마무리를 하지 못한 상태에서 이 작업에 손을 떼셨기 때문이라고 했다. 그리고 다음과 같이 말한다: "그러나 일토일석一吐一釋의 사이에 그 뜻이 정밀하고 확실하여 후학을 계발하는데 있어서는 관본언해가 도무지 미칠 바가 아니다. 然一吐一釋之間, 旨義精確。其於開發後學, 類非官本之所可及。"

사계(沙溪) 김장생(金長生, 1548~1631: 율곡의 수제자.「율곡선생행장栗谷先生行狀」을 지음)도 학생들을 가르칠 때는 반드시 이 율곡 선생의 현토본에 의거하여 가르쳤다고 했다. 그리고 송강 정철의 아들인 기옹(畸翁) 정홍명(鄭弘溟, 1582~1650)은 율곡언해의 정밀(精密)함에 찬탄을 금치 못하면서 이것이 광포(廣布)되지 못함을 한스럽게 여겼다고 했다. 소론의 영수인 남계(南溪) 박문순(朴文純: 박세채朴世采를 시호를 따라 일컬음, 1631~1685)이 율곡언해를 수정(修整)하여 간행하려 했으나 뜻을 이루지 못했다. 이때 김창협(金昌協)의 문인으로 조광조·이이를 사숙한 노론 낙론(洛論)의 대가 도암(陶菴) 이재(李縡, 1680~1746)가 율곡의 5대손인 진오(鎭五)에게 율곡언해를 관본의 체제에 따라 말끔히 한 벌을 성사하게 하였다. 이때 교성삭업에 이재의 문인이었으며 대사성(大司成)으로 있었던 홍계희가 참여하였다.

영조 24년(1748) 겨울에 진오가 계희를 찾아가 이 언해를 간행할 것을 부탁하였다. 그가 눈물을 흘리며 여기서 간행 못하면 영원히 이 위대한 선현의 작업이 세상에 빛을 보지 못하고 말 것이 아니냐고 말하니, 홍계희가 사력(私力)으로 교서관(校書館: 예관藝館이라고도 불렀다)의 활자를 구하여 약간본을 인(印)하기에 이르렀다. 여기에 선보이는 이 언해본은 영조 25년(1749) 봄에 간행된 것이다.

나 도올의『대학한글역주』는 주희의 "집주대학"과는 사뭇 다른 것이다. 그러나 조선조의『대학』은 "집주대학"일색이었다. 따라서 언해도 집주대학체제를 따른 것이다. 독자들은 이 언해본을 통해 주희의 경전체제를 엿볼 수 있을 것이다.

나 도올이 애처롭게 생각하는 것은 율곡과 같은 대석학이라 할지라도『대학』의 해석에 있어, 조금도 새로운 창견이 없다는 것이다. 그리고 언해라고는 하지만 실제로 한문의 뜻을 우리말로 옮긴 것이 아니라 한문의 발음을 그대로 놓고 현토만 단 것이기 때문에 과연 율곡이『대학』을 어떻게 이해했는지에 관해 그 깊은 속을 알 길이 없다. 조선조의 학문이 얼마나 답답한 학문이었나 하는 그 실상을 이러한 언해를 통해서도 알 수 있다. 과거는 예찬의 대상으로서만 존재하는 것이 아니라 오늘 우리의 현존의 반성의 자료로서 존(存)하기도 한다. 그러나 우리 선조들이 430여년전에『대학』을 읽었던 방식 그대로 21세기의 우리가 지금『대학』을 읽을 수 있다는 것은 하나의 감격이요, 문헌의 승리라 말하지 않을 수 없다. 음운학적 가치가 높은 텍스트로서 국어학계에서 중시되고 있다.

大學栗谷先生諺解

大대學학之지道도는 在재明명明명德덕ᄒ며
在재親친民민ᄒ며 在재止지於어至지善
이니라 ○新신當作

大대學학의 道도ᄂᆞᆫ 明명德덕을 明명호
매 이시며 民민을 新신호매 이시며 至지
善선의 止지호매 잇ᄂᆞ니라

知디止지而이后후有유定뎡이니 定뎡而
后후能능靜졍ᄒ고 靜졍而이后후能능
安안ᄒ고 安안而이后후能능慮려ᄒ고
慮려而이后후

후能능得득이니

止지룰안后후애定뎡호미이실미니定뎡호后후애能능히静정호고静정호后후애能능히安안호고安안호后후애能능히慮려호고慮려호后후애能능히得득호ᄂ니라

物믈有유本본末말ᄒ고事ᄉ有유終죵始시ᄒ니知디所소先션後후ᄒ면則즉近근道도矣의라

物믈이本본과末말이잇고事시終죵

과始시ㅣ이시니믄져ᄒᆞ며후에ᄒᆞᆯ바ᄅᆞᆯ
알면道도의갓가오리라

古고之지欲욕明명明명德덕於어天텬下
하者쟈ᄂᆞᆫ先션治티其기國국ᄒᆞ고欲욕治티
其기國국者쟈ᄂᆞᆫ先션齊졔其기家가ᄒᆞ고欲
욕齊졔其기家가者쟈ᄂᆞᆫ先션修슈其기身
신ᄒᆞ고欲욕修슈其기身신者쟈ᄂᆞᆫ先션正졍
其기心심ᄒᆞ고欲욕正졍其기心심者쟈ᄂᆞᆫ先
션誠셩其기意의ᄒᆞ고欲욕誠셩其기意의ᄂᆞᆫ
쟈ᄂᆞᆫ先션致티其기知디ᄒᆞ니致티知디ᄂᆞᆫ在

네 明명德덕을 天텬下하의 明명코져ᄒ
ᄂᆞᆫ者쟈ᄂᆞᆫ 몬져 그 國국을 治티ᄒᆞ고
국을 治티코져ᄒᆞᄂᆞᆫ者쟈ᄂᆞᆫ 몬져 그 家
를 齊졔ᄒᆞ고 그 家가를 齊졔코져ᄒᆞᄂᆞᆫ者
쟈ᄂᆞᆫ 몬져 그 身신을 脩슈ᄒᆞ고 그 身신을
脩슈코져ᄒᆞᄂᆞᆫ者쟈ᄂᆞᆫ 몬져 그 心심을 正
정ᄒᆞ고 그 心심을 正정코져ᄒᆞᄂᆞᆫ者쟈ᄂᆞᆫ
몬져 그 意의를 誠셩ᄒᆞ고 그 意의를 誠셩
코져ᄒᆞᄂᆞᆫ者쟈ᄂᆞᆫ 몬져 그 知디를 致티ᄒᆞ

解

니 知디를 致티 호문 物을 格격호매 잇ᄂ니라

物물格격而이后후知디至지고知디至지而이后후意의誠셩고意의誠셩而이后후心심正졍고心심正졍而이后후身신脩슈고身신脩슈而이后후家가齊졔고家가齊졔而이后후國국治티고國국治티而이后후天텬下하平평라ᄒ니

物믈이格격ᄒ后후애知디ㅣ至지ᄒ고知디ㅣ至지ᄒ后후애意의ㅣ誠셩ᄒ고

大學諺解 一

意의—ㅣ誠셩ᄒᆞᆫ后후에心심이正졍ᄒᆞ고
心심이正졍ᄒᆞᆫ后후에身신이脩슈ᄒᆞ고
身신이脩슈ᄒᆞᆫ后후에家가ㅣ齊졔ᄒᆞ고
家가ㅣ齊졔ᄒᆞᆫ后후에國국이治티ᄒᆞ고
國국이治티ᄒᆞᆫ后후에天텬下하ㅣ平평
ᄒᆞᄂᆞ니라
自ᄌᆞ天텬子ᄌᆞ以이至지於어庶셔人인히
壹일是시皆기以이脩슈身신爲위本본이
라

天텬子ᄌᆞ로브터벼庶셔人인의니르히

효골곤티다身신을脩슈호므로써本본
을사물디니라

其기本본亂란而이末말治티者쟈ㅣ否
부矣의며其기所소厚후者쟈薄박
所소薄박者쟈厚후ㅣ未미之지有유也야ㅣ
니라

그本본이亂란코末말이治티홀者쟈ㅣ
업스며그厚후홀바의薄박고그薄박홀
바의厚후호리잇디아니니라

右經一章

大學諺解

康강誥고曰왈克극明명德덕을이라고라
康강誥고의골오디德덕을克극히明명
호다호고
太태甲갑曰왈顧고諟시天텬之지明명
명이라고
太태甲갑의골오디이天텬의明명命명
을顧고호다호고
帝뎨典뎐曰왈克극明명峻쥰德덕이라호니
帝뎨典뎐의골오디峻쥰德덕을克극
히明명호다호니

皆개이 오 明명也야ㅣ니
다 스스로 明명호미니라

右傳지首章

湯탕之지盤반銘명에 曰왈이
든 日일日일 新신호여 又우日일 新신호고
又우日일 新신호라

湯탕人반銘명의 골오디 진실로 날애 날로 新신호거든 나날 新신호며 쏘날로 新신호라호고

康강誥고 曰왈 作작 新신民민호이라고

康강誥고의 골오디 新신호는 民민을 作작

詩시曰왈周쥬雖유舊구邦방이其기命명
維유新신이라호니라
詩시예골오디周쥬ㅣ비록녯나라히나
其기命명이新신호다호니
是시故고君군子조는無무所소不불用용
其기極극이니라
이런故고로君군子조는그極극을쓰디
아닐배업스니라

右傳지二章

詩시云운邦방畿긔千쳔里리여惟유民민
所소止지지로다

詩시예닐오디邦방읫畿긔千쳔里리

여民민의止지홀배라호도다

詩시云운緡면蠻만黃황鳥됴止지于우
丘구隅우ㅣ라호야놀子즈曰왈於어止지에知
디其기所소止지니로소니可가以이人인而이
不블如여鳥됴乎호아호시니라

詩시예닐오디緡면蠻만ㅎ는黃황鳥됴ㅣ
丘구隅우에止지타ㅎ야놀子즈ㅣ

르샤딕止지홀제그止지홀바를아노소
니可가히人인으로뻐爲도만곧디몯홀
것가ᄒ시니라
詩시云운穆목穆목文문王왕여於오緝즙
熙희敬경止지라ᄒ니爲위人인君군안ᄒ얀止지
於어仁인ᄒ시고爲위人인臣신안ᄒ얀止지
於어敬경ᄒ시고爲위人인子조안ᄒ얀孝효
ᄒ시고爲위人인父부안ᄒ얀慈조ᄒ고
與여國국人인交교앤止지於어信신이시다러
詩시예닐오딕穆목穆목ᄒ신文문王

이여於오홉다니위熙희ᄒ야敬경ᄒ고
止지ᄒ시다ᄒ니사ᄂᆞᆫ君군이되얀仁인
의止지ᄒ시고人인臣신이되얀敬경의
止지ᄒ시고人인子ᄌᆞㅣ되얀孝효의止
지ᄒ시고人인父부ㅣ도얀慈ᄌᆞ의止지
ᄒ시고國국人인과더브러交교ᄒ매ᄂᆞᆫ
信신에止지ᄒ더시다
詩시云운瞻쳠彼피淇긔澳욱ᄒ니菉록竹듁
猗의猗의로다有유斐비君군子ᄌᆞㅣ如여切
졀如여磋차ᄒ여如여琢탁如여磨마ㅣ로瑟

大學諺解

슬혜澗한兮혜며 赫혁兮혜喧환兮혜라
有유斐비君군子조ㅣ여 終종不블可가諠훤
兮혜니 如여切졀如여磋차者쟈는 道도
學호也야ㅣ오 如여琢탁如여磨마者쟈
눈 修슈也야ㅣ오 瑟슬兮혜僩한兮혜者쟈는
恂쥰慄률也야ㅣ오 赫혁兮혜喧훤兮혜者쟈
는 威위儀의也야ㅣ오 有유斐비君군子조ㅣ終
종不블可가諠훤兮혜者쟈는 道도盛셩德
덕至지善션을民민之지不블能능忘망也
야ㅣ니라

詩시예닐오디여淇긔澳욱을본디菉록
호竹듁이猗의猗의호도다斐비호君군
子즈ㅣ여切졀호듯호며磋차호듯호琢
돋호며磨마호듯호도다瑟슬호며僩한호
며赫혁호며喧훤호디라斐비호君군子
즈ㅣ여모춤내可가히닛디몯호리로다
호니切졀호듯磋차호듯호문學혹을닐오미
오琢탁호듯磨마호듯호문스스로脩슈호미
오瑟슬호며僩한호문恂준慄률호미오
赫혁호며喧훤호문威위儀의의으斐비호

大學諺解

君군子ᄌᆞᆫ 춤내可가히 닛디 몯ᄒᆞ몯 盛
셩ᄒᆞᆫ德덕과 지극 효善션을 民민이 能능
히 닛디 몯ᄒᆞ몯 니ᄅᆞ니라

詩시云운 於오戲호前젼王왕不블忘망라 이
ᄒᆞᆫ 君군子ᄌᆞᆫ 賢현其기賢현 而이親친其
기親친ᄒᆞ고 小쇼人인은 樂락其기樂락而이 親친其
리其기利리라 此ᄎᆞ 以이沒몰을 世세不블
忘망也야라

詩시예 닐오ᄃᆡ 於오戲호ㅣ라 前젼王왕
을 닛디 몯ᄒᆞ리로다 ᄒᆞ니 君군子ᄌᆞᄂᆞᆫ 그

賢현호샤몰賢현히너기며그親친호샤
몰親친히너기시고小쇼人인은그樂락
게호샤몰樂락히너기며그利리케호샤
몰利리히너기ᄂ다라이버世셰ᄅ沒몰호
디닛디몰호미니라

右傳之三章

子ᄌ曰왈聽텽訟숑기吾오猶유人인也야
ㅣ必필也야使ᄉ無무訟숑乎호ㅣ신뎌ᄒ야無
무情졍者쟈ㅣ不블得득盡진其기辭ᄉᄂᆞᆫ
大대畏외民민志지니此ᄎᆞ謂위知디本본

子ᄌᆞㅣ 골ᄋᆞ샤ᄃᆡ 訟송을 聽텽ᄒᆞ기 내 人인 ᄀᆞᆺᄐᆞ나 반ᄃᆞ시 ᄒᆞ여곰 訟송을 업게 ᄒᆞ린뎌 ᄒᆞ시니 情졍 업슨 者쟈ㅣ 시러곰 그 辭ᄉᆞ를 盡진티 몯ᄒᆞ오믄 크게 民민의 志지를 畏외게 호미니 이닐온 本본을 알오미니라

右傳之四章

此謂知本

此謂知之至也야라

이닐온知디의뜨지호미니라

右傳之五章은

間嘗竊取程子之意以補之曰所謂

致知在格物者는言欲致吾之知면在

即物而窮其理也라 蓋人心之靈이莫

不有知오 而天下之物이莫不有理언

惟於理有未窮이라 故其知有未盡也

是以大學始教에 必使學者로 即凡天

下之物야 莫不因其已知之理야 而益

窮之야 以求至乎其極니 至於用力

大學諺解 十

之久야 而一旦애 豁然貫通焉 則衆物
之表裏精粗ㅣ 無不到오 而吾心之全
體大用이 無不明矣리니 此謂物格이며 此
謂知之至也ㅣ니라

者뎌別之見元本
故例所
不에缺
係而
論追
書補
에書
逐홈
字이
之不
下可
以與

근간의 일즉 程子ᄣᅳᆺ을 竊取ᄒᆞ야
뻐 補ᄒᆞ니 골오디 닐온바 知를 致호
미 物을 格호매 잇다 홈은 내 知를 致
코져 홀진댄 物에 卽ᄒᆞ야 그 理를 窮

호매 이 솝을 니르미라 사람의 心심의 靈령이
知디 잇디 아닌이 업고 天텬下하앳 物믈이
理리 잇디 아닌이 업스니 오직 理리예
窮궁티 못호미 잇는디라 故고로 그 知디ㅣ
盡진티 못호미 잇ᄂᆞ니 일로뻐 大대學ᄒᆞᆨ비
로소 ᄀᆞᄅᆞ치매 반ᄃᆞ시 學ᄒᆞᆨ者쟈로 ᄒᆞ여
곰 믈읫 天텬下하의 物믈의 卽즉ᄒᆞ야 그 임의
아는 理리ᄅᆞᆯ 因인ᄒᆞ야 더욱 窮궁ᄒᆞ야 뻐 그
搊애 至지홈을 求구ᄒᆞ디 아님이 업게 ᄒᆞᄂᆞ
니 力녁을 뿜이 오라ㅣ면 애 豁활然연히 貫관

大學諺解

通호매니르면衆物의表裏와精粗
ㅣ到티아님이업고吾心의全體와
大用이明치아님이업스리니이늘
온物이格호미며이늘온知의至호
미니라

所소謂위誠성其기意의者쟈는毋무自조
欺긔也야니如여惡오惡악臭취고如여好
好호色식이此ᄎ之지謂위自조謙겸이니
故고君군子ᄌ노必필慎신其기獨독也야ㅣ
니라

大學栗谷先生諺解

닐온 밧 그 意의를 誠셩ᄒᆞ다 호ᄆᆞᆫ 스스로 속디 마로미니 惡악ᄒᆞ기를 惡오ᄒᆞ듯 ᄒᆞ고 好호色ᄉᆡᆨ을 好호ᄒᆞ듯 ᄒᆞ미니 이 닐온 스스로 謙겸ᄒᆞ미니 故고로 君군子ᄌᆞᄂᆞᆫ 반ᄃᆞ시 그 獨독을 愼신ᄒᆞᆯ디니라
小쇼人인 閒한居거애 爲위 不블善션호ᄃᆡ 至지티 아니ᄒᆞᆯ 소 不블善션ᄒᆞ고 君군子ᄌᆞ를 見견ᄒᆞ고 厭엽然연 후에 其기 不블善션을 揜엄ᄒᆞ고 其기 善션을 著뎌ᄒᆞᄂᆞ니 人인之지 視시 己긔 如여 見견 其기 肺폐肝간然연ᄒᆞ니 則즉 何하益

大學諺解

所소謂위誠셩於어中듕이면形형
於어外외니 故고君군子ᄌᆞ눈必필愼신其
獨독也야ㅣ니라
小쇼人인이 閒한居거호매不블善션을
호ᄃᆡ 無ㅣ 아닐배 업서시호다가 君군子ᄌᆞ
ᄅᆞᆯ 본 후졔 厭암然연히 그 不블善션을
ᄀᆞ리오고 그 善션을 著뎌호ᄂᆞ니 人인의
己긔 보기 그 肺폐肝간을 봄 ᄀᆞ티 호논
디 엇디 益익호리오 이 닐온 中듕에 誠셩
호면 外외예 形형호미니 故고로 君군

十二

解

大學栗谷

子ᄌᆞ는반ᄃᆞ시그獨독애慎신홀디니라

曾증子ᄌᆞ日왈十십目목所소視시며十십
手슈所소指지니其기嚴엄乎호신뎌ㅣ니라

曾증子ᄌᆞㅣ ᄀᆞᄅᆞ샤ᄃᆡ열눈의보ᄂᆞᆫ배며
열손의ᄀᆞᄅᆞ치ᄂᆞᆫ배니그嚴엄호며호시
니라

富부潤윤屋옥이오德덕潤윤身신이라心심廣광
곰體톄胖반ᄒᆞᄂᆞ니故고君군子ᄌᆞᄂᆞᆫ必필誠셩
셩其기意의니라

富부ᄂᆞᆫ屋옥을潤윤케ᄒᆞ고德덕은身신

大學諺解

을潤윤케 ㅎ는디라 心심이 廣광ㅎ며 體톄
ㅣ 胖반ㅎ느니 故고로 君군子ㅈ는 반
드시 그 意의를 誠셩ㅎ느니라

右傳지六章

所소謂위 修슈身신이 在지正졍其기心심
者쟈는 身신이 有유所소忿분懥티면 則즉
不블得득其기正정ㅎ며 有유所소恐공懼구면 不
則즉不블得득其기正정ㅎ며 有유所소好호
樂요ㅣ면 則즉不블得득其기正정ㅎ며 有유所
소憂우患환이면 則즉不블得득其기正정

○身신有유之지와 作작心심

○닐온 밧身신을 修슈호기 그 心심을 正정
호매 잇다 호믄 心심의 忿분懥티호는 바
를두면 그 正정을 得득디몯호며 恐공懼구
호는 바를두면 그 正정을 得득디몯호
며 好호樂요호는 바를두면 그 正정을 得득
디몯호며 憂우患환호는 바를두면 그
正정을 得득디 몯홀디니라

心심不블在ᄌᆡ면 視시而이 不블見견호
며 聽텽而이 不블聞문호며 食식而이 不블知

《大學諺解》 十四

大學諺解

디 其기 味미라 心심이 잇디 아니ᄒ면 視시ᄒ야도 見견
티 몯ᄒ며 聽텽ᄒ야도 식ᄒ야도 그 마슬 아디 몯ᄒᄂ니라
此ᄎ 謂위 修슈가 身신에 在ᄌᆡ 正졍 其기 心심
이니

이닐온 身신을 修슈ᄒ기 그 心심을 正졍
호매 이쇼미니라

右傳之七章

所소 謂위 齊졔 其기 家가가 在ᄌᆡ 修슈 其기

所쇼者쟈는 人인의 之지其기所소親친愛이
而이 辟벽爲언ᄒᆞ며之지其기所소賤쳔惡오
而이 辟벽爲언ᄒᆞ며之지其기所소畏외敬경
而이 辟벽爲언ᄒᆞ며之지其기所소哀이矜
而이 辟벽爲언ᄒᆞᄂᆞᆫ之지其기所소敖오情
타而이 辟벽爲언ᄒᆞᄂᆞ니故고好호而이知디
其기惡악ᄒᆞ며 惡오而이知디其기
ㅣ天텬下하鮮션矣의라니
ᄂᆞᆯ온밧그家가를齊졔ᄒᆞ기그身신을修
슈호매잇다호믄人인이그親친愛이ᄒᆞ

大學諺解

눈바의辟벽ᄒᆞ며그賤쳔惡오ᄒᆞ는바의
辟벽ᄒᆞ며그畏외敬경ᄒᆞ는바의辟벽ᄒᆞ
며그哀ᄋᆡ矜긍ᄒᆞ는바의辟벽ᄒᆞ며그敖
오惰타ᄒᆞ는바의辟벽ᄒᆞᄂᆞ니故고로好
호코그惡악을알며惡오코그美미를알
者쟈ㅣ天텬下하의鮮션ᄒᆞ니라
故고諺언有유之지ㅣ니ᄒᆞ니曰왈人인莫막知디
其기子ᄌᆞ之지惡악ᄒᆞ며莫막知디其기苗묘
之지碩셕ㄱ이라ᄒᆞ니라
故고로諺언에이시니ᄀᆞᆯ오ᄃᆡ人인이그

子ᄌᆞ의 惡악을 아디 몯ᄒᆞ며 그 苗묘의 碩
셕호믈 아디 몯ᄒᆞᄂᆞ다 ᄒᆞ니라.
此ᄎᆞ 謂위 身신이 不블 修슈ㅣ면 不블 可가 以
齊졔 其기 家가ㅣ니
이 닐온 身신이 修슈티 몯ᄒᆞ면 可가히 ᄡᅥ
그 家가를 齊졔티 몯ᄒᆞ미니라.
右傳之八章
所소 謂위 治티 國국이 必필 先션 齊졔 其기
家가 者쟈ᄂᆞᆫ 其기 家가 不블 可가 敎교오 而
能능 敎교 人인 者쟈ㅣ 無무 之지라 故고

大學諺解

君군子ᄌᆞ는 不블出츌家가而이成셩教교
於어國국ᄒᆞᄂᆞ니 孝효者쟈는 所소以이事ᄉᆞ
君군也야ㅣ오 弟뎨者쟈는 所소以이事ᄉᆞ
長댱也야ㅣ오 慈ᄌᆞ者쟈는 所소以이使ᄉᆞ衆즁
也야ㅣ니라

닐온 밧 國국을 治티ᄒᆞ기 반ᄃᆞ시 몬져 그
家가를 齊졔ᄒᆞ다 호ᄆᆞᆫ 그 家가를 可가히
教교티 몯ᄒᆞ고 能능히 人인을 教교ᄒᆞᆯ 者쟈
ㅣ 업슨 디라 故고로 君군子ᄌᆞ는 家가
의 나디 아녀 國국애 教교를 일우ᄂᆞ니 孝

ᄒᆞᆫ 눈ᄠᅥ君군을事ᄉᆞ호ᄃᆡ ᄂᆞᆫᄇᆡ오弟뎨ᄂᆞᆫᄇᆡ長댱
ᄃᆞᆯ을事ᄉᆞ호ᄃᆡ오慈ᄌᆞ는ᄇᆡ衆듕을使ᄉᆞ
호ᄇᆡ니라

康강誥고애曰왈如여保보赤젹子ᄌᆞᄒᆞ니라心심
誠셩求구之지면雖슈不블中듕이나不블
遠원뎐矣의니未미有유學혹養양子ᄌᆞᄒᆞ야
后후嫁가者쟈也야ㅣ니라

康강誥고의글오ᄃᆡ赤젹子ᄌᆞ를保보홋
ᄒᆞ라ᄒᆞ니心심의誠셩으로求구ᄒᆞ면비
록中듕티몯ᄒᆞ나遠원티아닛ᄂᆞ니子ᄌᆞ

大學諺解

養양기를學학호 后후애嫁가호者쟈ㅣ
잇디아니니라

一일家가仁인이면一일國국興흥仁인호며
一일家가讓양이면一일國국興흥讓양호고
人인貪탐戾려면一일國국作작亂란호난
其기機긔如여此ᄎᆞ호니此ᄎᆞ謂위一일言언
僨분事ᄉᆞ며一일人인定뎡國국이니라

二이日家가仁인호면一일國국이仁인호며
一일家가讓양호면一일國국이興흥호며
國국讓양을興흥호고一일人인이貪

잠고疾려호면 一일國국이亂란을 作작
호누니그機긔이어ᄐᆞ니이닐온 一일
言언이事ᄉᆞ를 僨분호며 一일人인이國국
을定뎡호미니라

堯요舜슌이 帥슐天뎐下하호ᄃᆡ 以이仁인일며
而이民민從죵之지호고 桀걸紂듀 | 帥슐天
下하호ᄃᆡ以이暴포대而이民민從죵之지호
니其기所소令령이 反반其기所소好호 而이
民민不블從죵이라 是시故고君군子조 눈
有유諸져已긔而이後후求구諸져人인며

大學諺解

無무諸져己긔而이後후非비諸져人인ᄒ
所소藏장乎호身신이不블恕셔오而이
能능喻유諸져人인者쟈ᅵ未미之지有유
也야ㅣ니라

堯요舜슌이天텬下하를仁인으로뻐帥
솔ᄒ신대民민이從죵ᄒ며桀걸紂듀ᅵ
天텬下하를暴포로뻐帥솔ᄒ대民민이
從죵ᄒ니그令령ᄒ논배그好호ᄒᄂ
배反반ᄒ면民민이從죵티아닛ᄂ니라
이런故고로君군子ᄌᄂᆫ己긔예둔後후

제人인의게 求구호며 已리예업슨後후
제人인의게되다す는니身신의 藏장호
배恕셔-아니오 能능히人인을 喩유홀
君쟈-잇디아니 호니라
故고治티國국이在지齊졔其긔家가라
故고로國국을治티호기그家가들齊졔
호매잇 는니라
詩시云운桃도之지夭요夭요여其긔葉엽
蓁진蓁진이로之지子 주 于우歸 귀여宜의
其긔家가人인이라호니宜의其긔家가人인而

大學諺解

이 后후可가 以이 敎교 國국 人인이니라
詩시예 닐오디 桃도의 夭요 夭요 호미여
그 니피 蓁진 蓁진 호도다 之지 子조의 歸귀
커 호미여 그 家가 人인을 宜의의 게 ᄒᆞ리로
다 ᄒᆞ니 그 家가 人인을 宜의케 ᄒᆞᆫ 后후
可가 히 ᄡᅥ 國국 人인을 敎교 ᄒᆞᆯ디니라
詩시 云운 宜의 의 兄형 며 다ᄒᆞ며 宜의
ᄒᆞᆫ 宜의의 弟뎨 而이 后후 可가 以이 敎교 國국
人인이니
詩시예 닐오디 兄형을 宜의의 게 ᄒᆞ며 弟뎨

툴宜의게호다 호니 兄형을 宜의게 호며

弟뎨를 宜의게 호 后후졔 可가히 뻐 國국

人인을 敎교 홀디니라

詩시云운은 其기儀의 不블忒특이라 正졍是시

四ᄉ國국이라 호니 其기爲위父부子ᄌ兄형

弟뎨足죡法법而이 后후民민法법之지也야

ㅣ니라

詩시예 닐오디 그 儀의ㅣ 忒특디 아니 혼디

라 이 四ᄉ國국을 正졍 호다 호니 그 父부

子ᄌ兄형弟뎨 되엿ᄂᆞ니 足죡히 法법 호

大學栗谷先生諺解

二十

后후제民민이法법호느니라

此ᄎ謂위治티國국이在지齊졔其기家가
ㅣ니라
이블온國국을治티호기그家가물齊졔
호매이쇼미니라

所소謂위平평天텬下하ㅣ在지治티其기
國국者쟈는上샹老로老ㄹ而이民민興흥
孝효며上샹長댱長댱而이民민興흥弟뎨
호며上샹恤츌孤고而이民민不블倍비호
느
右傳之九章

是시以이君군子조ㅣ有유絜혈矩구之지
道도也야ㅣ니라

닐온밧天텬下하를平평히기그國국을
治티호매잇다호믄上샹이老로돌老
로매民민이孝효를興흥ᄒᆞ며上샹이長
을長댱호매民민이弟뎨를興흥ᄒᆞ며
上샹이孤고를恤휼호매民민이倍비티
아니ᄒᆞᄂᆞ니일로뻐君군子조ㅣ矩구로
絜혈ᄒᆞᄂᆞᆫ道도를둣ᄂᆞ니라
所소惡오於어上샹로毋무以이使ᄉᆞ下하

大學諺解

所소惡오於어下하로毋무以이事〻
샹며 所소惡오於어前젼으로毋무以이先션
후며 所소惡오於어後후로毋무以이從죵
젼며 所소惡오於어右우로毋무以이
交교며 所소惡오於어左자로毋무
以이交교於어右우 | 此차ㅣ之지謂위
絜혈矩구之지道도 | 니라

上샹의게惡오ㅎ는바로뻐下하를使〻
티말며下하의게惡오ㅎ는바로뻐上샹
을事〻티말며前젼의게惡오ㅎ는바로

뻐後후에 의先션틱 말며 後후의게 惡오ᄒ
는바로ᄡᅥ 前젼의 從죵티 말며 右우의게
惡오ᄒ는바로ᄡᅥ 左자의게 交교티 말며
자의게 惡오ᄒ는바로ᄡᅥ 右우의게 交교티
마로미 닐온 絜혈ᄒ는 道도ㅣ
니라

詩시云운 樂락只지君군子ᄌ여 民민之지
父부母모ㅣ니라 民민之지所소好호를 好호
ᄒ고 民민之지所소惡오를 惡오ᄒ니
此ᄎ太지謂위民민之지父부母모ㅣ라ᄒ니

詩시예 닐오디 樂락 호君군子즈ㅣ여民
민의父부母오ㅣ라호니民민의好호호
논바를 好호호고民민의惡오호
논바를 惡오호미이닐온民민의父부母오ㅣ니
라

詩시云운 節절彼피南남山산이여維유石셕
巖암巖암이로다 赫혁赫혁師亽尹윤이여民민
具구爾이瞻쳠호어리라 有유國국者쟈ㅣ不블
可가以이不블 慎신이니辟벽則즉爲위天텬
下하僇륙矣의라

詩시예닐오디節절호더南남山산이여
石셕이巖암巖암호도다赫혁赫혁호師
스尹윤은이民민이다爾이를瞻쳠호다
호니國국을둣는者쟈ㅣ可가히뻐愼신
티아니티몯홀디니辟벽호면天텬下하
의僇륙이되리라
詩시云운殷은之지未미喪상師스애克극
配비上샹帝뎨러니儀의監감于우殷은
호니峻쥰命명不블易이니라道도得득衆등則즉
得득國국고失실衆등則즉失실國국이니

大學諺解

詩시예 골오디 殷은은 의 師く를 喪샹티아
니제 上샹帝뎨를 克극히 配배 한더니 맛
당히 殷은은 의 監감홀디어다 峻쥰혼 命명
이 易이 아니타 ᄒᆞ니 衆즁을 得득 ᄒᆞ면
國국을 得득 ᄒᆞ고 衆즁을 失실 ᄒᆞ면 國국
을 失실호믈 니르니라
是시故고로 君군子ᄌᆡ 눈 先션 慎신乎호 德덕
이어 有유 德덕 이면 此ᄎᆞ 有유人인 이오 有유人인
이면 此ᄎᆞ 有유土토 ㅣ오 有유土토 ㅣ면 此ᄎᆞ 有유

財저오 有유財저면 此ᄎ有유用용이니
이러 故고로 君군子ᄌᄂᆞᆫ 져 德덕의 慎
신ᄒᆞᄂᆞ니 德덕을 두면 이에 人인을 둘디
오 人인을 두면 이에 土토를 둘디오 土토
를 두면 이에 財저를 둘디오 財저를 두
면 이에 用ᄂᆞᆼ을 둘디니라

德덕者쟈ᄂᆞᆫ 本본也야이오 財저ᄂᆞᆫ 末말
也야아니

德덕은 本본이오 財저ᄂᆞᆫ 末말이니
外외本본內ᄂᆡ末말이면 爭ᄌᆡᆼ民민施시奪탈

大學諺解

本본을外외히고末말을內내히면民민
을爭정케히야奪탈로施시히나니라
是시故고財저聚취則즉民聚취히니
散산則즉民민散산히고財저
이런故고로財저ㅣ聚취히면民민이散
산히고財저ㅣ散산히면民민이聚취히
나니라
是시故고言언悖패而이出출者자ㅣ亦역
悖패而이入입히며貨화悖패而이入입者자

一亦역悖패而이出츌호라
이런故고로言언이悖패호야出츌호者쟈
ㅣ도悖패호야入입호며貨화ㅣ悖
패호야入입호者쟈ㅣ도悖패호야出
츌호느니라
康강誥고曰왈惟유命명不블于우常샹이라
ㅎ니道도善션則즉得득之지고
失실之지矣의라호니
康강誥고의골오되오직命명은常샹티
아니타호니善션호면得득호고善

몯ᄒᆞ면 失실호믈 니ᄅᆞ니라
楚초書셔曰왈 楚초國국은 無무以이爲위
寶보오 惟유善션以이爲위寶보ᄂᆡ라 ᄒᆞ
楚초書셔의 ᄀᆞ로오ᄃᆡ 楚초나라ᄒᆞᄂᆞᆫ ᄡᅥ 寶보
ᄅᆞ 사몰 거시 업고 오직 善션으로 ᄡᅥ 寶보
ᄅᆞᆯ 삼ᄂᆞ다 ᄒᆞ니라
舅구犯범曰왈 亡망人인은 無무以이爲위
寶보오 仁인親친以이爲위寶보ᄂᆡ라 ᄒᆞ
舅구犯범이 ᄀᆞᆯ오ᄃᆡᆫ 亡망人인은 ᄡᅥ 寶보
ᄅᆞ 사몰 거시 업고 親친을 仁인 ᄒᆞ모로 ᄡᅥ 寶보

보를 사물디라 ᄒᆞ니라

秦진誓셔 크 알 롤 약 有유 一일 介개 臣신이
斷단斷단兮혜 無무他타技기나 其기心심
에 休휴休휴焉언 其기 如여 有유容용焉언
이라 人인之지 彦언聖셩을
지며 人인之지 彦언聖셩을
라 人인之지 有유技기ᄅᆞᆯ 若약 己기 有유之지
ᄒᆞ며 人인之지 彦언聖셩을
ᄒᆞ면 寔식能능容용之지라 以이 能능保보我아
子ᄌᆞ孫손黎려民민이니 尙샹亦역 有유利리
ᄒᆞ리로ᅀᅡ다 人인之지 有유技기ᄅᆞᆯ 娟모疾질

以이惡오之지ㅎ며人인之지彥언聖셩을而
이達달之지ㅎ면俾비不블通통케ㅎ야寔식不
能능容용이라以이不블能능保보我아子자
孫손黎려民민에亦역曰왈殆틱哉저ㅎ니
라

秦진誓셔의글오더만일一일个개臣신
이斷단ㅎ고다른지죄업스나그모음
이休휴休호미그容용호미잇는듯ㅎ
다人인의技기두몰리둠굿티너기
며人인의彥언과聖셩을그모음의好호

호미 그 口구로브터 남굿틱너길섇아니면 진실로 能능히 容용홀디라뻐 能능히
우리 子ᄌ孫손이며 黎려民민을 保보홀
디니 거의 스도 호利리이며 시린뎌 人인의 技
기 두몰 娟모 疾질 ᄒ야뻐 惡오 ᄒ며 人인
의 彥언과 聖성은 達달케 ᄒ야곰 通통
티몯게 ᄒ면 진실로 能능히 ᄐᆞᆫ 홀
디라뻐 能능히 우리 子ᄌ孫손이며 黎려
民민을 保보티몯 ᄒ리니 ᄃᆞᆯ은 殆틱
ᄒ뎌ᄒ니라

諺觧大學章句

惟유有유仁인人인아이故고放방流류之지야ᄒ
ᄒ야四ᄉ夷이야ᄒ야不블與여同동中듕國국ᄒ
ᄂ니ᄊ與여謂위唯유有유仁인人인이아爲위能능愛
ᄋ인人인ᄒ여能능惡오人인이라ᄒ니
오직仁인人인이아故방流류ᄒ야四ᄉ
夷이예遷뎡ᄒ야더브러中듕國국을同
동티아니ᄒᄂ니이닐온오직仁인人인
이아能능히人인을愛ᄋᄒ며能능히人
인을惡오ᄒ미니라
見견賢현而이ᄉ不블能능ᄉ擧거ᄒ며擧거而이

不불能능先션이오 見견不불善션
而이不불能능退퇴호디 退퇴而이不불能능
遠원이過과也야ㅣ니라 ○慢만作
賢현을보고能능히 擧거티몯ᄒᆞ며擧거
ᄒᆞ되能능히先션티몯ᄒᆞ며慢만ᄒᆞ며
不불善션을보고能능히退퇴티몯ᄒᆞ며
退퇴호ᄃᆡ能능히遠원티몯ᄒᆞ미過과ㅣ
니라

好호人인之지所소惡오ᄒᆞ고惡오人인之지
所소好호ᄅᆞᆯ是시謂위拂불人인之지性셩

《大ᄒᆞᆨ》二ㄱ八

라이 苟구必필逮대夫부身신이니

人인의惡오ᄒᆞ는바를好호ᄒᆞ고

好호ᄒᆞ는바를惡오ᄒᆞ미이늘온人인의

性셩을拂불호미라苟구ㅣ반ᄃᆞ시身신의

미츨디니라

是시故고君군子ᄌᆞㅣ有유大대道도ㅣ니必필

忠튱信신이이得득지고驕교泰태以

ᄡᅥ失실之지라ᄂᆞ니

이런故고로君군子ᄌᆞㅣ큰道도ㅣ이시

니반ᄃᆞ시忠튱信신ᄒᆞ야버得득ᄒᆞ고驕

生성財지有유大대道도호니生성之지者쟈ㅣ
衆즁호고食식之지者쟈ㅣ寡과호며爲위之지者쟈ㅣ
疾질호고用용之지者쟈ㅣ舒셔호면則즉財지
恒상足죡矣의라

財지를生성호기곤道도ㅣ이시니生성
호者쟈ㅣ衆즁호고食식호者쟈ㅣ寡과
호며爲위호者쟈ㅣ疾질호고用용호者
쟈ㅣ舒셔호면財지ㅣ항상足죡호리라

仁인者쟈는以이財지發발身신호고不블仁

大學諺解

연者쟈 눈 以이 其기 身신 發발 財저니
仁인 혼者쟈 눈 財저로 써 身신 을 發발 호
고 仁인 티 아닌者쟈 눈 身신 으로 써 財저
롤 發발 호느니라

未미 有유 上상 好호 仁인 而이 下하 不블 好
호 義의 者쟈 也야니 未미 有유 好호 義의오
其기 事ᄉ 不블 終죵 者쟈 也야 여 未미 有유
府부 庫고 財저 | 非비 其기 財저 者쟈 也야
니라

上상이 仁인을 好호고 下하ㅣ 義의를 好

호티아닐者쟈ㅣ잇디아니니義의를好
호코그事사ㅣ終종티몯홀者쟈ㅣ잇디
아니며府부庫고의財지ㅣ그財지ㅣ아
닌者쟈ㅣ잇디아니니라
孟밍獻헌子쥐굴오딕畜휵馬마乘승논不블
察찰於어雞계豚돈고伐벌氷빙之지家가
는不블畜휵牛우羊양호고百뵉乘승之지家가
논不블畜휵聚취斂렴之지臣신니與여
其기有유聚취斂렴之지臣신으론寧녕有유
盜도臣신이라니此太謂위國국不블以이利
大學栗谷解 三十

大學諺解

라 為위利리 오 以이 義의 為위利리也야 니

孟맹獻헌子ᄌᆞㅣ 골오ᄃᆡ 馬마乘승을 畜휵ᄒᆞᄂᆞ니는 雞계와 豚돈 의 察찰티 아니ᄒᆞ고 氷빙을 伐벌 ᄒᆞᆫ 家가ᄂᆞᆫ 牛우羊양 을 畜휵ᄒᆞ디 아니ᄒᆞ고 百ᄇᆡᆨ乘승의 家가ᄂᆞᆫ 聚ᄎᆔ歛렴ᄒᆞᄂᆞᆫ 臣신을 畜휵ᄒᆞ디 아니ᄒᆞᄂᆞ다 ᄆᆞᆺ 그 聚ᄎᆔ歛렴ᄒᆞᄂᆞᆫ 臣신을 둘 거시라 ᄎᆞᆯ히 盜도ᄒᆞᄂᆞᆫ 臣신을 둘 거시라 ᄒᆞ니 이 닐온 國국은 利리로 ᄡᅥ 利리ᄅᆞᆯ 삼디 아니

코義의로버利리룰삼오미나라

長댱國국家가両이務무財진用용者쟈는
必필自즈小쇼人인矣의나彼為션之쇼
人인之지使스為위國국家가면菑저害해
幷병至지라雖슈有유善션者쟈도亦역
無무如여之지何하矣의니此太謂위國국
家가이以이利리為위利리오以의義의為위
利리인야라

國국家가의長댱호야財저用용을務무
호는者쟈눈반드시小쇼人인으로브터

ᄒᆞᄂᆞ니 쇼인을 ᄒᆡ여곰 국가를 ᄒᆞ면 菑害 ᄒᆡ 조지 홀디라 비록 善션
者쟈ㅣ 이실디라도 호엿디라 뇨 홈도
업스리니 기닐온 國국은 利리로 버 利리
를 삼디 아니코 義의로 버 利리를 사 몯거
시라 호미니라

右傳之十章

大學栗谷先生諺解

∽ 참고도서목록 參考圖書目錄 ∽

『논어한글역주』와 『효경한글역주』에 실린 참고도서목록과 중복되는 것을 피하고 오직 『대학·학기한글역주』 집필과정에서 참고한 최소한의 책만을 여기 적어 놓는다.

【대학 관련】

1. 武內義雄 譯註. 『學記·大學』. 岩波文庫 3014. 東京: 岩波書店, 1943.
2. 徐復觀 著. 『中國人性論史 ― 先秦篇』. 臺北: 臺灣商務印書館, 1969.
3. 赤塚忠 著. 『大學·中庸』. 新釋漢文大系 2. 東京: 明治書院, 2003.
4. 山下龍二 著. 『大學·中庸』. 東京: 集英社, 1983.
5. 島田虔次 著. 『大學·中庸』. 新訂中國古典選 4. 東京: 朝日新聞社, 1975.
6. 成百曉 譯註. 『懸吐完譯 大學·中庸集註』. 東洋古典國譯叢書 3. 서울: 傳統文化硏究會, 1994.
7. 李學勤 主編. 鄭玄 注·孔穎達 疏. 『禮記正義』. 全八册. 十三經注疏整理本 21~28. 臺北: 臺灣古籍出版有限公司, 2001.

【기타 경서】

1. 竹內照夫 著. 『禮記』上·中·下. 新釋漢文大系 27·28·29. 東京: 明治書院, 2008.
2. 市原亨吉·今井淸·玲木隆一 譯. 『禮記』上·中·下. 全釋漢文大系 12·13·14. 東京: 集英社, 1982.
3. 宋貞姬 譯. 『荀子』上·中·下. 서울: 明知大學校出版部, 1994.
4. 王忠林 編譯. 『新譯荀子讀本』. 台北: 三民書局, 1972.
5. 金谷治·佐川修 譯. 『荀子』上·下. 全釋漢文大系 7·8. 東京: 集英社, 1983.
6. 呂不韋 編著. 陳奇猷 校釋. 『呂氏春秋新校釋』. 全二册. 上海: 上海古籍出版社, 2002.

7. 呂不韋 著. 楠山春樹 譯.『呂氏春秋』上·中·下. 東京: 明治書院, 1996~1998.
8. 加納喜光 譯.『詩經』. 全二册. 東京: 學習研究社, 1983.
9. 上海師範大學古籍整理研究所 校点.『國語』. 上海: 上海古籍出版社, 2007.
10. 좌구명 지음. 신동준 역주.『국어』. 서울: 인간사랑, 2005.
11. 湯孝純 注譯. 李振興 校閱.『新譯管子讀本』上·下. 臺北: 三民書局, 2006.
12. 遠藤哲夫 著.『管子』上·中·下. 新釋漢文大系 42·43·52. 東京: 明治書院, 2007.

【한유·이고 관련】

1. 韓愈 著. 閻琦 校注.『韓昌黎文集注譯』上·下. 西安市: 三秦出版社, 2004.
2. 周啓成·周維德 注譯. 陳滿銘·黃俊郎 校閱.『新譯昌黎先生文集』上·下. 臺北: 三民書局, 1999.
3. 吳文治 編.『韓愈資料彙編』. 全四册. 北京: 中華書局, 2006.
4. 李翺 撰·歐陽詹 撰.『李文公集·歐陽行周文集』. 四庫唐人文集叢刊. 上海: 上海古籍出版社, 1993.

【사마광·이정 관련】

1. 司馬光 著.『溫國文正司馬公文集』八十卷. 四部叢刊正編041. 臺灣商務印書館印行.
2. 程顥·程頤 著. 王孝魚 點校.『二程集』上·下. 理學叢書. 北京: 中華書局, 2008.

【주희 관련】

1. 朱傑人·嚴佐之·劉永翔 主編. 朱熹撰.『朱子全書』. 全套共二十七册. 上海: 上海古籍出版社, 合肥:安徽教育出版社, 2002. 12.
2. 市川安司 著.『朱子哲學論考』. 東京: 汲古書院, 1985.
3. 大濱晧 著.『朱子の哲學』. 東京: 東京大學出版會, 1983.

4. 陳榮捷 著.『朱子新探索』. 上海: 華東師範大學出版社, 2007.
5. 宋 黎靖德 編. 王星賢 點校.『朱子語類』. 全八冊. 理學叢書. 北京: 中華書局, 1986.

【육상산 관련】

1. 陸九淵 著. 鍾哲 點校.『陸九淵集』. 理學叢書. 北京: 中華書局, 2008.

【왕수인 관련】

1. 王守仁 撰. 吳光錢·明董平·姚延福 編校.『王陽明全集』. 全二冊. 上海: 上海古籍出版社, 2006.
2. 王守仁 原著. 施邦曜 輯評.『陽明先生集要』上·下. 理學叢書. 北京: 中華書局, 2008.
3. 王守仁 撰. 李生龍 注譯.『新譯傳習錄』. 臺北: 三民書局, 2004.
4. 王陽明 지음. 鄭仁在·韓正吉 역주.『傳習錄』1·2. 고양시: 청계출판사, 2001.
5. 王守仁 撰. 岡田武彦 外 執筆.『王陽明全集』. 全8卷. 東京: 明德出版社, 1985.
6. Tu Wei-ming. *Neo-Confucian Thought in Action — Wang Yang-ming's Youth(1472~1509)*. Berkely: University of California Press, 1976.
7. 뚜 웨이밍 지음. 권미숙 옮김.『한 젊은 유학자의 초상 —青年 王陽明(1472~1509)』. 서울: 통나무, 1998.

【이토오 진사이 관련】

1. 吉川幸次郎·淸水茂 著.『伊藤仁齋·伊藤東涯』. 日本思想大系 33. 東京: 岩波書店, 1974.

【윤휴 관련】

1. 尹鑴 著. 양홍렬外 譯.『국역백호전서』. 全12冊. 고전국역총서 279~290. 서울: 재단법인 민족문화추진회, 2004.
2. 이선아 지음.『윤휴의 학문세계와 정치사상』. 파주시: 한국학술정보, 2008.

【일반 논저】

1. 馮友蘭.『中國哲學史』. 上海: 商務印書館, 1934.
2. 范壽康 編著.『中國哲學史綱要』. 台北: 臺灣開明書店, 1984.
3. 李丙燾 著.『韓國儒學史』. 서울: 亞細亞文化社, 1989.
4. 王鍔 著.『禮記成書考』. 北京: 中華書局, 2007.
5. 宮崎市定 著.『中國史』上·下. 岩波全書. 東京: 岩波書店, 1983.
6. 鄭振鐸 著.『中國文學史』. 臺北: 新欣出版社, 1970.

【서양 철학】

1. Alfred North Whitehead. *The Aims of Education and Other Essays*. New York: The Free Press, 1967.
2. Ludwig Wittgenstein. *Tractatus Logico-Philosophicus*. tr. by D. F. Pears & B. F. McGuinness. with the introduction by Bertrand Russell, F. R. S. London: Routledge & Kegan Paul, 1977.
3. Robert B. Downs. *Heinrich Pestalozzi — Father of Modern Pedagogy*. Boston: Twayne Publishers, 1975.

【사전류】

1. 藤堂明保·加納喜光 編.『學研 新漢和大字典』. 東京: 學習研究社, 2005.
2. 檀國大學校附設 東洋學研究所 編纂.『漢韓大辭典』. 全16卷. 서울: 단국대학교 출판부, 2008년 완간.
3. 近藤春雄 著.『中國學藝大辭典』. 東京: 大修館書店, 1980.
4. 日原利國 編.『中國思想辭典』. 東京: 研文出版, 1984.
5. 溝口雄三·九山松幸·池田知久 編.『中國思想文化事典』. 東京: 東京大學出版會, 2006.
6. 朴憲淳 엮음.『四書索引』. 大田: 學民文化社, 2004.

찾아보기

【가】

가의(賈誼) 54
감이수통(感而遂通) 71
「강고康誥」(서경) 288, 304, 323
강조석(姜兆錫) 169
강태공(姜太公) 216
강희제(康熙帝) 228
개정대학(改定大學) 108, 115, 123
거경(居敬) 138
건륭황제 267
걸(桀) 80, 306
격(格) 70, 71, 72, 85, 88, 124, 128, 137, 158, 161, 276
격물(格物) 44, 59, 69, 71, 72, 82, 89, 99, 104, 111, 121, 124, 127, 136, 166, 189, 275, 279, 319
격의(格義) 32
격치(格致) 106, 136
격치성정(格致誠正) 163
견백(堅白) 182
견성(見性) 102
견성성불(見性成佛) 175
경(敬) 139
경(經) 39, 114
「경명冏命」(서경) 162
경산(景山) 259
「경상초庚桑楚」(장자) 299
「경설經說」(묵자) 113
경전經傳체제 108, 115, 136, 190, 289
경제(景帝, 한) 170
경학 126
경험론 188

「계미수공주차일癸未垂拱奏劄一」(주문공문집) 73
「계사전繫辭傳」(주역) 68, 74, 114, 136
계성(繼聲) 254
계지(繼志) 254
고대유교(古代儒敎) 22
고도(古道) 25, 26
고로오오오(梧樓翁) 170
「고문상서」 170, 234
고문운동(古文運動) 24, 58
「고본대학古本大學」 124, 129, 135, 269
고봉(高峰) 64
「고자」(맹자) 150
고조(高祖, 한) 170
고종(瞽宗) 267
고하(高何) 220
공구(恐懼) 41, 296, 298
공동(空洞) 102
공묘(孔廟) 96
공부(工夫) 239
공손룡(公孫龍) 182
공손지(公孫枝) 217
「공손추」(맹자) 142
공자(孔子), 공부자 39, 50, 83, 109, 176, 227, 233, 262, 276, 314, 315
「공야장」(논어) 316
공언(公言) 30
「공자세가孔子世家」(사기) 23, 109
곽점죽간 172
관본언해 334
「관자」 298
관중, 관이오(管夷吾) 217, 217
관학 31
「광록廣錄」(주자어류) 139
교(校) 177
교서관(校書館) 335
교선일치(敎禪一致) 59
교외별전(敎外別傳) 60, 174
교학상장(敎學相長) 232, 244
구(矩) 317
구범(咎犯, 舅犯) 217, 323
구약 48
구천(句踐) 217
국자감(베이징) 96, 214, 228, 267

찾아보기 | 405

국자좨주(國子祭酒) 31
군국주의 48
군자(君子) 185
군자불기(君子不器) 262
궁리(窮理) 73, 94, 99, 128, 138
궁리진성(窮理盡性) 22
권근(權近) 77
「권학勸學」(순자) 176
귀민경군(貴民輕君) 52
귀주(貴州) 134
규(規) 317
규모(規模) 112
규봉(圭峰) 59
극기(克己) 139
극칙(極則) 190
근세유교(近世儒教) 22
근대교육론 264
『금문상서今文尚書』 170, 234
금활려(禽滑黎) 220
기(氣) 55, 63
기문지학(記聞之學) 259
「기손록夔孫錄」(주자어류) 139
기옹(畸翁) 335
「기욱淇奧」(시경) 285
「기정헌남수묵寄正憲男手墨」(왕양명전집) 163
기질(氣質) 61
기질지성(氣質之性) 55
『길가메시』 21
김과(金科) 77
김굉필 246
김구(金鉤) 333
김문(金汶) 333
김장생(金長生) 335
김종직(金宗直) 245

【 나 】

나카 미찌요(那珂通世) 169
나카 미찌타카(那珂通高) 170
낙론(洛論) 335
남계(南溪) 335
남녀상열상념(男女相悅相念) 67

「남산유대南山有臺」(시경) 312
남송(南宋) 94, 108, 126
남안(南安) 167
남창(南昌) 167
내성외왕 183
「내저설內儲說」(한비자) 113
노론 43, 335
노자(老子) 29, 37, 75
「노자」,「노자도덕경」 21, 298, 305
「녹명鹿鳴」(시경) 240
「논리-철학 논고」(Tractatus Logico-Philosophicus) 27
「논어」 23, 36, 40, 52, 109, 112, 176, 300
「논어한글역주」 83, 287, 316
니시혼간지(西本願寺) 317

【 다 】

다(多)·과(寡)·이(易)·지(止) 252
다신론 48
단간목(段干木) 220
단등협(斷藤峽) 166
「단몽록端蒙錄」(주자어류) 104
「답고동교서答顧東橋書」(전습록) 129
「답나정암소재서答羅整庵少宰書」(전습록) 124
「답진생서答陳生書」(한유) 26
「답한시랑서答韓侍郞書」(이문공집) 58
「답황자경答黃子耕」(주문공문집) 72, 99
당고(黨錮) 43
당송팔대가(唐宋八大家) 24
『대대례기大戴禮記』 23
대덕(大德) 262
「대략大略」(순자) 176
「대명大明」(시경) 193
『대방광원각수다라료의경大方廣圓覺修多羅了義經』 60
대부종(大夫種) 217
대선(戴銑) 133
대성(大成) 236
대성(戴聖) 170
대성전 96, 214
대성지(大成贄) 216
대승법상교(大乘法相教) 60
대승파상교(大乘破相教) 60

대오(大悟) 134
대요(大擽) 216
「대우모大禹謨」(서경) 163, 210
대인지학(大人之學) 151
대청명(大淸明) 188, 193
대학大學 22, 170, 171, 177, 236, 255
「대학」 21, 24, 34, 35, 37, 39, 48, 59, 69, 70, 73, 74, 77, 78, 79, 85, 87, 99, 110, 112, 115, 123, 141, 153, 170, 178, 188, 193, 196, 200, 203, 207, 218, 234, 237, 261, 266, 291, 300, 305, 319, 329
「대학고본문大學古本問」 144
「대학고본서大學古本序」 132
「대학광의大學廣義」 79
「대학문大學問」 22, 140, 164, 169
「대학변大學辨」 116
「대학비주인소작변大學非周人所作辨」 170
「대학언해」 334
「대학장구大學章句」,「대학집주」 22, 103, 108, 135, 154, 160
『大學·中庸』(시마다 켄지) 110
대학지도(大學之道) 178, 189, 237, 270
「대학혹문大學或問」 90, 143, 149, 154, 159
덕(德) 29, 32
「덕명록德明錄」(주자어류) 103
덕승문(德勝門, 베이징) 330
「덕충부德充符」(장자) 299
도(道) 29, 32
도가 302
도덕(道德) 85
도심(道心) 106, 127, 149, 209, 210, 238
도암(陶菴) 335
「도요桃夭」(시경) 309
도척 80
도통(道統), 도통론(道統論) 50, 52
도학(道學) 29, 31, 58, 61, 62, 76
독서법 111
돈오점수(頓悟漸修) 61
동덕 147
동무(東武) 325
동서(東序) 267
『동숙독서기東塾讀書記』 237
동이(同異) 182

동중서(董仲舒) 54
동춘당(同春堂) 107
동투르키스탄 317
두보(杜甫) 24
「등문공」(맹자) 177

【 라 】

「로마서」 21, 238
룻소 263
「륙소蓼蕭」(시경) 309
리(理) 55, 63, 104, 106, 124, 134, 210
리고리즘(rigorism) 55, 56
리기(理氣) 61
리일분수(理一分殊) 54, 93

【 마 】

마(摩) 247
마그나 카르타(Magna Carta) 195, 200
마르쿠스 아우렐리우스 21
마음의 주체성(the subjectivity of human mind) 208
만세사표(萬世師表) 228
만인(萬人) 184
매령(梅嶺) 167
맹사성(孟思誠) 118
맹씨행단2 118
맹자(孟子), 맹가(孟軻) 50, 52, 55, 83, 109, 179, 194, 219
「맹자」 21, 40, 52, 62, 109, 176, 197
「맹자절문孟子節文」 53
「맹자혹문」 67
맹헌자(孟獻子) 327
맹희도(孟希道) 118
「면만綿蠻」(시경) 292
멸집(滅執) 46
명덕(明德) 42, 125, 128, 141, 147, 149, 153, 158, 178, 188, 190, 270, 28
「명도선생개정대학明道先生改定大學」 109
명명덕(明明德) 69, 83, 145, 289
모리오카한(盛岡藩) 170

목우자(牧牛子) 61
묘족(苗族) 134
무제(武帝, 한) 22, 172
무교회주의 47
무명번뇌(無明煩惱) 64
무민공(武愍公) 118
무본(務本) 266
무사(無事) 35
무선무악(無善無惡) 164, 166
무송(無訟) 314
무왕(주) 50, 216
무위 63
무위지치(無爲之治) 35, 37
무종(武宗, 명) 133
묵가 328
「묵경墨經」(묵자) 113
묵자(墨子) 220
『묵자墨子』 113
문왕(주) 50, 216
「문왕文王」(시경) 289, 292
문이명도(文以明道) 25
문제(文帝, 한) 170
문종(文宗, 당) 24
문지의(文之儀) 217
문체복고(文體復古) 26
문학혁신운동 26
물(物) 70, 72, 82, 85, 88, 91, 92, 104, 124, 126, 137, 158
물격(物格) 72
물리(物理) 126, 127
물리학 95
물폐(物蔽) 92
미동(未動) 67
미묘처(微妙處) 112
민자건 80

【 바 】

바울 21, 238
박세채(朴世采), 박문순(朴文純) 335
박언휘(薄彦徽) 133
반(叛) 225

발월(發越) 112
배(背) 225
배도(排道) 57
배반(背叛) 225
배불(排佛) 47, 59, 76
백거이(白居易) 28
백락천(白樂天) 24
백리해(百里奚) 217
백운동서원(白雲洞書院) 168
백이(伯夷) 81
백이보(伯夷父) 216
백초(伯招) 216
『백호전서白湖全書』 277
범려(范蠡) 217
범주(Categories) 276
법가 295, 307, 318
벽불(闢佛) 47, 57, 61
벽옹(辟雍) 267
병체문(騈體文), 병문(騈文) 24, 26
보전(補傳) 45, 120, 124
복상(卜商) 220
복성(復性) 61, 66
「복성서復性書」 58, 62, 74, 83
복희 317
복희여와도(伏羲女媧圖) 317
본각진심(本覺眞心) 64
본말종시(本末終始) 314
「봉선서」(사기) 220
「부국富國」(순자) 329
분치(忿懥) 41, 296, 318
불교 161
「불구不苟」(순자) 176
불성(佛性) 64
불언량(佛言量) 61
불천노(不遷怒) 300
불타다라(佛陀多羅) 60
불트만 320
비간(比干) 81
「비궁閟宮」(시경) 49
비량(比量) 61
「비상非相」(순자) 176
비트겐슈타인(Ludwig Wittgenstein) 27

【 사 】

사(事) 161
사계(沙溪) 335
사구종지(四句宗旨) 166, 174
사단칠정논쟁(四端七情論爭) 64
사대(四代) 254
사대부 94
사마광(司馬光) 79, 87, 92, 98, 124, 128, 249
사마천(司馬遷) 23
「사모四牡」(시경) 240
사무설(四無說) 164, 174
사문난적(斯文亂賊) 42, 106, 109
사문박사(四門博士) 31
『사서四書』, 『사서집주四書集注』, 『사자서四子書』 52, 74, 76, 106, 108, 110, 261
『사서대전』 123
사액(賜額) 168
사언(私言) 30
사은부(思恩府) 141
사전(思田)의 난 166
『사정전훈의자치통감강목思政殿訓義資治通鑑綱目』 87
산체문(散體文) 24
『삼국사기三國史記』「고구려본기」 293
삼대(三代) 217
삼례(三禮) 23
삼사(三事) 139
삼왕(三王) 254
삼품(三品) 53
상(庠) 177, 235
상상(上庠) 267
상서(庠序) 177
『상서尙書』 170, 210
상심정찰(詳審精察) 152
상지(上智) 54
상품 56
색로삼(索盧參) 220
색우천지지간(塞于天地之間) 62
서(序) 177, 236
서(恕) 307, 315
『서書』, 『서경』 23, 40, 89, 176, 234
서산(緖山) 143

「서애록徐愛錄」(전습록) 282
석가 75
선가(禪家), 선종(禪宗) 52, 174
선왕(先王) 26, 36
선왕지도先王之道 26
선제(宣帝, 한) 170, 245
『선조실록』 130, 333
선화 57
설간(薛侃) 136
『설문해자』 89
성(性) 55, 62, 92, 159
성(誠) 69, 158, 279
성균(成均) 267
성기(成紀) 58
성당(盛唐) 24
성덕(盛德) 314
성명(性命) 75
성불(成佛) 61
성삼품설 53
성서 47
성신(成身) 197, 225, 237
성왕(聖王) 184, 189, 190
성의(誠意) 35, 42, 44, 46, 86, 111, 121, 128, 136, 211, 279, 286, 290, 294, 295, 313, 319
성인(聖人) 184, 259
『성인록成仁錄』 77
성인유정론(聖人有情論) 66
성정(性情) 67
성정론(性情論) 55, 62
세종대왕 87
『세종실록』 333
소당연(所當然) 91
『소대례기小戴禮記』 23
소성(小成) 236
소수서원(紹修書院) 168
소승교(小乘敎) 60
소이연(所以然) 91
소제(昭帝, 한) 245
소크라테스 21
손(孫) 247
송(宋) 78
송명유학 62, 63
송시열(宋時烈) 42, 50, 61, 107

찾아보기 | 409

송유(宋儒) 24, 29, 31, 44, 55, 59, 63, 69, 74, 76, 82, 92, 101, 191, 204, 209, 238
송준길(宋浚吉) 107
송태조 93
수(修) 158
수신(修身) 41, 46, 83, 86, 111, 158, 197, 202, 204, 206, 225, 237, 290, 295, 313, 318
「수신修身」(순자) 176, 181
수심(修心) 46
수연지선(粹然之善) 151
수회(隨會) 217
숙(塾) 235
손숙오(孫叔敖) 217
순, 순임금 50, 149, 216, 306
순무(巡撫) 135
순선(純善) 68
순자, 순황(荀況) 50, 55, 83, 175, 179, 194, 200, 219
『순자』 175, 188, 197, 298
「순전舜典」(서경) 162
「술이」(논어) 227
숭정(崇禎) 259
쉬 후우꾸안(徐復觀) 122
시(時) 247
『시詩』, 「시경」 23, 36, 40, 49, 67, 89, 139, 176, 193, 240, 287, 320
「시구鳲鳩」(시경) 309
시대정신(Zeitgeist) 44, 198
시마다 켄지(島田虔次) 110
시비지심(是非之心) 160
시왈(詩曰) 291
시운(詩云) 291
신(身) 158
신기독(愼其獨) 280
신농(神農) 216
신독(愼獨) 266, 314
신민 153
신법 79, 94
신약 48
신유학(Neo-Confucianism) 34, 49, 188
신종(神宗, 송) 94
신체산문(新體散文) 26
실제(悉諸) 216
심(心) 67, 91, 104, 126, 158, 208

심리(心理) 127
심부재언(心不在焉) 300
심성론(心性論) 53
「심술心術」(관자) 299
심윤무(沈尹巫) 217
심즉리(心卽理) 174
심통성정(心統性情) 67
심학(心學) 107, 130, 163, 282
십가패법(十家牌法) 135
십성(十聖) 217

【 아 】

아스클레피우스(Asclepius) 317
안연 80
「안연」(논어) 295, 316
안탁취(顔涿聚) 220
안향 168
「애공문哀公問」(예기) 197, 226
야나이하라 타다오(矢内原忠雄) 48
양명(陽明) 22, 130, 146, 153, 163, 169, 190, 280
양명소동천(陽明小洞天) 134
양명좌파 174
양명학 130
양물(兩物) 154
양보(梁父) 220
양웅(揚雄) 50
양유오도(養有五道) 224
양자(揚子) 55
양지(良知) 127, 131, 149, 160, 163, 166, 190
양지현성론(良知現成論) 174
「양화양화」(논어) 53
「양혜왕」(맹자) 51, 142
『어맹자의語孟字義』 40
언잠(言箴) 57
언해 333
「에밀」 263
여래장(如來藏) 64
여망(呂望) 216
여불위 194
『여씨춘추呂氏春秋』 195, 196, 200
여와 317

여요(余姚) 143
여천지합기덕(與天地合其德) 62
「역」 23, 70
『연보年譜』(왕양명) 134, 136
「열명」(서경) 232, 242
「열문烈文」(시경) 285
열반적정(涅槃寂靜) 37, 69
열자 75
염계(濂溪) 29
염계서원(濂溪書院) 136
영락제, 영락대제 123, 134
영조 335
예(豫) 247
『예기禮記』 23, 44, 79, 115, 116, 123, 136, 170, 172, 178, 197
『예기대학禮記大學』 119
『예기성서고禮記成書考』 173
예수 38, 47, 320
예(預)·시(時)·손(孫)·마(摩) 247
예악형정(禮樂刑政) 26
예치(禮治) 195
오경(五經) 43
오경박사(五經博士) 22
『오경대전五經大全』 123
『오경어설五經憶說』 134
오규우 소라이(荻生徂徠) 24, 52
오복(五服) 260
오성(悟性) 276
오성(五聲) 260
오오타니 코오즈이(大谷光瑞) 317
오자서(伍子胥) 217
오제(五帝) 217
오학(五學) 267
「온공의맹溫公疑孟」(주문공문집) 54
『온국문정사마공문집溫國文正司馬公文集』 79
왕(王) 34, 184
왕기(王畿) 164
왕룡계(王龍溪) 143, 174
왕부지(王夫之) 116, 188
왕안석(王安石) 79, 94
왕양명(王陽明), 왕수인(王守仁) 123, 126, 144
왕어(王鍔) 173
왕화(王華) 130

「외저설外儲說」(한비자) 113
요(堯), 요임금 50, 216, 306
요·순, 요순 34, 163
「요전堯典」(서경) 162, 288
용산공(龍山公) 130
용장(龍場) 134
우(禹), 우임금 50, 80, 149, 216
「우록遇錄」(주자어류) 111
우찌무라 칸조오(內村鑑三) 47
우·탕·문·무 34
우환(憂患) 41, 296, 298
원각(圓覺) 60
『원각경圓覺經』 60
「원도原道」 29, 33, 45, 52, 61, 85
「원성原性」 53
「원인론原人論」 60
「위령공」(논어) 315
위선거악(爲善去惡) 164, 166
위성(爲聖) 61
위신(爲身) 197, 199, 202
위학종지(爲學宗旨) 164
유교일존(儒敎一尊) 22
유교무류(有敎無類) 234
유근(劉瑾) 133
유선유악(有善有惡) 164, 166
유뉠(俞樾) 231
유위(有爲) 63
유자(孺子) 142
유잠(游箴) 57
유적(流賊) 135, 166
유정섭(俞正燮) 169
유정유일(惟精惟一) 149
유종주(劉宗周) 116
유치차격(有恥且格) 276
유하혜(柳下惠) 81
유학복고(儒學復古) 26
유후무후(有厚無厚) 182
유희춘(柳希春) 333
육규훈(陸奎勳) 169
육상산(陸象山) 107, 130
『육조단경六祖壇經』 67
육현(六賢) 217
윤두수(尹斗壽) 77

윤리(倫理) 34
윤백호(尹白湖), 윤휴 61, 277
율곡 333
율곡언해 334
의(意) 158, 162
의(義) 29, 32, 42
「의강록義剛錄」(주자어류) 101
의념(意念) 159, 160
『의례儀禮』 23
의미(意味, 이토오 진사이 용어) 40
의종(毅宗, 명) 259
이강년(李康年) 57
이개(李玠) 57
이고(李翱) 58, 63, 69, 74, 83, 87, 89
이단 147
이동(已動) 67
「이루」(맹자) 202
『이문공집李文公集』 58
이방원 77
이상국가, 이상사회 271, 294, 313
이색 76
이윤(伊尹) 216
이이 333
「이인」(논어) 316, 324
이재(李縡) 335
이정(二程) 45, 59, 117
이제마(李濟馬) 325
이천(伊川) 45, 89, 95
『이천선생개정대학伊川先生改定大學』 109
이탁오(李卓吾) 165
이토오 진사이(伊藤仁齋) 39, 110, 297
이하지방(夷夏之防) 28
이황 168
인(仁) 29, 32
인식론 176, 189
인심(人心) 106, 127, 149, 209, 210, 238
인심·도심, 인심도심론人心道心論 209, 238
인의(仁義) 29, 81, 85
인천교(人天敎) 60
인치(人治) 195
일(一) 198, 200
일(壹) 186
일반화(generalization) 125

일승현성교(一乘顯性敎) 60, 64
일신(日新) 289
임계유(任繼愈) 283

【자】

자겸(自謙) 279, 313
자공(子貢) 227, 315
자사子思 109
자장子張 220
「자장」(논어) 159
자주지보(子州支父) 216
『자치통감資治通鑑』 79, 94
『자치통감강목資治通鑑綱目』 79, 87
자하(子夏) 220
작위(作爲) 35
장구 43
장수 60
장유(張維) 129
장자(張子) 53
장자(莊子) 75
『장자』 197, 298
적연부동(寂然不動) 66, 69, 73, 87
전(傳) 35, 39, 114
전덕홍(錢德洪) 141, 143, 164
전등(傳燈) 52
전손사(顓孫師) 220
『전습록傳習錄』 130, 136, 280
전주(田州) 141
「절남산節南山」(시경) 312
절용(節用) 329
점필(佔畢) 245
정자(程子) 22
정(情) 55, 62, 82, 92
정(正) 128, 158
정(靜) 186
정강지변(靖康之變) 94
정도전 76
정명(定名) 29, 32, 85
「정명正名」(순자) 176
정명도 108, 115, 120, 150
정명원각(淨明圓覺) 64

정몽주 76, 77
정신일도(精神一到), 하사불성(何事不成) 107
정심(正心) 35, 41, 45, 46, 83, 86, 111, 128, 279,
　　　297, 314, 318, 319
정원(貞元) 58
정이천 54, 108, 115, 120, 125, 138, 150, 295
정자(程子) 53
정제두(鄭齊斗) 129
정주(程朱) 61, 277
정주(鄭注) 153
정현(鄭玄) 85, 87, 88, 97, 231, 234, 295
정홍명(鄭弘溟) 335
제(帝) 34
제(弟) 146
제가 46, 83, 86, 111, 303, 314, 318
제곡(帝嚳) 216
제왕학(帝王學) 78
「제이부한시랑문제吏部韓侍郎文」(이고) 58
제전욱(帝顓頊) 216
제환공 217
조광윤 93
조광조 246
조기(趙岐) 52
조헌(趙憲) 334
「존사尊師」(여씨춘추) 196, 217, 237, 244, 256
존천리거인욕(存天理去人欲) 56, 79
종밀(宗密) 59, 64
종시(終始) 154
종용한가(從容閑暇) 152
주(紂) 80, 306
주자(朱子) 22
주공(周公) 50, 216
주렴계 69
『주례周禮』 23
『주문공문집朱文公文集』 90
주세붕 168
『주역』 43, 62, 71, 114, 197
『주역』 건괘 「문언文言」 159
주원장 52, 134
주자(周子) 53
주자(朱子) 53, 126
『주자만년정론朱子晚年定論』 136
『주자어류朱子語類』 68, 90, 107

주자장구(朱子章句) 119
주자학 31, 42, 130
주적(周積) 167
주정주의(主靜主義) 59, 69, 73
주지주의 104
주희(朱熹) 39, 42, 54, 59, 67, 72, 94, 98, 103, 108,
　　　124, 126, 138, 141, 143, 146, 149, 153, 159,
　　　160, 190, 207, 234, 261, 286, 289, 297
『중국인성론사中國人性論史』(徐復觀) 122
『중국철학사中國哲學史』(훵 여우란) 62, 175
『중국철학사간편中國哲學史簡編』(任繼愈) 283
중당(中唐) 24, 29, 76
중손멸(仲孫蔑) 327
『중용』 23, 40, 62, 69, 70, 71, 74, 77, 109, 112,
　　　123, 141, 148, 197, 210, 266, 279, 316
『중용설中庸說』 23
중이(重耳) 323
중품(中品) 56
증자(曾子) 39, 109, 316
지(止) 181, 189
지(知) 158
지눌(知訥) 61
지리결렬(支離決裂) 150
지리멸렬 138
지명잠(知名箴) 57
지본(知本) 266, 295, 314
「지북유知北遊」(장자) 299
지선(至善) 149, 152, 190, 271, 286, 319
지선지악(知善知惡) 164, 166
지선행후설(知先行後說) 121
지성(至誠) 71
지식(知識) 104, 127
지어지선(止於至善) 180, 183, 190, 286, 313
지족(至足) 189
지지선(止至善) 158
지행병진론(知行並進論) 121
지행합일(知行合一) 127, 128, 280
직지인심(直指人心) 174
진기유(陳奇猷) 200
진례(陳澧) 169, 237
진륜자(盡倫者) 189
진목공(秦穆公) 217
진문공(晉文公) 217

「진서秦書」 323
진성(盡性) 148
진시황 194
진제자(盡制者) 189
진확(陳確) 116
집일(執一) 200
「집일執一」(여씨춘추) 197, 203
『집주대학』 124

【 차 】

착잡분운(錯雜紛紜) 152
찬천지지화육(贊天地之化育) 62
천도(天道) 279
천리(天理) 68
천명지성(天命之性) 151, 160
천자 196, 198, 255
천천교(天泉橋) 166
천천교문답(天泉橋問答) 144
천하극(天下極) 189
천황숭배 48
철인왕, 철인지배자(Philosopher King) 183, 184
첨하(詹何) 199
체도자(體道者) 187
체제(禘祭) 240
『초서楚書』 323
「초어楚語」(국어) 323
초윤리(超倫理) 34
초장왕(楚莊王) 217
총론위학지방(總論爲學之方) 107
최명길(崔鳴吉) 129
최영 118
최원직(崔元直) 118
추관(推官) 167
추원재(追遠齋) 246
「춘록椿錄」(주자어류) 111
『춘추春秋』 23, 36, 48
충서(忠恕) 316
충숙왕 118
치(致) 158
치국(治國) 46, 83, 86, 111, 314, 313, 318
치심(治心) 46

치양지(致良知) 22, 128, 163
「치의緇衣」(예기) 172
치지(致知) 44, 69, 71, 73, 99, 104, 111, 121, 124, 127, 136, 137, 139, 159, 165, 189, 275, 279, 319
치지재격물(致知在格物) 86
치지재격물론(致知在格物論) 79, 97
친민(親民) 145, 149, 158, 178, 190, 234, 270, 319
칠정 55

【 카 】

칸트 188, 276
코가쿠(古學) 24
코분지가쿠(古文辭學) 24
교오토학파(京都學派) 22, 169
키케로 21

【 타 】

타케우찌 요시오(武內義雄) 22, 169
탕(湯), 탕임금 50, 80, 216
「태갑太甲」(서경) 170, 288
태고(太古) 35
『태극도설太極圖說』 29, 69
태산(泰山) 220
『태종실록』 118
태학(太學) 96, 214, 227
태화(太和) 24
토오호쿠테이다이(東北帝大) 169
통각(Apperception) 189
퇴계 64, 73
투르판 317
투현질능(妬賢嫉能) 325

【 파 】

8조목 41, 43, 44, 86, 207
팔채(八寨) 166
패러다임의 전환(paradigm shift) 230

페스탈로찌(Johann Heinrich Pestalozzi) 263
평천하(平天下) 44, 46, 79, 86, 111, 191, 203, 275, 295, 313, 314, 318
폴리테이아(πολῑτεία, 政體) 271
품기수질(稟氣受質) 61
플라톤 21

【하】

『하남정씨경설河南程氏經說』 109
「하손록賀孫錄」(주자어류) 102
하우(下愚) 54
하품(下品) 56
학(學) 177
「학기學記」(예기) 170, 178, 217, 230, 244, 255, 261
『학기學記·대학大學』(타케우찌 요시오) 23, 171
「학이」(논어) 287, 329
한대(漢代) 22
한격(扞格) 249
한무제 170, 245
『한비자韓非子』 113, 318
『한서漢書』「무제기武帝紀」 170
『한서』「예문지藝文志」 23
한어(扞禦) 85, 92, 124, 128, 249
한유(韓愈), 한창려(韓昌黎), 한퇴지 24, 31, 33, 37, 39, 44, 52, 57, 58, 63, 69, 85, 87, 109
한유오잠(韓愈五箴) 57
합려(闔閭) 217
합리론 188
해폐(解蔽) 193
「해폐解蔽」(순자) 176, 183, 192, 207, 300, 305
행선(行先) 121
행잠(行箴) 57
허(虛) 186
허망공적(虛罔空寂) 150
허위(虛位) 32, 85
허유(許由) 216
허(虛)·일(壹)·정(靜) 185, 200, 300
「헌문」(논어) 203
헤르메스 317
현량(現量) 61
현성파(現性派) 165

현자석(縣子石) 220
「현조玄鳥」(시경) 292
혈구지도(絜矩之道) 312, 316, 318
혈맥(血脈, 이토오 진사이) 40, 297
형이상(形而上) 32
혜시(惠施) 182
호경(鎬京) 313
호오잠(好惡箴) 57
호요(好樂) 41, 296, 298
호학(好學) 83, 176
호현낙선(好賢樂善) 325
홍계희(洪啓禧) 334
화민성속(化民成俗) 231
화민역속(化民易俗) 238
화엄종 59
화이지변(華夷之辨) 48
환관 133, 134
활연관통(豁然貫通) 95
「황성증록黃省曾錄」(전습록) 147
황자경(黃子耕) 99
황제(黃帝) 216
「황황자화皇皇者華」(시경) 240
횡거(橫渠) 67
효(孝) 145
『효경』 196, 197, 320
『효경한글역주』 224
효무제(孝武帝, 한) 170
「효행」(여씨춘추) 196, 224
후율당(後栗堂) 334
후율정사(後栗精舍) 334
후통(胡同) 330
휭 여우란(馮友蘭) 62, 175
희평석경(熹平石經) 43

동방고전한글역주대전의 세번째 성과물인 본 서는 한국의 대표적인 석학들의 뛰어난 문화콘텐츠와 가치를 미래세대와 소통하기 위한 유한킴벌리의 사회공헌 연구사업으로 기획·출판되었습니다.

대학·학기 한글역주

2009년 12월 5일 초판발행
2011년 12월 5일 2판 1쇄
2016년 11월 25일 2판 2쇄
2022년 9월 23일 3판 1쇄

기획인	최규복
지은이	도올 김용옥
펴낸이	남호섭
펴낸곳	통나무

서울특별시 종로구 동숭동 199-27
전화: 02) 744-7992
출판등록 1989. 11. 3. 제1-970호

ⓒ 유한킴벌리, 2009   값 26,000원
ISBN 978-89-8264-405-4 (93140)